MINISTÉRIO PÚBLICO DE GARANTIAS

A necessária separação entre investigação e acusação

ROBSON MARTINS

MINISTÉRIO PÚBLICO DE GARANTIAS

A necessária separação entre investigação e acusação

Belo Horizonte

FÓRUM
CONHECIMENTO JURÍDICO

2023

© 2023 Editora Fórum Ltda.

É proibida a reprodução total ou parcial desta obra, por qualquer meio eletrônico, inclusive por processos xerográficos, sem autorização expressa do Editor.

Conselho Editorial

Adilson Abreu Dallari
Alécia Paolucci Nogueira Bicalho
Alexandre Coutinho Pagliarini
André Ramos Tavares
Carlos Ayres Britto
Carlos Mário da Silva Velloso
Cármen Lúcia Antunes Rocha
Cesar Augusto Guimarães Pereira
Clovis Beznos
Cristiana Fortini
Dinorá Adelaide Musetti Grotti
Diogo de Figueiredo Moreira Neto (in memoriam)
Egon Bockmann Moreira
Emerson Gabardo
Fabrício Motta
Fernando Rossi
Flávio Henrique Unes Pereira

Floriano de Azevedo Marques Neto
Gustavo Justino de Oliveira
Inês Virgínia Prado Soares
Jorge Ulisses Jacoby Fernandes
Juarez Freitas
Luciano Ferraz
Lúcio Delfino
Marcia Carla Pereira Ribeiro
Márcio Cammarosano
Marcos Ehrhardt Jr.
Maria Sylvia Zanella Di Pietro
Ney José de Freitas
Oswaldo Othon de Pontes Saraiva Filho
Paulo Modesto
Romeu Felipe Bacellar Filho
Sérgio Guerra
Walber de Moura Agra

FÓRUM
CONHECIMENTO JURÍDICO

Luís Cláudio Rodrigues Ferreira
Presidente e Editor

Coordenação editorial: Leonardo Eustáquio Siqueira Araújo
Aline Sobreira de Oliveira

Rua Paulo Ribeiro Bastos, 211 – Jardim Atlântico – CEP 31710-430
Belo Horizonte – Minas Gerais – Tel.: (31) 99412.0131
www.editoraforum.com.br – editoraforum@editoraforum.com.br

Técnica. Empenho. Zelo. Esses foram alguns dos cuidados aplicados na edição desta obra. No entanto, podem ocorrer erros de impressão, digitação ou mesmo restar alguma dúvida conceitual. Caso se constate algo assim, solicitamos a gentileza de nos comunicar através do *e-mail* editorial@editoraforum.com.br para que possamos esclarecer, no que couber. A sua contribuição é muito importante para mantermos a excelência editorial. A Editora Fórum agradece a sua contribuição.

Dados Internacionais de Catalogação na Publicação (CIP) de acordo com ISBD

M386m	Martins, Robson Ministério Público de Garantias: a necessária separação entre investigação e acusação / Robson Martins. - Belo Horizonte : Fórum, 2023. 208 p. ; 14,5cm x 21,5cm. Inclui bibliografia. ISBN: 978-65-5518-516-4 1. Estado Democrático de Direito. 2. Juiz de Garantias. 3. Lei Anticrime. 4. Precedentes. 5. Ministério Público. I. Título.
2023-294	CDD: 347 CDU: 347

Ficha catalográfica elaborada por Odilio Hilario Moreira Junior – CRB-8/9949

Informação bibliográfica deste livro, conforme a NBR 6023:2018 da Associação Brasileira de Normas Técnicas (ABNT):

MARTINS, Robson. *Ministério Público de Garantias:* a necessária separação entre investigação e acusação. Belo Horizonte: Fórum, 2023. 208 p. ISBN 978-65-5518-516-4.

Dedico este livro a minha esposa e a nossa filha, que sempre me apoiaram, incondicionalmente, não só em todos os projetos de trabalho e de estudo, mas em todos os momentos de minha vida.

AGRADECIMENTOS

Agradeço, em primeiro lugar, a Deus, pelo dom da vida, felicidade e inúmeras conquistas. Um agradecimento particular a minha família, pela compreensão em virtude das muitas horas de ausência, durante as quais foram necessários empenho e dedicação para a realização deste trabalho, bem assim um agradecimento especial ao meu orientador, Prof. Dr. Claudio José Amaral Bahia, pela paciência, incentivo e ensinamento infinitos. Por fim, não menos importante, um agradecimento a todos os docentes e discentes do Programa de Pós-Graduação *Stricto Sensu* em Direito do Centro Universitário de Bauru, mantido pela tradicional Instituição Toledo de Ensino – ITE, onde encontrei o ambiente e a infraestrutura ideais para desenvolver este estudo.

Talvez não tenha conseguido fazer o melhor, mas lutei para que o melhor fosse feito. Não sou o que deveria ser, mas, graças a Deus, não sou o que era antes.

Martin Luther King Jr. (1929-1968)

LISTA DE ABREVIATURAS E SIGLAS

a.	–	ano
abr.	–	abril
ADI	–	Ação Direta de Inconstitucionalidade
ago.	–	agosto
AgRg	–	Agravo Regimental
AJUFE	–	Associação dos Juízes Federais do Brasil
AMB	–	Associação dos Magistrados Brasileiros
ampl.	–	ampliada
art.(s).	–	artigo(s)
atual.	–	atualizado(a)
BA	–	Estado da Bahia
B. Cient.	–	Boletim Científico
CEDAM	–	Casa Editrice Dottore Antonio Milani
Cf.	–	Confronte
CF	–	Constituição Federal
CNJ	–	Conselho Nacional de Justiça
CNMP	–	Conselho Nacional do Ministério Público
coment.	–	comentado(a)
CONAMP	–	Associação Nacional dos Membros do Ministério Público
CPDOC	–	Centro de Pesquisa e Documentação de História Contemporânea do Brasil
CPP	–	Código de Processo Penal
dez.	–	dezembro
DF	–	Distrito Federal
DJe	–	Diário da Justiça eletrônico
DL	–	Decreto-Lei
DOU	–	Diário Oficial da União
Dr.	–	Doutor
ed.	–	edição
ESMP	–	Escola Superior do Ministério Público
ESPIN	–	Emergência de Saúde Pública de Importância Nacional
et al.	–	et alii, e outros
f.	–	folha(s)
fev.	–	fevereiro
FGV	–	Fundação Getúlio Vargas
IASP	–	Instituto dos Advogados de São Paulo
IBCCRIM	–	Instituto Brasileiro de Ciências Criminais
ICC	–	Instituto Carioca de Criminologia
il.	–	ilustrado

inc.(s).	–	inciso(s)
ITE	–	Instituição Toledo de Ensino
jan.	–	janeiro
JF	–	Justiça Federal
jul.	–	julho
jun.	–	junho
L.	–	Lei
mar.	–	março
MC	–	Medida Cautelar
MCDa-C	–	Metodologia Multicritério
MG	–	Estado de Minas Gerais
Min.	–	Ministro(a)
MPSP	–	Ministério Público de São Paulo
MS	–	Mandado de Segurança
nº	–	número
nov.	–	novembro
out.	–	outubro
p.	–	página
par.	–	parágrafo
PE	–	Estado de Pernambuco
PEC	–	Proposta de Emenda à Constituição
Pet	–	Petição
PL	–	Projeto de Lei
pp.	–	páginas
PPGD	–	Programa de Pós-Graduação Stricto Sensu em Direito
Polít.	–	Política
Prof.	–	Professor
PUC	–	Pontifícia Universidade Católica
RBCCRIM	–	Revista Brasileira de Ciências Criminais
RBPP	–	Revista Brasileira de Políticas Públicas
RE	–	Recurso Extraordinário
reform.	–	reformulado(a)
reimp.	–	reimpressão, reimpresso(a)
Rel.	–	Relator
REsp	–	Recurso Especial
Rev.	–	Revista
rev.	–	revisto(a)
RIL	–	Revista de Informação Legislativa
RJ	–	Estado do Rio de Janeiro
RN	–	Estado do Rio Grande do Norte
RS	–	Estado do Rio Grande do Sul
s/p.	–	sem página
séc.	–	século
set.	–	setembro
sic	–	segundo informações colhidas

SINDPFSP	–	Sindicato dos Delegados de Polícia Federal do Estado de São Paulo
SP	–	Estado de São Paulo
ss.	–	seguintes
STF	–	Supremo Tribunal Federal
STJ	–	Superior Tribunal de Justiça
t.	–	tomo
TJ	–	Tribunal de Justiça
UFU	–	Universidade Federal de Uberlândia
UNIANCHIETA	–	Centro Universitário Anchieta
UNICAMP	–	Universidade Estadual de Campinas
UNICEUB	–	Centro Universitário de Brasília
UNIFAFIBE	–	Centro Universitário de Filosofia, Ciências e Letras de Bebedouro
v.	–	volume

SUMÁRIO

INTRODUÇÃO 17

CAPÍTULO 1
DA DIGNIDADE DA PESSOA HUMANA AO JUIZ DAS GARANTIAS 27
1.1   A dignidade da pessoa humana e o acesso à Justiça 28
1.2   Direito e processo penal no Estado Democrático de Direito 39
1.3   A investigação criminal e o descumprimento aos direitos fundamentais 44
1.4   Conceitos iniciais 49
1.5   Os Juizados de Instrução no projeto de Código de Processo Penal de 1941 55
1.6   Os Juizados de Instrução nos projetos legislativos mais recentes 64
1.7   Os Juizados de Instrução no Direito Comparado 71

CAPÍTULO 2
A INVESTIGAÇÃO CRIMINAL PELO MINISTÉRIO PÚBLICO: SISTEMAS PROCESSUAIS PENAIS, ORIGENS, TRATAMENTO NO DIREITO COMPARADO E PROJETOS DE LEI E DE EMENDAS À CONSTITUIÇÃO 81
2.1   O Ministério Público: origens e institucionalidade 82
2.2   Sistemas processuais penais 86
2.3   O Ministério Público e o asseguramento da dignidade da pessoa humana 90
2.4   Garantias institucionais do Ministério Público na Constituição de 1988 98
2.5   Investigação criminal pelo Ministério Público: das origens às propostas legislativas atuais 111
2.6   A investigação criminal pelo Ministério Público no Direito Comparado 116
2.7   A (im)possibilidade constitucional da investigação criminal pelo *parquet* 120
2.8   O Gaeco e as "forças-tarefa" no âmbito do Ministério Público .. 126

CAPÍTULO 3
A SUPERVENIÊNCIA DO SISTEMA DO JUIZ DE GARANTIAS
E SUA ADAPTAÇÃO À CONSTITUIÇÃO FEDERAL DE 1988: A
REINTERPRETAÇÃO DA JURISPRUDÊNCIA DOS TRIBUNAIS
SUPERIORES 135

3.1 Política Criminal: relações com a Criminologia e o Direito Penal 137

3.2 Política Criminal e a máxima efetividade dos Direitos Fundamentais processuais 140

3.3 Política Criminal e princípios do Processo Penal: o sistema do Juiz das Garantias e a imparcialidade 144

3.4 O entendimento do Supremo Tribunal Federal e do Conselho Nacional de Justiça acerca da instalação do Juiz das Garantias no Brasil 150

3.5 A Súmula nº 234 do Superior Tribunal de Justiça, o Tema nº 184 de Repercussão Geral do Supremo Tribunal Federal e a Resolução nº 181/2017 do Conselho Nacional do Ministério Público: entendimentos e repercussões 155

3.6 O papel do Juiz no Processo Penal Constitucional 162

3.7 A divisão das funções judiciais a partir do Juiz das Garantias ... 165

3.8 A imparcialidade do Ministério Público e sua necessária reinterpretação a partir do Juiz das Garantias 168

CONSIDERAÇÕES FINAIS 175

REFERÊNCIAS 189

INTRODUÇÃO

A presente obra tem por objeto de estudo os efeitos produzidos no ordenamento jurídico processual penal brasileiro – e, especificamente, na atividade do Ministério Público nacional, nas fases de investigação e, posteriormente, de acusação e de instrução criminal –, provocados como decorrência da promulgação da Lei nº 13.964, de 24 de dezembro de 2019 (BRASIL, 2019g).

O referido diploma tem sido comumente chamado de "Lei Anticrime" ou, ainda, "Pacote Anticrime". Volta-se, nesse diapasão, ao aperfeiçoamento da legislação penal e processual penal brasileira. Além disso, trata-se da lei responsável pela introdução, no Direito Pátrio, do instituto jurídico do Juiz de Garantias (BRASIL, 2019g).

Em decorrência do advento da separação entre o Juiz de Garantias e o Juiz do Processo Judicial, torna-se imperioso revisar na seara criminal a atividade do *parquet*, especificamente no sentido de aproximar sua configuração da agora separação entre as funções de investigar e de acusar, ora presente no ordenamento jurídico brasileiro.

Seria possível garantir, desse modo, um aprimoramento no respeito à dignidade da pessoa humana e isonomia de tratamento dispensada a todos os acusados, bem como de proteger as garantias processuais dos acusados e, consequentemente, consagrar a dignidade da pessoa humana, essência de uma sociedade organizada.

A perspectiva ora tratada se aproxima grandemente da ideia primordial de um *Sistema do Juizado de Instrução*, presente nos projetos legislativos inicialmente pensados para que se concebesse um Código de Processo Penal (CPP) brasileiro – instituído pelo Decreto-Lei nº 3.689, de 3 de outubro de 1941 (BRASIL, 1941b). No mesmo sentido, avizinha-se de variadas Sistemáticas Processuais Penais passíveis de serem vistas no Direito Comparado, adotadas em ordenamentos jurídicos estrangeiros, como da Alemanha, da França, da Itália, de Portugal e do México – abordados mais adiante neste trabalho.

Nesse sentido, em qualquer Estado Democrático de Direito – e não seria diferente no Estado Democrático de Direito que vige no Brasil e no qual se constitui a República Federativa do Brasil, consoante o estatuído na cabeça do artigo que abre o texto da Constituição da República Federativa do Brasil de 1988 (doravante, Constituição Federal de 1988, ou CF/1988), primeira parte (CF/1988, art. 1º, *caput, ab initio*)[1] (BRASIL, 1988) –, a Justiça Penal deve, a partir de uma Política Criminal dirigida à *máxima efetividade*, assegurar as garantias processuais tanto do investigado quanto do acusado.

No contexto do Estado Democrático de Direito prevalecem os direitos fundamentais, tanto como limites à intervenção estatal nas vidas das pessoas, quanto deveres de agir impostos ao Estado. Na República do Brasil constitui-se a Dignidade da Pessoa Humana como um de seus fundamentos e, mais do que isso, com vértice interpretativo do texto constitucional. Ocorre que dentre os vários direitos fundamentais assegurados de maneira textual ou implícita pela Constituição de 1988, e pelos tratados internacionais de direitos humanos dos quais o Brasil é signatário, a dignidade da pessoa humana depende, também, de garantias diretamente ligadas a processo.

Estas, por sua vez, encontram-se contidas na cláusula aberta que constitui a noção ampla de devido processo legal que depende, dentre outros, da imparcialidade dos agentes do sistema de justiça criminal, sob pena de ocorrerem intervenções indevidas na vida das pessoas, especialmente naquilo que concerne à sua liberdade e ao seu patrimônio.

Nesse mesmo sentido é que o Juiz de Garantias, figura recente no ordenamento jurídico nacional, representa uma evolução naquilo que tange ao asseguramento do devido processo legal, notadamente quanto à imparcialidade dos julgadores, cujas funções de condução da investigação preliminar e do processo judicial posterior à denúncia restam separadas.

Ocorre que, diante da instituição da figura do Juiz de Garantias no ordenamento jurídico brasileiro, a Súmula nº 234 do Superior Tribunal de Justiça – STJ (BRASIL, 2022a, p. 486), que determina a possibilidade

---

[1] "Art. 1º. A República Federativa do Brasil, formada pela união indissolúvel dos Estados e Municípios e do Distrito Federal, constitui-se em Estado Democrático de Direito [...]."

de um mesmo e único membro do Ministério Público investigar o réu e, sucessivamente, no mesmo caso concreto, poder vir, *in casu*, a denunciá-lo, mostrar-se-ia incompatível com o instituto do Juiz de Garantias, obrigando tal súmula a ser reinterpretada, à luz da Sistemática Processual Penal instaurada pelo disposto na Lei nº 13.964/2019 (BRASIL, 2019g).

Desse mesmo modo, haveria a necessidade de, sob a lente da "Lei Anticrime", proceder-se à reinterpretação jurídica de outros precedentes, caso do Tema nº 184 de Repercussão Geral do Supremo Tribunal Federal (STF),[2] cujo conteúdo, em face da aplicação da Lei do aludido "Pacote Anticrime", apresentar-se-ia igualmente superado.

No tema que se acaba de mencionar, entretanto, não se faz qualquer distinção entre o promotor que investiga e aquele que promove a acusação penal correspondente aos fatos típicos eventualmente apurados – apartação que deveria passar a ser feita entre ambos, com a entrada em vigor, em 23 de janeiro de 2020, da Lei nº 13.964/2019 (BRASIL, 2019g).

No mesmo sentido, sob igual lumiar legislativo, o referido entendimento deveria ser reinterpretado, porque também se afiguraria, agora, superado, o artigo (art.) 2º, inciso (inc.) I, do texto compilado da Resolução nº 181, de 7 de agosto de 2017, proveniente do Conselho Nacional do Ministério Público (CNMP), que trata da instauração e tramitação do procedimento investigatório criminal a cargo do *parquet* (BRASIL, 2017).

Tal art. 2º, já em seu inciso inaugural, permite que o membro do Ministério Público que proceda a investigação de um caso concreto possa ser aquele mesmo que vá, igualmente, propor a ação penal no mesmo caso.[3] Dessarte, aludida normativa também já estaria, do mesmo modo, afetada pela novel legislação processual penal e deveria, por conseguinte, ser condenada, eis que, *in casu*, tornada obsoleta.

---

[2] Segundo a Tese de Repercussão Geral fixada no Tema nº 184 do Supremo Tribunal Federal, "o Ministério Público dispõe de competência para promover, por autoridade própria, e por prazo razoável, investigações de natureza penal, desde que respeitados os direitos e [as] garantias que assistem a qualquer indiciado ou a qualquer pessoa sob investigação do Estado, observadas, sempre, por seus agentes, as hipóteses de reserva de constitucional de jurisdição e, também, as prerrogativas profissionais de que se acham investidos, em nosso País, os advogados (Lei nº 8.906, de 4 de julho de 1994, que dispõe sobre o Estatuto da Advocacia e a Ordem dos Advogados do Brasil, artigo 7º, notadamente nos incisos I, II, III, XI, XIII, XIV e XIX), sem prejuízo da possibilidade – sempre presente no Estado Democrático de Direito – do permanente controle jurisdicional dos atos, necessariamente documentados (Súmula Vinculante 14), praticados pelos membros dessa Instituição" (BRASIL, 2018b).

[3] "Art. 2º. Em poder de quaisquer peças de informação, o membro do Ministério Público poderá: I – promover a ação penal cabível; [...]".

Nesse contexto, diante do que até aqui se explanou, elege-se a título de problemática da presente obra, fruto de doutoramento em Direito, a questão seguinte: ao separar as funções de investigação e de julgamento do Juiz Criminal, o instituto do Juiz de Garantias demandaria que se procedesse a necessária reinterpretação da Súmula nº 234 do Superior Tribunal de Justiça; do Tema nº 184 de Repercussão Geral do Supremo Tribunal Federal e da Resolução nº 181 de 2017 do Conselho Nacional do Ministério Público?

Para a resolução desse problema apresentam-se algumas hipóteses. Inicialmente, está a hipótese segundo a qual o instituto jurídico do Juiz de Garantias aproximar-se-ia do *Sistema do Juizado de Instrução*, constante, por sua vez, de projetos legislativos (PLs) anteriores àquele projeto de lei (PL) do qual resultou o Código de Processo Penal de 1941 (DL nº 3.689/1941) e constante, ainda hoje, de ordenamentos jurídicos estrangeiros – como do alemão, do francês, do italiano, do mexicano e do luso.

Além disso, em que pese possa o *parquet* presidir a investigação criminal e, ato contínuo, propor a ação penal no mesmo caso concreto – consoante entendimento consolidado na doutrina e na jurisprudência nacionais –, está a hipótese da necessária separação entre as funções ministeriais de investigar e de acusar, perpetrada pela Lei nº 13.964/2019 (BRASIL, 2019g).

Em decorrência dessa situação é que tal separação funcional encontraria guarida em Sistemas Processuais Penais do Direito Comparado e, ainda, em julgados nacionais obrigaria a que se procedesse também a tal separação no Direito Processual Penal Brasileiro.

Não bastasse, há uma terceira hipótese, cuja formulação decorre do *princípio da máxima efetividade dos Direitos Fundamentais*, que obrigaria a concretização de uma Política Criminal que assegurasse o exercício das garantias processuais penais do investigado e do acusado e que, especialmente depois do surgimento do Juiz das Garantias no Direito Processual Penal brasileiro, pressupusesse a separação das funções investigativa e acusatória do *parquet*.

Finalmente, a partir da necessidade de atribuírem-se a investigação e a acusação criminais a membros diversos do Ministério Público, uma última hipótese faria com que a Súmula nº 234 do Superior Tribunal de Justiça, o Tema nº 184 de Repercussão Geral do Supremo Tribunal Federal e a Resolução nº 181/2017 do Conselho Nacional do Ministério Público não mais pudessem ser considerados compatíveis com o ordenamento jurídico processual penal brasileiro, a menos que se procedesse a sua respectiva e devida reinterpretação.

Justificando-se a escolha do objeto de estudo da obra ora apresentada, deve-se lembrar de que o instituto do Juiz das Garantias foi introduzido no ordenamento jurídico nacional, inserido no Código de Processo Penal brasileiro, em época relativamente recente, na data da promulgação da Lei nº 13.964/2019, qual seja, aquela de 24 de dezembro de 2019 (BRASIL, 2019g), conquanto ainda esteja suspenso por medida liminar proferida pelo Supremo Tribunal Federal, Relator Ministro Luiz Fux, nas Ações Diretas de Inconstitucionalidade nºs 6.298, 6.299, 6.300 e 6305.

Pouco mais de 40 dias antes da publicação da Portaria nº 188, do Ministério da Saúde do Brasil, em 3 de fevereiro de 2020 (BRASIL, 2020b, p. 1), declarou-se oficialmente a "Emergência de Saúde Pública de Importância Nacional (ESPIN) em decorrência de Infecção Humana pelo novo coronavírus". Tal estado de coisas, a que se alude mais comumente por "pandemia da covid-19", muito alterou a percepção humana quanto à passagem do tempo.[4]

Várias foram, desde então, até os dias, as pesquisas jurídicas realizadas acerca do novel instituto jurídico do Juiz das Garantias – preexistente, como se afirmou, no Direito Comparado, e já constante de uma série de antigos projetos de lei no país, inclusive sendo um deles voltado à criação de um novo diploma adjetivo penal para o Brasil, o qual será oportunamente examinado.

Rememora-se, ademais, que a separação das funções instrutória e judicante, trazida pela Lei nº 13.964/2019, remete *ao Sistema* do *Juizado de Instrução Criminal*, defendido desde os projetos legislativos iniciais do atual Código de Processo Penal brasileiro, embora tal Sistema não haja sido consagrado na redação final do vigente Decreto-Lei nº 3.689/1941 (BRASIL, 2019g; 1941).

Além disso, em que pese seja praticamente pacífico na doutrina e na jurisprudência o entendimento acerca da possibilidade de o Ministério Público comandar a investigação criminal preliminar, tal juízo não se verifica em relação à necessidade da separação das funções

---

[4] Ao longo da pandemia de covid, ainda em curso, a percepção da passagem do tempo tem sido bastante questionada, por causa dos efeitos adversos causados pelo estresse pandêmico e pelo isolamento social nas pessoas, cada indivíduo reagindo diferentemente quanto ao que é recente ou distante, no tempo (PADILLA, 2021).

investigatória e acusatória do *parquet*, o que demandaria um aprofundamento desse ponto, a ser realizado neste estudo.

Depois, lembra-se ainda que, apesar de existirem entendimentos doutrinários e, igualmente, decisões jurisprudenciais nesse sentido, a efetiva cisão entre essas atribuições, investigatória e acusatória, desempenhadas pelo Ministério Público, por determinação legislativa, *existia*, até a Lei nº 13.964/2019, *apenas no Direito Comparado*, notadamente, no Processo Penal germânico – onde existe a figura do "Juiz da Investigação" (*"der Ermittlungsrichter"*).

No Brasil, ao contrário, a jurisprudência dominante, corporificada especialmente na Súmula nº 234 do Superior Tribunal de Justiça, no Tema nº 184 de Repercussão Geral do Supremo Tribunal Federal e na Resolução nº 181 de 2017 do Conselho Nacional do Ministério Público, sempre entendeu pela possibilidade de atuação, no processo judicial, do mesmo e único representante do Ministério Público que houvesse presidido a fase da investigação, sem que tal situação implicasse a automática configuração de qualquer nulidade processual.

Nesse sentido e à luz do que se acaba de evocar, indaga-se se a inserção do Juiz das Garantias no Código de Processo Penal brasileiro em vigor (DL nº 3.689/1941) poderia representar um dos vários atos de concretização de uma *Política Criminal dirigida à proteção das garantias constitucionais do investigado e do acusado* e se deveria repercutir na interpretação de todo o Sistema de Justiça Criminal brasileiro, reforçando a necessidade de, neste estudo desenvolvido em nível de Doutoramento em Direito, examinarem-se todos os aspectos da questão posta.

A indagação merece ser respondida, por intermédio desta pesquisa. Afinal, o *princípio da máxima efetividade*, aplicado à interpretação do Sistema Constitucional, com a inserção no ordenamento jurídico processual penal brasileiro do Juiz das Garantias, demandaria uma maior e mais pausada reflexão sobre a readequação das atividades do *parquet*, com vistas a – se o caso – proceder-se à cisão das atribuições ministeriais investigativa e acusatória.

Em razão disso, deverão ser examinadas neste trabalho algumas decisões judiciais que consagram a necessidade de tal separação, dirigida a preservar, especificamente, a imparcialidade do membro do Ministério Público – quem, ao se ocupar da investigação, acabaria por contaminar sua própria convicção sobre o caso concreto, desde o momento em que travasse contato com as provas coletadas no inquérito correspondente.

Dessarte, embora não seja pacífica, na doutrina e na jurisprudência nacionais, a imparcialidade do Ministério Público, recorda-se dever o *parquet* atuar na defesa dos princípios básicos do Estado Democrático de Direito, como na defesa da ordem democrática, no respeito às instituições e na observância da estrita legalidade.

No mesmo passo, recorda-se que o *parquet* deve se desvencilhar da pecha autoritária de "acusador público" e se deva voltar à preservação das garantias fundamentais dos investigados e dos acusados, sem, todavia, abandonar sua função de buscar a aplicação do *jus puniendi*.

Desse modo, delimitada a questão acima colocada, pode-se dizer que a pesquisa a ser aqui desenvolvida enquadra-se na Área de Concentração intitulada "Do Sistema Constitucional de Garantia de Direitos", do Programa de Pós-Graduação *Stricto Sensu* em Direito (PPGD) oferecido pelo Centro Universitário de Bauru, mantido pela Instituição Toledo de Ensino (ITE), eis que tem por fim legitimar a atuação do Ministério Público na concretização dos Direitos Fundamentais previstos pela Constituição Federal de 1988.

No mesmo sentido, adequa-se esta tese à Linha de Pesquisa denominada de "Garantia de Acesso à Justiça e Concretização de Direitos", pois demonstra que as garantias fundamentais processuais dos investigados e dos acusados devem limitar a atuação do *parquet*, separando as respectivas funções deste, tanto de investigação quanto de acusação.

Nesse diapasão, a perspectiva de separação entre as funções investigativas e acusatórias do Ministério Público, em sentido paralelo à sistemática do Juiz das Garantias, dirige-se de forma direta à ampliação da garantia de um julgamento imparcial e, consequentemente, ao aprimoramento da cláusula geral do devido processo legal.

Defende-se no presente trabalho a tese de que, ao inovar o ordenamento jurídico nacional com a adoção da figura do Juiz de Garantias no Código de Processo Penal, a Lei nº 13.964/2019 tornou necessária a separação entre as funções investigativa e acusatória do Ministério Público.

Para tanto, traça-se, como objetivo geral, o de aprofundar o estudo, após a inserção do Juiz das Garantias no Código de Processo Penal, a necessidade de separação entre as funções investigativa e acusatória do Ministério Público; bem como, nesse contexto, tratar da reinterpretação dos entendimentos jurisprudenciais relacionados à temática.

Além disso, foram eleitos alguns objetivos específicos deste estudo. O primeiro deles é o de tratar dos institutos similares ao do Juiz das Garantias, especialmente aquele do *Sistema do Juizado de Instrução*, a partir do Direito Comparado e dos primeiros Projetos Legislativos que acabaram por resultar no Código de Processo Penal brasileiro atualmente em vigor.

O segundo é o de trabalhar o papel do Ministério Público em prol da concretização de uma Política Criminal que assegure o exercício das garantias processuais penais do investigado e do acusado, a partir do *princípio da máxima efetividade dos Direitos Fundamentais*, precipuamente a dignidade da pessoa humana.

Por último, objetiva-se estudar a necessidade de separação entre as funções ministeriais de investigar e de acusar, a partir do Direito Comparado e da jurisprudência nacional. Por último, tratar da necessidade de reinterpretação da Súmula nº 234 do Superior Tribunal de Justiça, do Tema nº 184 de Repercussão Geral do Supremo Tribunal Federal e da Resolução nº 181 de 2017 do Conselho Nacional do Ministério Público.

Quanto à abordagem adotada neste trabalho acadêmico, foi eleito o método *dedutivo*, partindo-se do instituto do Juiz de Garantias para, assim fazendo-o, possibilitar o desenvolvimento da hipótese acerca da necessidade de separação das funções inquisitiva e acusatória do Ministério Público e, no mesmo sentido, acerca da necessidade urgente de reinterpretação da Súmula nº 234 do Superior Tribunal de Justiça, do Tema nº 184 de Repercussão Geral do Supremo Tribunal Federal, assim como da Resolução nº 181 de 2017 do Conselho Nacional do Ministério Público.

No que concerne ao procedimento, selecionou-se o método histórico, especificamente em relação ao estudo dos projetos de lei relacionados ao denominado Sistema do Juizado de Instruções e à possibilidade de o Ministério Público investigar e, ao mesmo tempo, acusar.

Nesse passo, emprega-se o procedimento metodológico denominado *comparativo* naquilo que concerne ao tratamento das legislações estrangeiras que adotam a separação entre as funções investigatória e acusatória do Ministério Público.

Quanto ao estudo relacionado ao papel institucional do *parquet* na concretização dos Direitos Fundamentais, utiliza-se o procedimento *monográfico*. As técnicas utilizadas são a da pesquisa *bibliográfica*, na doutrina especializada, e a *documental*, na legislação e na jurisprudência.

Esta tese divide-se em três capítulos. No primeiro deles, o Capítulo 1, trata-se da dignidade da pessoa humana e do acesso à Justiça, do direito e do processo penal no Estado Democrático de Direito, da investigação criminal e do descumprimento aos direitos fundamentais, das relações entre o Juiz das Garantias e o Sistema do Juizado de Instrução, a partir de conceitos iniciais, passando pelos projetos legislativos anteriores e, igualmente, pelos projetos legislativos posteriores ao Código de Processo Penal e pelo Direito Comparado.

A seguir, no Capítulo 2, trabalham-se a investigação criminal realizada pelo Ministério Público e seu papel no asseguramento da dignidade da pessoa humana; as garantias institucionais do Ministério Público na Constituição de 1988; e a (im)possibilidade constitucional da investigação criminal pelo *parquet*.

Passa-se, após, ao estudo das origens e da estrutura do Gaeco (Grupo de Atuação Especial de Combate ao Crime Organizado) e as "forças-tarefa" no âmbito do Ministério Público; suas hipóteses fora da Polícia Judiciária; sua imparcialidade; seu tratamento como parte, em sentido formal ou em sentido material, do processo; além da investigação criminal nos projetos legislativos brasileiros e no Direito Comparado.

Na sequência, no Capítulo 3, estudam-se o instituto do Juiz das Garantias e a Política Criminal no Estado Democrático de Direito e a construção da *agenda* de uma Política Criminal, e suas relações com o Processo Penal e com a máxima efetividade dos Direitos Fundamentais.

Trata-se, além disso, da reinterpretação da Súmula nº 234 do Superior Tribunal de Justiça, do Tema nº 184 de Repercussão Geral do Supremo Tribunal Federal e a Resolução nº 181/2017 do Conselho Nacional do Ministério Público; seu histórico e precedentes; sua incompatibilidade com o papel constitucional do Ministério Público; sua incidência após a Lei nº 13.964/2019, e a separação entre as funções investigatória e acusatória do Ministério Público.

Justifica-se o estudo ora apresentado em decorrência da necessidade atual de se atribuírem a investigação e a acusação criminais a membros diversos do Ministério Público. Trata-se de garantia da necessária imparcialidade ao órgão de acusação, com diversidade de ideias e de posicionamentos jurídicos acerca da matéria.

Os direitos fundamentais constantes, de maneira expressa ou implícita, da Constituição de 1988, demandam uma amplitude interpretativa suficiente para promover sua efetividade, inclusive naquilo que se relaciona às limitações ao poder punitivo do Estado e às suas possibilidades de limitação à liberdade e patrimônio de seus cidadãos.

É de se destacar que o presente trabalho não tem por objetivo contribuir, de qualquer forma, para a redução das prerrogativas ministeriais naquilo que concerne à investigação criminal; mas, sim, a revisão do entendimento do Supremo Tribunal Federal acerca da intervenção investigativa do Ministério Público, a partir da superveniência do Juiz das Garantias.

Esta, entretanto, não se volta a impedir que o *parquet* investigue; e, sim, relaciona-se à necessidade de que a divisão do Processo Penal, entre as fases pré e endoprocessuais, seja acompanhada da separação das atuações ministeriais investigativa e acusatória.

Confirma-se, portanto, a necessidade de ser realizado o presente estudo, tendo em vista que a falta de separação entre as esferas de atuação do Ministério Público no Processo Penal, investigativa (preparatória) e acusatória (judicial), pode comprometer a efetividade do próprio instituto do Juiz das Garantias, defenestrando os objetivos do legislador processual.

Mais do que isso, a separação da atuação do *parquet* no âmbito do Processo Penal, determinando-se que o membro que investigue não possa prosseguir na acusação, após a passagem à fase judicial, confirma o princípio acusatório e, via de consequência, o próprio princípio do devido processo legal.

Concluiu-se que a superveniência do instituto do Juiz de Garantias no direito processual penal nacional, ao separar as funções do Juiz criminal entre a investigação e o julgamento, demanda a adaptação da Súmula nº 234 do Superior Tribunal de Justiça e do Tema nº 184 de Repercussão Geral do Supremo Tribunal Federal, bem como a derrogação do artigo 2º, inciso I, da Resolução nº 181/2017 do Conselho Nacional do Ministério Público.

Tal compatibilização, entretanto, ao contrário de determinar a impossibilidade de o Ministério Público investigar, demanda a separação de suas funções ministeriais, a serem exercidas, assim, por membros diferentes. Nesse sentido, a investigação, ou o seu comando, deve ser feito por um membro do *parquet*; e a acusação, por outro.

CAPÍTULO 1

DA DIGNIDADE DA PESSOA HUMANA AO JUIZ DAS GARANTIAS

Antes de adentrar os conceitos relacionados ao Juiz das Garantias, faz-se necessário estudar o próprio Sistema Processual Penal denominado de *Sistema dos Juizados de Instrução*, encontrado em alguns Estados soberanos, especialmente em determinados países europeus, e constante de projetos legislativos já apresentados no Brasil.

Alguns desses projetos de lei buscaram incluir o referido Sistema no Projeto do Código de Processo Penal de 1941 sem, entretanto, lograrem êxito em suas respectivas épocas. Observa-se, também, a existência de proposituras legislativas posteriores ao advento do Código de Processo Penal brasileiro em vigor, inclusive, até mesmo, de Propostas de Emendas à Constituição (PECs) voltadas à mesma finalidade.

Nesse sentido, o objetivo do presente capítulo é tratar das relações entre o instituto do Juiz das Garantias e o Sistema do Juizado de Instrução que, desde o projeto de lei que resultou na promulgação do Código de Processo Penal de 1941, pretendeu-se instituir no Brasil e que já se faz presente em Estados de diversas partes do mundo.

Este capítulo divide-se da seguinte forma: primeiro, são estudados conceitos iniciais relacionados ao Juizado de Instrução, a partir de sua comparação com o Juiz de Garantias; da separação entre a acusação e o julgamento; da superação do processo judicialiforme e da perspectiva do instituto no Direito Comparado. A seguir, examinam-se as tentativas de inserção dos Juizados de Instrução no Projeto de Código de Processo Penal de 1941, assim como a separação entre a política investigativa e a jurisdição, além da retomada dessa ideia, na Assembleia Constituinte. Na sequência, analisam-se os Juizados de Instrução quanto aos projetos legislativos mais recentes, especialmente a Proposta de Emenda à

Constituição nº 27, de 2004, e Proposta de Emenda à Constituição nº 7, de 2007, além de projetos de lei da Câmara dos Deputados e projeto de lei do Novo Código de Processo Penal.

Finalmente, busca-se tratar do Juiz de Instrução no Direito Comparado; do Projeto de Lei nº 156, de 2009, assim como do Juiz da Investigação na Alemanha, do Juiz da Instrução e das Liberdades e, igualmente, do Juiz da Detenção na França, além do Juiz da Instrução em Portugal.

Justifica-se tal estudo em decorrência da necessidade de se determinarem as origens do instituto do Juiz de Garantias para que se possam aferir as possibilidades de extensão de seus objetivos aos princípios institucionais que permeiam o Ministério Público brasileiro.

1.1 A dignidade da pessoa humana e o acesso à Justiça

A dignidade da pessoa humana é um dos princípios mais relevantes e caros à Constituição de 1988 e à sua hermenêutica, representando sua base interpretativa, tendo embasado uma infindável série de decisões judiciais, especialmente junto ao Supremo Tribunal Federal. Ocorre que não se trata de um conceito surgido na modernidade.

As raízes históricas da dignidade da pessoa humana se encontram ainda na Antiguidade Clássica. Trata-se, ademais, de um conceito teológica e filosoficamente multifacetado. Ocorre que sua história como instituição jurídica é relativamente recente, iniciando-se a partir de uma referência constante da Constituição de Weimar de 1919 (KIRSTE, 2009, p. 176).

Já a Constituição Irlandesa de 1937 foi mais explícita, expressamente mencionando a "dignidade e a liberdade do indivíduo" no preâmbulo. A Constituição espanhola de Franco, de 1938, por sua vez, terminou por fazer um uso inflacionário do termo (KIRSTE, 2009, p. 176).

Após a Segunda Guerra Mundial, no entanto, a dignidade da pessoa humana, enquanto instituto jurídico *stricto sensu*, iniciou uma procissão triunfal, passando a compor o texto central de uma infinidade de Declarações de Direitos Humanos e Constituições nacionais (KIRSTE, 2009, p. 176).

Como resultado da percepção de que os hediondos atos cometidos no contexto da Segunda Guerra Mundial o foram sob o pálio do ordenamento jurídico alemão e, portanto, eram validados pela legitimidade formal, fez exsurgir a necessidade de novamente entronizar, no âmbito do Direito, padrões éticos mínimos que, por sua vez, foram traduzidos pela Declaração Universal como Direitos Humanos.

Em decorrência da Declaração de 1948 é que se iniciou uma terceira e última derradeira etapa dos Direitos Humanos, na qual sua afirmação é, simultaneamente, universal e positiva. É universal porque os destinatários de seus princípios não pertencem apenas a cidadãos de um ou outro Estado, mas sim a todas as pessoas, de forma indistinta (BOBBIO, 2004, p. 30).

Além disso, a afirmação dos Direitos Humanos é positiva no sentido de que coloca em movimento um processo em cujo final os direitos do homem deverão ser não mais meramente proclamados ou, somente, idealmente reconhecidos. Devem, ao contrário, ser protegidos de maneira efetiva, até mesmo em relação ao Estado que tenha contra eles cometidos violações (BOBBIO, 2004, p. 30).

A universalidade e a positividade dos Direitos Humanos, desde então, passaram a ser entronizadas pelas Constituições dos Estados nacionais, até mesmo naquilo que se relaciona à própria Alemanha, cujo extinto governo nazista praticou atrocidades contra um gigantesco número de pessoas e que mergulhou o mundo no mais absoluto horror.

Na Alemanha, inclusive, o termo passou a constar de várias Constituições estaduais, alcançando, finalmente, a Lei Fundamental de Bonn, de 1949. Essa curta história jurídica contrasta com a secular tradição filosófica do conceito, explicando por que o discurso jurídico sobre o instituto ainda não se afastou de outros (KIRSTE, 2009, p. 183).

Nesse contexto, a discussão respeita, inclusive, a questão de se, efetivamente, existiria um fundamento filosófico ou teológico do conceito jurídico de dignidade da pessoa humana e, caso exista consenso, qual deveria ser o fundamento de sua compreensão jurídica (KIRSTE, 2009, p. 183).

Os autores da Lei Fundamental de Bonn e da jurisprudência tentaram restringir a fundamentação da dignidade da pessoa humana, considerando-a não como um direito humano, mas sim como princípio ou valor objetivo, impondo uma obrigação ao Estado (KIRSTE, 2009, p. 183).

Ocorre que não restou garantido ao indivíduo o correspondente direito ao reconhecimento e à proteção de sua dignidade. Enquanto valor supremo, entretanto, é capaz de influenciar o próprio Direito, em que pese não ter a função jurídica forte de um direito subjetivo (KIRSTE, 2009, p. 183).

Algumas cartas magnas posteriores terminaram por adotar a referida ideia, contudo, mencionando a dignidade da pessoa humana no preâmbulo ou em outra parte do texto, fora do capítulo dos direitos fundamentais, a exemplo do que ocorreu na Constituição espanhola de 1978 (KIRSTE, 2009, p. 183).

A evolução da dignidade da pessoa humana junto às Constituições no decorrer do século XX, correspondente à sua consagração expressa nos respectivos textos, aumentou de maneira significativa após o ano de 1945, em decorrência da percepção de que a legislação deveria ser limitada por preceitos éticos maiores.

Notável, nesse mesmo sentido, que o século XX foi marcado por duas grandes guerras, assim como pelos horrores praticados pelo Estado constituído especialmente durante o período do nazismo, este caracterizado por sua política embasada em racismo, destruição e morte, entretanto, assegurada expressamente pela lei (MORAES, 2010, p. 33).

Nesse contexto, consentiu-se que fossem ultrapassados limites até então intransitados e provocando a necessidade de concreta efetivação dos direitos humanos. Ocorre que o conteúdo material da dignidade da pessoa humana é composto por uma infinidade de princípios (MORAES, 2010, p. 72).

Há considerável abstração naquilo que se relaciona à definição de dignidade da pessoa humana, situação que pode levar à impressão de que se trata de uma definição de impossível materialização no plano dos fatos (MARTINS, 2022, p. 10-11).

Dentre eles se encontram os princípios da igualdade, da integridade física e moral, da liberdade e da solidariedade, corolários do sujeito moral, reconhecendo a existência dos outros como iguais a ele – merecedores, portanto, do mesmo grau de respeito (MORAES, 2010, p. 85).

Isso porque, em decorrência de sua dignidade, as pessoas são dotadas de vontade livre e de autodeterminação, compondo, portanto, um grupo social que não pode ser marginalizado, de forma que a medida da ponderação já se encontra determinada, *a priori*, em relação ao conceito (MORAES, 2010, p. 85).

Desse mesmo modo, os princípios que são corolários da dignidade da pessoa humana podem ser ponderados e, até mesmo, relativizados. Desse modo, a dignidade, assim como a justiça, demonstra-se no concreto, caso a ponderação seja efetivada de maneira correta (MORAES, 2010, p. 85).

Em decorrência tanto de sua relevância quanto do fato de não ser um conceito unívoco, é necessário expor os possíveis usos interpretativos da expressão no contexto jurídico, inclusive separando-o de suas possíveis utilizações externas ao referido âmbito.

O termo "dignidade" tem múltiplos usos, sendo possível, entretanto, destacar três deles: um status superior de determinadas pessoas em decorrência de sua posição ou função; uma virtude de pessoas que atuam de forma altiva; ou um valor intrínseco de cada indivíduo (SARMENTO, 2016, p. 104).

Como status, a dignidade não tem uma conotação universal, nem mesmo se relaciona aos direitos humanos, atribuindo-se, portanto, a poucas pessoas, em sociedades hierarquizadas. Como virtude, associa-se a certas pessoas em decorrência de atos e posturas, incorporando dimensões éticas e estéticas, universalmente atribuíveis (SARMENTO, 2016, p. 85).

No viés de valor intrínseco ao ser humano, relacionam-se os direitos humanos, independentemente de seu status ou de sua atuação, demonstrando-se, portanto, como algo ontológico e, consequentemente, titularizado por todos os seres humanos (SARMENTO, 2016, p. 104).

Enquanto valor intrínseco ninguém pode ter sua dignidade humana retirada, nem pelo Estado, nem pela sociedade, ainda que o indivíduo cometa crimes graves ou mesmo atos abomináveis, tendo em vista o fato de não ser concedida por ninguém (SARMENTO, 2016, p. 104-105).

Mais do que isso, da dignidade da pessoa humana resulta a proibição de se instrumentalizar a pessoa, bem como o imperativo de que todos os indivíduos são sujeitos, jamais objetos, devendo ser tratados como fins em si mesmos, não meios para o atingimento de metas (SARMENTO, 2016).

Em que pese ser possível separar sua conceituação jurídica de outros contextos, reduzindo, desse modo, a sua complexidade semântica, o conceito ainda mantém grande parte de sua abstração, fator capaz de comprometer grandemente as possibilidades de sua concretização.

A noção de dignidade foi construída na cultura ocidental europeia, da qual o Brasil constitui uma das periferias, "a partir da síntese colocada pelo jusnaturalismo, a filosofia do direito natural" (ADEODATO, 2004, p. 214). Referido conceito se baseia na ideia de que a dignidade é a fonte dos direitos subjetivos e um princípio externo e superior a qualquer direito positivo.

Concentra-se, nesse sentido, na concepção de que existem certos conteúdos normativos que valem por si, independentemente do que os detentores circunstanciais do poder político e jurídico pretendam determinar como direito positivo. Ocorre que, na pós-modernidade, diante da maior complexidade social, desaparecem as bases morais comuns que permitiram a predominância da retórica jusnaturalista (ADEODATO, 2004, p. 214).

Assim, apesar da tradição, o pensamento contemporâneo considera que o direito natural não consegue mais responder às grandes questões que se colocam, desde a filosofia do direito até a decisão jurídica concreta. Tais normas, pretensamente válidas por si mesmas, deixam de ser "evidentes", pois as bases axiológicas comuns das sociedades simples dissolvem-se na complexificação social (ADEODATO, 2004, p. 214).

A dignidade da pessoa humana, portanto, tem sido utilizada sob um cariz de complexidade incompatível com suas possibilidades. Nesse contexto é que o referido conceito deve se distanciar da matriz retórica, mediante a qual tem sido utilizada, em direção a uma definição que leve em conta, de maneira central, os seus principais elementos.

Para tanto, é imperioso aceitar uma noção de dignidade humana aberta, plástica e plural e, portanto, minimalista, indicando o *valor intrínseco* de todos os seres humanos, a *autonomia* de cada indivíduo e sua limitação por intermédio de algumas restrições legítimas impostas a ela em nome de valores sociais ou de interesses estatais, correspondente ao seu *valor comunitário* (ADEODATO, 2004, p. 214).

O primeiro é o elemento ontológico da dignidade humana, ligando-se à natureza do ser, correspondente ao conjunto de características inerentes e comuns a todos os seres humanos, que lhes conferem status especial e superior no mundo, distinto, portanto, de outras espécies. É, então, oposto ao valor atribuído ou instrumental, por ser bom em si mesmo, não tendo preço (ADEODATO, 2004, p. 76).

O valor intrínseco de cada pessoa é o conteúdo essencial da dignidade humana. É um valor objetivo, que não depende de evento ou experiência, não podendo ser concedido ou perdido, ainda que diante do comportamento mais reprovável. Independe da própria razão, estando presente desde bebês recém-nascidos até pessoas senis ou com qualquer grau de deficiência mental (ADEODATO, 2004, p. 76-77).

A autonomia, por sua vez, é o elemento ético da dignidade humana, fundamento do livre-arbítrio dos indivíduos, que lhes permite buscar, de sua própria maneira, o ideal de viver bem e ter uma vida boa. A noção central é a de autodeterminação, pois a pessoa autônoma define as regras que regem sua vida, pressupondo o preenchimento de certas condições, como a razão, a independência e a escolha (ADEODATO, 2004, p. 82). Corresponde à capacidade de alguém tomar decisões e fazer escolhas pessoais ao longo da vida, baseadas em sua própria concepção de bem, sem influências externas indevidas. À autonomia subjaz um conjunto de direitos fundamentais associados ao constitucionalismo democrático, incluindo as liberdades básicas e o direito à participação política (ADEODATO, 2004, p. 82).

A dignidade humana como valor comunitário, restrição ou heteronomia, representa seu elemento social. Os contornos da dignidade humana são moldados, nesse âmbito, pelas relações do indivíduo com os outros e o mundo ao seu redor. Enfatiza o papel do Estado e da comunidade no estabelecimento de metas coletivas e restrições sobre direitos e liberdades individuais, em nome de uma concepção de vida boa (ADEODATO, 2004, p. 87-88).

A abstração inerente ao conceito de dignidade da pessoa humana, assim como a inexistência de um conceito jurídico unívoco, até mesmo em decorrência da impossibilidade de sua definição objetiva fora do caso concreto, faz-se possível colocar em xeque sua concretude.

Ocorre que a dignidade não é uma ilusão ou uma figura da imaginação, mas sim uma realidade, ainda que sua realização termine por ocorrer de maneira progressiva. A dignidade, entretanto, é capaz de comportar vários significados possíveis, de maneira que certamente restará determinado grau de indeterminação (MAURER, 2009, p. 127).

Trata-se do foco da atenção dos direitos humanos, sendo que seu reconhecimento é o limite máximo contra a barbárie e os excessos do liberalismo, determinando que os direitos humanos necessitam de prestações positivas do Estado e dos indivíduos (MAURER, 2009, p. 135-136).

Neste fulcro, a dignidade demanda a liberdade que, entretanto, não esgota sua concepção. É importante, nesse diapasão, que se compreenda a ideia de respeito, da forma como foi desenvolvida por Kant (1724-1804). A partir de tal concepção, faz-se possível observar a relação do referido instituto com a transversalidade do conceito de liberdade (MAURER, 2009, p. 136-139). Isso porque o respeito à dignidade é humano e, portanto, eterno, de maneira que ainda que possam existir dúvidas acerca do que seria a dignidade, caso se considerem intocáveis seus contornos, é possível assegurar ao ser humano um direito ao respeito (MAURER, 2009, p. 136).

Também contribui para a abstração do conceito o fato de que a dignidade da pessoa humana não é uma definição estanque, necessitando encontrar-se em permanente evolução, em conformidade com a progressão das exigências da humanidade, de acordo com cada período temporal.

Trata-se a dignidade de uma construção em aperfeiçoamento ininterrupto, em que pese ter um conteúdo jurídico, relacionado, portanto, a um complexo de direitos e deveres que, por sua vez, asseguram a todas as pessoas condições mínimas de vida saudável (SARLET, 2015, p. 70). Nesse sentido, a dignidade é capaz de propiciar e promover a participação da pessoa na existência em sociedade e de si mesmo, tendo, além disso, eficácia jurídico-normativa autônoma, dela sendo possível deduzir direitos fundamentais não especificados (SARLET, 2015, p. 70-71).

Em decorrência disso é que não é imperiosa a indicação de direitos fundamentais ou normas infraconstitucionais específicas para que possa ser concretizada. Até porque se dirige a dignidade humana ao asseguramento da vida em sociedade (SARLET, 2015, p. 71). Caracteriza-se, além disso, pelo respeito a seus outros integrantes, protegendo a todos contra atos desumanos ou degradantes. Trata-se, além disso, de algo intrínseco aos seres humanos apenas pelo fato de o serem. É, portanto, instituto gerador de direitos fundamentais, tanto de defesa quanto a prestações (SARLET, 2015 p. 71).

Assim, mesmo que alguém não tenha consciência da própria dignidade, não deixa de merecê-la. Trata-se, portanto, de algo real e facilmente violável. Não se pode, no entanto, falar em um direito à dignidade; faz-se possível, sim, fazer referência a direitos ao respeito, à proteção, à promoção e ao desenvolvimento da dignidade (SARLET, 2015 p. 71).

Nesse mesmo sentido é que a dignidade da pessoa humana tem se tornado, cada vez mais, um pilar interpretativo para todos os direitos fundamentais. Resta esclarecer, entretanto, se se trata efetivamente de um direito fundamental que se encontraria acima dos demais.

Tendo em vista que o cumprimento de um direito pode interferir no cumprimento de outro, quanto mais irrestrita a pretensão de cumprir um, mais restrita será a possibilidade do cumprimento de outros. Em decorrência disso é que surge a necessidade de hierarquizar os direitos, pois em caso de conflito, alguns serão preteridos em relação aos outros (SOBOTTKA, 2008, p. 118).

No topo da hierarquia aparece um último direito fundamental, a partir do qual todos os outros são interpretados como secundários, já que devem ser interpretados ou limitados em função da vigência desse direito-chave. Aquilo que distingue as diferentes formas de democracia é o resultado do grau em que se apoiam princípios de hierarquização diferentes (SOBOTTKA, 2008, p. 118).

O permanente processo de preterimento de um direito em relação a outro pode levar à situação na qual alguns direitos acabem realizados como seu inverso. Desse modo, a dignidade da pessoa humana surge com a pretensão de ocupar o lugar funcional de um novo direito fundamental, candidato a encabeçar a hierarquia de todos os direitos, assegurando a operacionalidade do direito e o fechamento operacional do sistema jurídico (SOBOTTKA, 2008, p. 118).

Tal perspectiva conceitual demanda que a dignidade da pessoa humana seja corroborada por uma série de direitos inerentes ao indivíduo, minimamente capazes de assegurar sua autonomia. Dentre eles se encontra o denominado acesso à justiça.

A relevância da dignidade da pessoa humana como pilar hermenêutico do ordenamento jurídico nacional demanda seu reforço institucional, de maneira que, ao cidadão, é necessário garantir a possibilidade de acessar o Estado para ter o reforço aos direitos fundamentais que o corroboram.

Pode-se definir o acesso à Justiça como um sistema por meio do qual as pessoas são capazes de reivindicar direitos e de resolver litígios, sob determinações estatais que, por sua vez, precisa ser acessível a todos e que deve produzir resultados justos, individualmente (CAPELETTI; GARTH, 1988, p. 8).

O primeiro dos sistemas é chamado de *pro bono*. Nele, os advogados atuam em regime assistencial, gratuito e voluntário, entretanto, sem a participação financeira do Estado. Referida sistemática demonstrou-se ineficiente, pois em economias de mercado os advogados acabam por devotar mais tempo ao trabalho remunerado (CAPELETTI; GARTH, 1988, p. 12).

No segundo sistema, chamado *judicare*, os advogados são profissionais liberais remunerados em cada caso, entretanto, com dinheiro público, assegurando-se, desse modo, a assistência judiciária a todos aqueles que preencham determinados requisitos legais, proporcionando paridade de armas a litigantes de baixa renda (CAPELETTI; GARTH, 1988, p. 12-13). Trata-se de sistemática presente no Reino Unido. Verificados a viabilidade financeira e o mérito da demanda, o indivíduo passa a poder escolher seu próprio advogado, a partir de uma lista de profissionais em que se encontrem previamente inscritos (CAPELETTI; GARTH, 1988, p. 13-14).

Já no modelo de assistência jurídica assalariado (*salaried staff model*), os advogados trabalham, com dedicação exclusiva, remunerados de forma direta ou indireta pelos cofres públicos. Caracteriza-se pela tentativa de conscientizar as pessoas pobres sobre seus direitos (CAPELETTI; GARTH, 1988, p. 14-15).

Além disso, é caracterizado pela distribuição de escritórios pequenos, localizados em comunidades pobres, assim como por um forte enfoque de classe, voltando-se a ampliar os direitos das pessoas pobres por intermédio de casos-teste, *lobby* e outras atividades dirigidas à reforma legislativa (CAPELETTI; GARTH 1988, p. 15).

A vantagem do referido sistema é o fato de atacar os entraves ao acesso individual à Justiça, baixando os custos derivados da desinformação. Há, além disso, sistemas híbridos, que adotam variadas combinações entre os modelos de assistência judiciária. Nesses, as pessoas podem escolher entre advogados particulares ou públicos (CAPELETTI; GARTH, 1988, p. 18).

Ocorre que, independentemente do sistema escolhido por determinado ordenamento jurídico naquilo que se relaciona ao direito fundamental de acesso à justiça, faz-se imperioso, para sua efetividade, uma mudança de mentalidade acerca da própria jurisdição.

O pleno acesso à justiça também demanda, inclusive no âmbito penal, o reconhecimento de uma jurisdição compartilhada que, por sua vez, supere a fase da jurisdição monopolizada pelo Estado, confirmando a ideia de democracia participativa e da sociedade pluralista, tal qual fora almejada pela Constituição Federal de 1988 (MANCUSO, 2019, p. 371).

Por intermédio do reconhecimento dessa jurisdição compartilhada, o processo judicial pode se libertar progressivamente de "seu sentido agressivo-adversarial que o estigmatizou durante tanto tempo", convertendo-se em um *locus* de debate entre os sujeitos processuais, em um ambiente de mútua colaboração, informado pela unidade de fim, qual seja, "a outorga, efetiva e tempestiva, do valor, do bem da vida, a quem de direito" (MANCUSO, 2019, p. 371).

Referida evolução é algo essencial para a concretização plena do referido direito, sob pena de não se conseguir, efetivamente, promover de forma universal a possibilidade de os cidadãos poderem ver uma lesão ou ameaça de lesão a um direito apreciada pelo Poder Judiciário.

O acesso à Justiça é, portanto, um dos direitos humanos mais básicos, fato constatado especialmente a partir dos ordenamentos jurídicos dos Estados liberais burgueses dos séculos XVIII e XIX. A partir daí, o acesso à proteção judicial passou a significar uma garantia formal do indivíduo de propor ou de contestar uma demanda (CAPELETTI; GARTH, 1988, p. 18).

Mais do que isso, no âmbito de um processo democrático, o acesso à justiça passou a desempenhar o relevante papel de habilitar o cidadão à tutela de seus próprios interesses, assim como a possibilitar à sociedade a composição pacífica de conflitos (CAPELETTI; GARTH, 1988, p. 95).

A conexão observável entre a dignidade da pessoa humana e o acesso à justiça, portanto, não somente é de causa e efeito como de complementação, tendo em vista que de nada adiantaria o asseguramento da dignidade sem a disponibilização de mecanismos voltados à sua proteção.

Trata-se, portanto, de um direito fundamental do indivíduo de participar do processo de maneira que possa contribuir, com suas considerações, para a decisão judicial. Tal garantia não se reveste somente de um caráter formal, como também deve ser qualificada substancialmente (OLIVEIRA, 2004, p. 2-3).

A participação no processo não pode ser visualizada somente como instrumento funcional de democratização ou realizador do direito material e processual, mas também como dimensão intrinsecamente complementadora e integradora dessas mesmas esferas (OLIVEIRA, 2004, p. 3).

Destarte, o próprio processo passa a ser o principal meio de formação do direito, seja material, seja processual. Toda essa situação se potencializa, entretanto, quando se passa a atentar que o processo deve servir para a produção de decisões justas (OLIVEIRA, 2004, p. 3).

Uma das mais relevantes dimensões da dignidade da pessoa humana, no entanto, é justamente a regra da liberdade, que determina que o aprisionamento é algo excepcional, que somente pode ocorrer após um processo devido, determinando-se, assim, a necessidade do surgimento de um acesso à justiça criminal.

O acesso à justiça, enquanto corolário da dignidade da pessoa humana, não se reduz à mera possibilidade de se propor ações judiciais ou da possibilitação do exercício de defesa técnica no âmbito processual, até mesmo em decorrência de tratar-se de um conceito em permanente evolução. Determina, nesse mesmo sentido, o rompimento de barreiras, bem como a introdução de mecanismos voltados à facilitação do ingresso em juízo e do fornecimento de meios adequados ao procedimento, à redução de custos e ao encurtamento de distâncias (PAROSKI, 2008, p. 138). Mais recentemente, equivale à diminuição de oportunidades de impugnação e à garantia de uma efetiva participação no processo. Para que seja concretizado o acesso à Justiça, o ordenamento jurídico necessita prover meios aptos para sua efetivação (PAROSKI, 2008, p. 138).

Há necessidade de disponibilizar tais instrumentos, de forma igualitária, a todos os indivíduos, para que possam desse modo resguardar seus direitos, como ocorre na disponibilização dos mais diversos remédios constitucionais colocados ao alcance dos jurisdicionados (PAROSKI, 2008, p. 146).

Dessa forma, trata-se o acesso à Justiça de um direito fundamental, composto e informado pelos valores da universalidade, da isonomia e da eficiência que, no entanto, justamente em decorrência de sua fundamentalidade, não se esgota na possibilidade de uma pessoa ter sua demanda apreciada pelo Poder Judiciário (PAROSKI, 2008, p. 146).

A necessidade de concretização plena do acesso à justiça, especialmente no contexto do processo penal, materializa-se no direito do indivíduo de ser julgado em pé de igualdade com todos os demais, assim como de se defender dignamente em todas as etapas procedimentais.

Observa-se, entretanto, um insuperável problema de ordem semântica na utilização da expressão "acesso à justiça" e, especialmente, na locução "acesso à justiça penal", tendo em vista que o Sistema Penal costuma "acessar" com extrema facilidade e pouca piedade a grande massa de excluídos (DAMASCENO, 2013, p. 11). As referidas populações são deixadas à mercê do sistema punitivo pela política neoliberal, em países de capitalismo tardio. Diante disso, é necessário esclarecer aquilo que não se aceita, sob pena da própria recusa restar envolta em um impasse jurídico-teórico (DAMASCENO, 2013, p. 11).

Faz-se imperioso enfrentar a ideia de "acesso à justiça" enquanto suposto ponto central da moderna processualística, desenvolvida a partir do Projeto Florença de Acesso à Justiça e que, no Brasil, foi plenamente acolhida pela corrente instrumentalista do processo (DAMASCENO,

2013, p. 11). É necessário, nesse contexto, recusar a instalação de um "acesso à justiça" de cunho meramente instrumentalista, que termina por alçar o Juiz à condição de fundamento pensante da realização dos escopos metajurídicos do processo, na realização de um "direito justo" (DAMASCENO, 2013, p. 11).

Tal paradigma se coloca em detrimento de uma processualidade realmente democrática, na qual a estrutura dialética é a *ratio distinguendi* e cuja repercussão no processo penal é utilizada como fundamento da pretensão de legitimidade de uma estrutura inquisitiva descompassada com a Constituição de 1988 (DAMASCENO, 2013, p. 11-12).

Neste viés, por tratar-se de corolário direto da dignidade da pessoa humana, deve o Ministério Público preocupar-se não somente com o exercício de seu mister acusatório como, também, com a promoção do acesso à justiça criminal em seu dimensionamento máximo.

1.2 Direito e processo penal no Estado Democrático de Direito

O direito penal se volta, primordialmente, à proteção de bens jurídicos especialmente caros à civilização ocidental, muitos deles expressamente consagrados pela Constituição de 1988 e pelos tratados internacionais dos quais o Brasil é signatário. Determinados bens jurídicos especialmente necessários, a exemplo da vida, da liberdade e da saúde, têm sua existência anterior à própria norma, de forma que não nascem com ela, pois mereceram proteção antes mesmo da prescrição normativa (BUSATO, 2015, p. 54).

Ocorre que a atuação do direito penal, naquilo que se relaciona à punição de fatos ilícitos, depende de sua tipificação por intermédio da legislação, assim como da cominação abstrata das penas permitidas pela Constituição de 1988 e de sua métrica específica.

Neste fulcro, também incide o princípio da legalidade que, no Estado de Direito, é instrumento vinculador da sociedade, de modo que a liberdade dos cidadãos somente pode ser restringida por intermédio da imposição de normas proibitivas ou preceptivas (SCHMIDT, 2001, p. 144). Desse modo, o direito penal é diretamente dependente do Texto Constitucional para que possa obter qualquer sorte de legitimidade. Ocorre que não basta que o legislador tipifique determinado ato como crime ou que imponha sanção às referidas práticas.

Para além da tipificação de fatos criminosos e da cominação de sanções a essas práticas, é imperioso que o legislador seja capaz de estabelecer uma correlação direta entre os referidos tipos penais e correspondentes penas com bens jurídicos consagrados pela Constituição.

O discurso acerca da legitimidade do Direito Penal faz referência à sua adaptação material à Constituição, de modo que ambos compartilham uma relação axiológico-normativa, que garante o desenvolvimento dogmático do Direito Penal a partir de estruturas valorativas próprias (FELDENS, 2005, p. 38).

A Constituição estabelece, contudo, limites materiais insuperáveis ao legislador, de forma que apenas da Lei Maior podem resultar restrições previamente dadas ao legislador, pois somente o poder constituinte está habilitado a condicionar a atividade do Poder Legislativo (FELDENS, 2005, p. 38).

No âmbito do controle das normas penais cabe, primeiro, identificar se a tutela jurídico-penal é constitucionalmente ilegítima, algo que demanda investigar se tais bens ou interesses podem ser constitucionalmente proscritos e são socialmente relevantes (FELDENS, 2005, p. 38). No caso de tais pressupostos não serem observados, a norma incriminadora deve ser considerada inadequada e, desse modo, ofensiva ao princípio da proporcionalidade. Se, entretanto, a tutela penal for constitucionalmente requerida, tal análise pode ser considerada realizada, tornando-se inquestionável.

A transgressão de valores elementares da vida comunitária e da paz se traduz em um conjunto de condutas que obtém relevância penal no caso de sua transgressão. A busca pela justificação penal produziu grande número de correntes doutrinárias (CANTERJI, 2008, p. 23).

Destarte, a constitucionalidade das normas penais não depende somente de fatores objetivos, como, também, de um controle de sua legitimidade a partir dos bens jurídico-penais, expressa e implicitamente consagrados pela Constituição de 1988.

A necessária objetividade das normas penais incriminadoras não impede a incidência de princípios interpretativos naquilo que se relaciona à sua aplicação aos casos concretos, até mesmo em decorrência do fato de que a univocidade plena é impossível.

Apesar de toda norma pretender ser composta de linguagem unívoca, pode ter leituras distintas. Em maior ou menor grau, a indeterminação dos tipos penais é inevitável, pois até mesmo os termos descritivos e as elementares objetivas comportam valoração judicial (SCHMIDT, 2001, p. 199-200).

Em decorrência disso é que o direito penal deve surgir como um dos instrumentos de uma política criminal dirigida à consagração de todo o conjunto de direitos fundamentais, preocupando-se não apenas com a proteção das vítimas, como também com as garantias processuais dos acusados.

Por ser uma política pública, a política criminal deve estabelecer estratégias de intervenção social que, integrada ao conjunto de políticas públicas, desenvolva objetivos avaliáveis encaminhados para prevenir a delinquência dentro de parâmetros sociais previsíveis (RIPOLLÉS, 2015, p. 106).

Nesse sentido, uma política criminal que se volte exclusivamente a combater a criminalidade, sem preocupação com as garantias processuais penais dos acusados, é incompatível com a Constituição de 1988, ainda que se encontre em conformidade com uma interpretação objetiva da legislação.

A legitimidade do direito penal, em que pese sua correlação direta com os bens jurídicos que deve proteger, não pode ser dependente de padrões midiáticos ou de expectativas sociais punitivistas, sob pena de se desviar de seus objetivos constitucionais expressos.

Os regramentos formalizados por meio do Direito devem estabelecer, no Estado Democrático de Direito, comandos compatíveis com os valores ditados pelos usos e costumes da sociedade, e em acordo com seus interesses, mas nem tudo que seja desvalorado pela opinião comum deve ou pode ser juridicamente tutelado (RIPOLLÉS, 2015, p. 106).

Nesse mesmo sentido é que se faz indispensável assegurar aos acusados da prática de infrações criminais todas as garantias processuais determinadas pela Constituição de 1988, sob pena de se deslegitimar o direito penal, desnaturando-o no que se relaciona à proteção de bens jurídicos.

Em um Estado Democrático de Direito faz-se imperiosa a existência de um processo legislativo de elaboração da lei previamente definido e regular, com razoabilidade e senso de justiça de seus dispositivos, necessariamente enquadrados nas preceituações constitucionais, corroborando, portanto, o *substantive due process of law* (TUCCI, 2011, p. 63).

Neste viés, a faceta substancial do devido processo legal mostra-se na aplicação, ao caso concreto, de normas preexistentes, que não sejam desarrazoadas e, portanto, intrinsecamente injustas. Além disso, a aplicação das normas jurídicas deve expressar o direito por meio de instrumento hábil à sua realização (TUCCI, 2001, p. 63).

O devido processo legal substantivo reclama, portanto, um instrumento hábil para determinar exegeticamente as preceituações disciplinadoras dos relacionamentos jurídicos entre os membros da comunidade. Finalmente, é imperioso assegurar a paridade de armas entre as partes que a integram como seus sujeitos parciais (TUCCI, 2001, p. 64).

Assim é que se obtém a igualdade substancial, que somente pode ser atingida se o equilíbrio de situações preconizado abstratamente pelo legislador corresponder à realidade processual. Trata-se de uma garantia conferida pela Magna Carta, voltada a assegurar direitos fundamentais por meio da efetivação do direito ao processo (TUCCI, 2001, p. 64-65). Este, entretanto, deve ser materializado em um procedimento regularmente desenvolvido, com a concretização de todos os seus respectivos componentes e corolários, em um prazo razoável. Esses direitos fundamentais se encontram incluídos nessa garantia, explícita ou implicitamente (TUCCI, 2001, p. 65-66). São, portanto, essenciais ao indivíduo na comunidade, como os diretos à integridade física e moral, à vida, à liberdade, à igualdade, à segurança, à propriedade e à personalidade, assim como todas as demais garantias subjetivas materiais que emergem dos relacionamentos jurídicos resultantes da convivência social (TUCCI, 2001, p. 66).

O legislador processual, entretanto, deve levar em conta as diferenças estruturais entre os sistemas processuais penais acusatório e inquisitório, devendo, em decorrência dos direitos e garantias fundamentais consagradas pela Constituição de 1988, primar pela concretização do primeiro.

O contraponto do processo acusatório é o procedimento inquisitório, segundo o qual se concentram, em um só sujeito processual, as funções de acusar e de julgar. Além disso, no referido modelo o acusado é entendido como nada mais do que uma fera que, por sua vez, deve ser explorado a fundo, na busca por uma confissão (CORDERO, 2000, p. 23).

Ao contrário, a lógica acusatória, no processo, é um *actus trium personarum*, exigindo-se que o processo acusatório seja desenvolvido entre três sujeitos: acusador, julgador e defensor. A grande diferença entre os referidos sistemas é a gestão da prova (CORDERO, 2000, p. 44-45). Caso esta se encontre nas mãos do acusador, cabe-lhe toda a prova acerca do crime e de sua autoria. Ainda que seja caracterizado pela da presunção de inocência, haverá modelo acusatório, caso seja permitido ao Juiz a produção probatória, resultando em um sistema inquisitorial, restando esfacelada a presunção de inocência (CORDERO, 2000, p. 45).

A concretização do sistema acusatório, entretanto, não pode ocorrer sem que se leve em consideração a série de elementos componentes da cláusula aberta do devido processo legal, assim como o fato de que se trata de um conceito em permanente evolução.

O devido processo penal, entretanto, especifica-se em relação a determinadas garantias, como o de acesso à justiça penal, o Juiz penal natural, o tratamento paritário dos sujeitos parciais do processo penal e a plenitude de defesa do indiciado, acusado ou condenado, com todos os meios e recursos a ela inerentes (TUCCI, 2011, p. 66-67). Compreende, além disso, a publicidade dos atos processuais penais, a motivação dos atos decisórios penais e a fixação de prazo razoável de duração do processo penal, assim como a legalidade da execução penal. Estes determinam que a pessoa não pode ser privada de sua liberdade ou bens sem o devido processo penal (TUCCI, 2011, p. 67).

Para tanto, faz-se indispensável que a atuação judiciária se atrele ao relacionamento existente entre preceitos constitucionais e normas penais, de caracteres substanciais e instrumentais, tornando efetiva a atuação da Justiça Criminal na imputação e na concretização da sanção, bem como na afirmação do *jus libertatis* (TUCCI, 2011, p. 69).

Trata-se o devido processo penal, entretanto, de uma *cláusula aberta*, que compreende, em si, uma série de direitos e garantias processuais que, apesar de evoluírem constantemente, são todos essenciais ao cumprimento de seu mister constitucional.

Nesse sentido, o Supremo Tribunal Federal decidiu que o exame da cláusula do *due process of law* permite nela identificar elementos essenciais à sua configuração como expressiva garantia constitucional, destacando-se os direitos: ao processo, como garantia de acesso ao Poder Judiciário; à citação e ao conhecimento prévio do teor da acusação; a um julgamento público e célere, sem dilações indevidas; ao contraditório e à plenitude de defesa, compreendendo a autodefesa e a defesa técnica; de não ser processado e julgado com base em leis *ex post facto*; à igualdade entre as partes; de não ser processado com fundamento em provas ilícitas; ao benefício da gratuidade; à observância do princípio do Juiz natural; ao silêncio, correspondente ao privilégio contra a autoincriminação; à prova; e à presença e à participação ativa nos atos de interrogatório judicial dos outros litisconsortes penais passivos, se existentes (BRASIL, 2009).

O devido processo legal, entretanto, não é algo que exsurge após o recebimento da denúncia, devendo, ao contrário, inserir-se no decorrer da etapa investigativa preliminar, sendo que sua ausência é capaz de contaminar de ilicitude todo o procedimento. Ocorre que se faz imperioso seguir determinados postulados atinentes à inadmissibilidade de sujeição à *persecutio criminis* sem que tenha ocorrido a prática de um fato criminoso. Dessa forma, o indivíduo tem direito a um processo prévio, em regra antecedido de procedimento investigatório (TUCCI, 2011, p. 69).

Necessário garantir, para tanto, a atuação de órgão jurisdicional previamente designado por lei para o julgamento, bem como um procedimento investigativo legalmente estabelecido, que permita a correlação entre a acusação e a sentença de mérito, bem como a ampla defesa material e técnica (TUCCI, 2011, p. 72). Mais do que isso, não se pode reconhecer a culpabilidade do indiciado ou do acusado antes do trânsito em julgado da sentença condenatória. Com isso, preservam-se os preceitos constitucionais referentes à liberdade, observando-se os direitos fundamentais processuais (TUCCI, 2011, p. 72).

Desse modo, a legitimidade do próprio direito penal é diretamente dependente da concretização das garantias processuais dos acusados. Trata-se, nesse sentido, de um ponto de equilíbrio que deve ser almejado pela atividade persecutória como um todo.

1.3 A investigação criminal e o descumprimento aos direitos fundamentais

Em que pesem a relevância do processo penal para a concretização da Constituição de 1988 e a preservação da ideia de segurança pública como direito fundamental, há casos nos quais uma investigação mal conduzida é capaz de ocasionar danos irreparáveis às pessoas, até mesmo inocentes.

O rigor do processo penal é uma pedra de toque da civilização, porque o delito, com tintas mais ou menos fortes, é um drama da inimizade e da discórdia, bem como representa a relação entre quem o tenha cometido, ou que seja acusado de fazê-lo, e aqueles que o assistem (CARNELUTTI, 2009, p. 7).

Como ocorria nas arenas do Circo Máximo, nos tempos de Roma, ou que ocorre nas praças dos touros da Espanha, México ou Peru, no qual o estado de ânimo do público se embrutece contra o toureiro que não apresenta suficiente desprezo pelo perigo, demonstrando-se tão bestial quanto o touro (CARNELUTTI, 2009, p. 7).

Essa atitude se explica pela separação entre quem assiste e quem atua, portanto, o gladiador é considerado uma coisa, fórmula que expressa máxima incivilidade. É o que ocorre, entretanto, em nove de cada dez vezes no contexto do processo penal (CARNELUTTI, 2009, p. 7).

Na melhor hipótese, aqueles que serão aprisionados parecem pessoas fictícias, não reais. Caso alguém se dê conta de que são reais, parece que se trata de outra raça ou mundo. Ocorre que, entre o publicano e o fariseu, tal mentalidade é mais próxima deste. Em que pese o absurdo do exemplo, esta é a chave do processo penal (CARNELUTTI, 2009, p. 27).

Porém as potenciais arbitrariedades judiciais não se resumem aos efeitos das medidas comprometedoras do patrimônio, da liberdade ou da imagem das pessoas, como também ao próprio conceito de verdade a ser extraído no âmbito do processo penal. Uma justiça penal não arbitrária deve se embasar sobre juízos penais "predominantemente cognitivos (de fato) e recognitivos (de direito)", portanto, sujeitos à verificação empírica (FERRAJOLI, 2013, p. 29). Mais do que isso, se uma justiça penal integralmente "com verdade" for uma utopia, uma justiça penal completamente "sem verdade" é um sistema arbitrário.

Ocorre que não é apenas a verdade que condiciona a validade, como também a validade condiciona a verdade no processo. Trata-se de uma verdade normativa, em um tríplice sentido: comprovada definitivamente, tem valor normativo; convalida-se por normas; e é verdade na medida em que seja buscada e conseguida mediante respeito às normas (FERRAJOLI, 2013, p. 50).

Nesse mesmo sentido é que a carga probatória, em um sistema efetivamente acusatório, não pode se resumir, por exemplo, à confissão, devendo, desse modo, compreender o maior número de tipos e de elementos de prova, no sentido de se conseguir uma verossimilhança ainda mais aprimorada.

Não pode o Juiz confiar totalmente em uma confissão efetivada, pois há casos nos quais alguém confessa algo que não cometeu, como um pai na tentativa de salvar o filho e vice-versa. Neste viés, mesmo que haja prova da responsabilidade penal ou da inocência, antes de condenar ou absolver é necessário continuar a investigar até esgotar os recursos (CARNELUTTI, 2009, p. 27).

Para isso, contudo, o Juiz deve ser auxiliado, especialmente pelo defensor do acusado, cujo interesse é o de buscar todas as razões que podem servir para demonstrar a inocência de seu representado, raciocinando, portanto, de maneira forçada e parcial (CARNELUTTI, 2009, p. 27). Alguém suspeito de ter cometido um delito é dado *ad bestias*, como comida para uma fera indomável e insaciável, que é a multidão. A Constituição traz a ilusão de garantir a incolumidade do imputado, algo tão inconcebível quanto a garantia da plena liberdade de imprensa (CARNELUTTI, 2009, p. 32).

Basta apenas uma suspeita para que o imputado, sua família, sua casa e seu trabalho sejam inquiridos, requeridos, examinados, cancelados e despidos na presença de todo mundo. O indivíduo é transformado em pedaços, em que pese ser aquele que deveria ser salvo pela civilidade (CARNELUTTI, 2009, p. 32).

Desse modo, é observável que o processo penal não pode ser encarado apenas como um procedimento formal, desconsiderando-se a personalidade do acusado, em que pese este ter sobre si a perspectiva da reprimenda estatal por haver praticado um crime. No contexto do punitivismo, entretanto, acabam por serem todos riscados os limites de tolerância, situação que possibilita que alguns exerçam pressão sobre outros, excluindo, instrumentalizando ou neutralizando uma parte em proveito da outra.

Nesse mesmo âmbito, a penalidade não reprime, pura e simplesmente, as ilegalidades, mas sim estabelece diferenças entre as pessoas. Pode-se falar em uma "Justiça", não apenas porque a própria lei ou a maneira de aplicá-la servem aos interesses de uma classe (FOUCAULT, 1991, p. 240).

Toda a gestão diferencial das ilegalidades por intermédio da penalidade integra esses mecanismos de dominação. A fabricação de um *campo de verdades* garante ao castigo seu poder máximo, de fixar-se, simultaneamente, como terapêutica e discurso de saber ao mesmo tempo. Os juízes passam a ter de medir, avaliar, diagnosticar e reconhecer o normal e o anormal (FOUCAULT, 1991, p. 240).

O principal prejuízo demonstrado em casos nos quais a investigação criminal não é conduzida em acordo com a preservação das garantias processuais do acusado se relaciona à imagem do indivíduo, algo que, por sua vez, é um direito fundamental expressamente consagrado pela Constituição de 1988.

O conceito de imagem abrange não apenas a fisionomia, mas também os gestos, a voz e partes do corpo, se identificáveis. Em acordo com a Constituição, o direito à imagem prevalece sobre a informação irrestrita. Há, entretanto, duas imagens no texto constitucional (ARAUJO, 2013, p. 24).

A *imagem-retrato*, decorrente da expressão física, é protegida pelo inciso X do art. 5º da Constituição de 1988, determinando que o restabelecimento da situação anterior do bem deve ser imediato e eficaz, retornando-se ao *status quo ante*, com a maior rapidez possível (ARAUJO, 2013, p. 24).

A *imagem-atributo* é o conjunto de características apresentadas socialmente por um indivíduo. Esta é consequência da vida em sociedade. O homem moderno, no ambiente familiar, profissional ou em suas relações de lazer, tende a ser visto de certa forma pela sociedade (ARAUJO, 2013, p. 31). Características como relaxado, meticuloso, organizado, estudioso, pontual ou impontual acompanham a pessoa em seu conceito social. A imagem-atributo não se resume apenas à exteriorização da figura, no sentido de pretender ser um "retrato moral" do indivíduo, da empresa ou do produto, ganhando, de tal modo, outro sentido (ARAUJO, 2013, p. 31). Aproxima-se da publicidade, entretanto, protegido pelo texto constitucional. Os jornais noticiam referências a essa imagem. As notícias refletem a utilização frequente do termo "imagem" nesse sentido. O constituinte cuidou distintamente de cada um desses bens (ARAUJO, 2013, p. 31).

Trata-se, entretanto, de um direito exercido e desafiado cotidianamente, por intermédio de atos contínuos e banais do dia a dia, demonstrando tratar-se de algo essencial à vida na sociedade contemporânea, com consequências em diversos de seus aspectos. Nesse mesmo sentido, a proteção da privacidade de pessoas físicas e jurídicas é exposta cotidianamente por intermédio de "relações comerciais, financeiras, tributárias e cadastrais, nacional e internacionalmente, desafiando sistemas jurídicos tradicionais em face do tratamento que até há pouco vinha sendo dado a ela" (LEAL; JOAÇABA, 2017, p. 778).

A personalidade jurídica reconhece que, ao cidadão, importa a segurança de sua vida e de sua propriedade. Nesse contexto é que se instrumentaliza o direito à intimidade, expresso como direito fundamental, relacionando-se à proteção de sua intimidade física e intelectual, à intimidade da aparência, à imagem e à reputação, à proteção de seu íntimo, assim como de sua vida privada contra um escrutínio público indevido (LEAL; JOAÇABA, 2017, p. 778).

Trata-se, portanto, de um direito de cariz negativo, determinando tanto ao Estado quanto à própria sociedade civil uma proibição de atacar a intimidade das pessoas de maneira indevida, que se reflete na garantia que o indivíduo tem de ser protegido de tais agressões. Tais direitos são colocados lado a lado, dando autonomia à imagem, resolvendo questão que atormentava a doutrina. A imagem, assim, é distinta de intimidade, de honra, de vida privada, devendo, assim, ter disciplina própria, ao lado da intimidade, da honra e da vida privada (ARAUJO, 2013, p. 31).

Qualquer posicionamento, a partir do Texto Constitucional, que pretenda negar autonomia à imagem deve ser rejeitado, tendo em vista tratar-se de bem distintamente protegido, merecendo regulamentação própria e autônoma, inclusive no que se relaciona à reparação da imagem (ARAUJO, 2013, p. 74).

Haverá violação a esse bem jurídico se uma conduta ocasionar ao indivíduo algum tipo de dano, patrimonial ou moral. Sua reparação deve ser plena, não se limitando apenas à esfera dano patrimonial, não podendo ocorrer de maneira restritiva (ARAUJO, 2013, p. 31).

Alguns desses casos, entretanto, ficaram especialmente famosos, sendo até mesmo capazes de destruir completa e permanentemente as imagens das pessoas diante da comunidade, sem que tenha sido efetivamente comprovada a prática de qualquer infração penal.

Entendimento relativamente recente do Supremo Tribunal Federal corroborou a possibilidade de compartilhamento de dados contábeis de empresas e pessoas físicas dos órgãos de fiscalização tributária com as entidades investigativas, para fins de sua utilização no âmbito criminal. O Supremo Tribunal Federal determinou ser constitucional o compartilhamento dos relatórios de inteligência financeira da Unidade de Inteligência Financeira e da íntegra do procedimento fiscalizatório da Receita Federal do Brasil com os órgãos de persecução penal, para fins criminais, sem a necessidade de autorização judicial (BRASIL, 2019f).

Atividade comum entre a Secretaria da Receita Federal, Unidade de Inteligência Financeira e o Ministério Público Federal, vários dados são remetidos ao *parquet* quando há indícios de possível delito averiguado entre as suas funções, sendo possível revelar, portanto, que seria um repasse de dados entre os diversos órgãos, sem que o Poder Judiciário tenha de ser acionado.

Importante asseverar que se resguarde o sigilo das informações em procedimentos formalmente instaurados e sujeitos a posterior controle jurisdicional, devendo ocorrer, porém, somente por meio de comunicações formais, com garantia de sigilo, certificação do destinatário e estabelecimento de instrumentos de apuração e correção de desvios (BRASIL, 2019f).

Justamente no sentido de prevenir novos casos de prejuízo à imagem das pessoas é que o compartilhamento de dados financeiros, em que pese ser permitido, precisa, desde logo, estar imbuído de preocupação dos órgãos responsáveis quanto à preservação dos direitos fundamentais dos investigados.

1.4 Conceitos iniciais

A criação e a regulamentação do instituto do Juizado de Instrução partiram da necessidade do aprimoramento prático dos princípios e das regras que caracterizam o Sistema Processual Penal Acusatório, separando a fase de investigação daquela de instrução e julgamento. Trata-se de "modelo de investigação processual penal adotado em alguns países europeus, no qual se manifesta rígida separação entre as funções de *acusação* e *instrução*", ensejada por razões históricas, que determina que o *parquet acuse*; que o Juiz *instrua* e que outro órgão jurisdicional *julgue* (CLÈVE, 2005, p. 164, grifos presentes no original).

Desse modo, em referido Sistema Jurídico Processual Penal, "quem instrui não julga". Apesar das modificações mais recentes do modelo, "não se opera separação rígida entre as funções de *acusação* e [de] *investigação*, como se poderia imaginar" (ARAUJO, 2005, p. 164, grifos presentes no original).

O debate constituinte que eliminou a adoção, no Brasil, do Sistema do Juizado de Instrução, "não é determinante para a solução da questão da constitucionalidade da atuação do Ministério Público envolvendo a realização de certas diligências em investigação criminal" (ARAUJO, 2005, p. 165).

Mesmo que houvesse sido adotado esse modelo, "não se impediria o surgimento da controvérsia instaurada, que está cingida ao binômio acusação/investigação, e não ao binômio acusação/instrução"

(ARAUJO, 2005, p. 165). A ideia de implantação do Juizado de Instrução no Brasil, em que pese ter sido anteriormente rejeitada, não foi extinta.

Referido Sistema, qual seja, do Juizado de Instrução, privilegia a imparcialidade do julgador, impossibilitando que a cognição do Juiz seja contaminada pelo contato do magistrado com o conjunto probatório, tendo em vista que a instrução e o julgamento ocorrem diante de julgadores diversos. Nesse sentido é que o Juiz das Garantias é uma evolução em relação ao Sistema Processual Penal Acusatório.

Dessa maneira, a instauração e a condução da investigação preliminar, no Juizado de Instrução, típico do Sistema Processual Penal francês, "cede espaço a uma etapa investigativa livre de ingerências do julgador, que não sejam para garantir a legalidade das medidas investigatórias tomadas, contra e a favor do investigado" (CAVALCANTI, 2016, p. 17). Os movimentos reformistas das últimas décadas retiraram de cena o julgador único, diluindo-o entre os agentes de Segurança Pública e o Ministério Público, dando ao Juiz, dessarte, o posto de garantidor que atua em incidentes jurisdicionalizados, na investigação criminal (CAVALCANTI, 2016, p. 17).

Nesse contexto, o modelo acusatório ideal passou a repudiar a introdução de outro órgão estatal que não aquele legitimado para sua condução e valoração, consolidando "o Ministério Público como [o] titular da ação penal e [o] orientador de sua preparação, contando com o apoio da Polícia Judiciária" (CAVALCANTI, 2016, p. 18).

Sob essa perspectiva, Danielle Souza de Andrade e Silva Cavalcanti (2016, p. 18) entende não ter sentido a inserção, na fase pré-processual, de um julgador a quem caberiam atos instrutórios e cautelares, como o de decretação da prisão cautelar, pois cabe ao Ministério Público não só orientar a investigação preliminar, como, ainda, atuar junto à Polícia Investigativa.

Em que pesem as divergências doutrinárias relacionadas ao denominado Juiz de Garantias, fato é que tal instituto jurídico existe no Direito Processual Penal nacional, apesar da suspensão de sua eficácia e da carência de sua regulamentação. Mais do que isso, observa-se a intenção de, há quase um século, inseri-lo no ordenamento jurídico brasileiro.

A necessária separação orgânica entre as atribuições de acusar e de julgar configura a base primordial do Sistema Processual Penal Acusatório, que se busca ver aprimorado no Brasil, especialmente depois da promulgação da Constituição Federal de 1988. Trata, historicamente falando, de Sistemática Processual recente.

Na Europa continental durante vários séculos enterrou-se a compreensão do papel do juiz como terceiro imparcial. Ainda no Direito Moderno, tal pensamento realizou-se, de forma bastante peculiar, deformada e somente aparente. Na Alemanha, até o século (séc.) XIX, no processo inquisitório, o Juiz confundia-se com o inquisidor (SCHÜNEMANN, 2012, p. 32). Apenas com o advento do "Processo Penal Reformado",[5] a condução da investigação foi atribuída ao então recém-criado Ministério Público, que surgiu como órgão acusador, "cujas atribuições mesclavam-se às funções de defesa jurídica do Estado" (SCHÜNEMANN, 2012, p. 32).

Nesse contexto, os avanços trazidos pelo Processo Penal Reformado cessaram, ao lado do antigo processo inquisitório, quanto ao momento processual decisivo da audiência de instrução e julgamento. Atualmente, a partir da formulação da acusação pelo Ministério Público, "transmite-se o domínio da ação penal ao Juiz" (SCHÜNEMANN, 2012, p. 32).

Dessa maneira, o magistrado, que é o destinatário da denúncia, recebe-a e, a partir dela, passa a decidir "se há suspeita" bastante contra o acusado ("ou seja, se há verossimilhança no pedido condenatório"). Em caso positivo, o magistrado receberá formalmente a denúncia e realizará a audiência de instrução e julgamento (SCHÜNEMANN, 2012, p. 32).

Referida norma se dirige a fazer com que o Juiz colha, oralmente e a partir dos autos do inquérito, provas manifestas, que assegurem a formação de sua convicção de julgador para, só então, proferir sua sentença. Entanto, "na formação da convicção do magistrado, concorrem o membro do Ministério Público e a Defesa" (SCHÜNEMANN, 2012, p. 32).

Porém, esses agentes – o promotor e o defensor – têm, na formação da convicção do Juiz, função de simples *complementação*, eis que prevalece a posição inquisitória e decisória do magistrado, "tanto na condução da instrução, como na de autoridade da causa" (SCHÜNEMANN, 2012, p. 32).

O Juiz das Garantias volta-se, assim, a aumentar o necessário distanciamento entre as referidas atribuições. Determina, nesse mesmo

---

[5] Trata-se de uma mudança de paradigma ocorrida no Processo Penal alemão, que passou de um Sistema Processual Penal Inquisitório para um Sistema Processual Penal Misto (SCHÜNEMANN, 2012, p. 32).

sentido, que a condução da investigação que eventualmente leve à formação da culpa deva ser controlada por um Juiz diverso daquele outro Juiz que possa vir a condenar o acusado.

No que se relaciona à fase investigativa, a definição de um Sistema Processual limita-se ao exame da atuação do Juiz no curso do processo, "pois o inquérito policial não é processo; [e] misto não será o Sistema Processual, ao menos sob tal fundamentação" (PACELLI, 2021, p. 40).

Caso a investigação viesse a ser realizada diretamente diante do juízo, a exemplo do que ocorre na França, perante o Juizado de Instrução francês, "seria possível vislumbrar contaminação do Sistema; e, mais ainda, sobretudo quando ao mesmo Juiz da fase de investigação se reservasse à função de julgamento". Não é este o caso brasileiro (PACELLI, 2021, p. 40).

Na fase de inquérito, a atuação judicial deve ter, como fim exclusivo, a tutela das liberdades públicas, de modo que seja impossível sobrevir decretação de prisão preventiva *ex officio* na fase de investigação. Ademais, o Código de Processo Penal proíbe-a, ainda que no curso da ação penal (PACELLI, 2021, p. 40). Isso assim o é porque o principal requisito para a decretação da prisão cautelar é a existência de indícios veementes de autoria e de materialidade, cuja valoração deverá ser realizada apenas na fase jurisdicional, "salvo provocação dos interessados, na mesma linha da proteção das liberdades públicas" (PACELLI, 2021, p. 40).

De tal modo, o procedimento investigatório no qual o Juiz atua como guardião dos Direitos Fundamentais do acusado e cujo mérito da acusação não possa, após, julgar o mérito, representa um aprimoramento do Sistema Acusatório, especialmente sob a égide da Constituição de 1988.

A imperiosa separação entre as funções de acusar e de julgar, típica do Sistema Processual Penal Acusatório, compreende a impossibilidade de o órgão julgador determinar o início da apuração dos fatos delituosos. Em orientação diametralmente oposta, o Brasil já consagrou disposições *a contrario sensu* (em sentido contrário).

Na apuração de contravenção penal (DL nº 3.688/1941, art. 26)[6] e do crime de homicídio, ou daquele de lesão corporal culposa (Lei nº

---

[6] "Art. 26. Abrir alguém, no exercício de profissão de serralheiro ou ofício análogo, a pedido ou por incumbência de pessoa de cuja legitimidade não se tenha certificado previamente, fechadura ou qualquer outro aparelho destinado à defesa de lugar ou objeto: Pena – prisão

4.611, de 2 de abril de 1965,[7] art. 1º),[8] (BRASIL, 1941; 1945) hipóteses nas quais era possível dar início à ação penal mediante a edição de um simples ato administrativo, do tipo de uma portaria, eram chamadas de processos judicialiformes, nos quais uma mesma pessoa funcionava como acusador e como julgador, ou seja, acusava e julgava (PEDROSO, 1986, p. 9).

O procedimento judicialiforme equivale, pois, à possibilidade de, nas contravenções penais, a ação penal poder ser iniciada por edição de ato administrativo (a exemplo de uma reles portaria), da lavra do delegado de Polícia; ou, então, de poder sê-lo, de ofício, pelo Juiz.

Trata-se de uma sistemática não recepcionada pela Constituição Federal de 1988, pois com a promulgação da Carta Magna brasileira atualmente em vigor e em decorrência da aplicação do chamado princípio da oficialidade,[9] "restou revogado o artigo 26 do CPP que o previa" (DL nº 3.689/1941, art. 26),[10] e foi previsto um órgão oficial do Estado incumbido, privativamente, do dever de promover a ação penal pública (BRASIL, 1941b; CUNHA, 2008, p. 32).

Referido órgão é o Ministério Público, cuja única exceção, positivada no ordenamento jurídico pátrio, à referida norma, é aquela da ação penal privada subsidiária da ação penal pública, prevista tanto no artigo 5º, inciso LIX, da Constituição Federal de 1988 (CF/1988, art.

---

simples, de 15 (quinze) dias a 3 (três) meses, ou multa, de 200 (duzentos) mil réis a 1 (um) conto de réis."

[7] A Lei nº 4.611/1965 foi expressamente revogada pelo disposto na primeira parte do derradeiro artigo 97 da Lei nº 9.099, de 26 de setembro de 1995, que dispõe sobre os Juizados Especiais Cíveis e Criminais e que dá outras providências (L. 9.099/1995, art. 97, *ab initio*), que reza: "Art. 97. Ficam revogadas a Lei nº 4.611, de 2 de abril de 1995, e a Lei nº 7.244, de 7 de novembro de 1984."

[8] "Art. 1º. O processo dos crimes previstos nos artigos 121, §3º, e 129, §6º, do Código Penal, terá o rito sumário estabelecido nos artigos 531 a 538 do Código de Processo Penal. (Vetado). §1º. Quando a autoria do crime permanecer ignorada por mais de 15 (quinze) dias, proceder-se-á a inquérito policial, e o processo seguirá o rito previsto no artigo 539. §2º. Poderão funcionar, como defensores dativos, nas Delegacias de Polícia, como estagiários, na falta de profissionais diplomados e solicitadores, alunos da Faculdade de Direito, indicados pelo Procurador-Geral da Justiça. §3º. Quando não for possível a assistência de defensor do acusado, na lavratura do auto de flagrante, a autoridade policial é obrigada, sob pena de nulidade do ato, a mencionar, fundamentadamente, essa impossibilidade."

[9] Nas palavras do Desembargador paulista Guilherme de Souza Nucci (2020, p. 188), o princípio da oficialidade "significa ser a persecução penal uma função primordial e obrigatória do Estado". Daí, "cabe[re]m as tarefas de investigar, processar e punir o agente do crime aos órgãos constituídos do Estado, através da Polícia Judiciária, do Ministério Público e do Poder Judiciário".

[10] "Art. 26. A ação penal, nas contravenções, será iniciada com o auto de prisão em flagrante ou por meio de portaria expedida pela autoridade judiciária ou policial."

5º, inc. LIX),[11] quanto no artigo 29 do Código de Processo Penal (DL nº 3.689/1941, art. 29)[12] (CUNHA, 2008, p. 32).

Em detrimento do princípio da oralidade,[13] o processo judicialiforme, que segue o denominado *princípio da oficialidade*, não foi recepcionado pela Constituição Federal de 1988, pois a confusão entre julgador e acusador comprometeria a imparcialidade de juízes e de acusadores.

No Brasil, não há uma separação legalmente determinada entre as funções investigatória e acusatória do Ministério Público. De acordo com a jurisprudência do Superior Tribunal de Justiça, o representante do *parquet* que comandar um inquérito poderá, em relação ao mesmo caso, acusar.

O princípio europeu que separa as funções da acusação, da instrução e do julgamento "alcança, do ponto de vista orgânico ou subjetivo, as figuras do membro do Ministério Público, do Juiz de Instrução e do Juiz ou Juízes que irão efetivamente julgar a causa, condenando ou absolvendo o réu" (FONTES, 2005, p. 145). O *parquet* e os policiais "estão funcional e psicologicamente comprometidos com a persecução penal", sendo que aqueles seriam menos viciados do que estes, pois "intervêm no Sistema, protagonizando a luta, por vezes de vida

---

[11] "Art. 5º. Todos são iguais perante a lei, sem distinção de qualquer natureza, garantindo-se aos brasileiros e aos estrangeiros residentes no País a inviolabilidade do direito à vida, à liberdade, à igualdade, à segurança e à propriedade, nos termos seguintes: LIX – será admitida ação privada nos crimes de ação pública, se esta não for intentada no prazo legal; [...]."

[12] "Art. 29. Será admitida ação privada nos crimes de ação pública, se esta não for intentada no prazo legal, cabendo ao Ministério Público aditar a queixa, repudiá-la e oferecer denúncia substitutiva, intervir em todos os termos do processo, fornecer elementos de prova, interpor recurso e, a todo tempo, no caso de negligência do querelante, retomar a ação como parte principal."

[13] Segundo a ferramenta jurídica on-line do "Lexionário" que, desde 2018, está disponível na página eletrônica do "Diário da República Eletrônico" de Portugal e que consiste em um dicionário de conceitos jurídicos simplificados, destinados a terem sua compreensão entendida até mesmo por não juristas – tendência atual de abandono do jargão jurídico, ou juridiquês –, o princípio da oralidade no Processo Penal "significa que os atos processuais do Processo Penal dev[a]m ser praticados oralmente na presença dos participantes processuais", sobretudo quanto "à produção de prova em sede de audiência de [instrução] e julgamento", o que, todavia, "não impede (e até aconselha) que os atos praticados oralmente fiquem documentados ou registrados (através do respectivo registo e registro áudio, ou audiovisual, [...], de modo a permitir um controle de prova, o que se revela importante para efeitos de uma eventual interposição de recurso". Tal princípio, que "tem vantagens e inconvenientes", apresenta, entre as primeiras, "além da celeridade, [...] a descoberta da verdade (a inquirição, o diálogo, a percepção da reação dos depoentes permite[m] ou ajuda[m] na realização de tal tarefa)" e, entre as desvantagens, apresenta "a subjetividade e [a] perenidade decorrentes da oralidade e [d]a eventual falta de registro" (PORTUGAL, 2022; POMBO, 2022).

ou de morte, contra a criminalidade e exercendo a força física legal" (FONTES, 2005, p. 148).

Dessa forma, a separação entre acusação e instrução para julgamento equivale a um aprimoramento do Sistema Acusatório, embora não seja salutar tão somente absorver um instituto do Direito Comparado, sem proceder a devida filtragem, a partir do ordenamento jurídico interno. Do contrário, pode-se acabar por criar institutos que não se amoldem ao Sistema Processual nacional. Depois, a partir de sua implementação, constatam-se vários problemas e, ainda que o modelo brasileiro seja criticável quanto à sua eficiência, a renúncia a direitos e a garantias a duras penas conquistados é um preço excessivamente alto a se pagar (TOVO; MALACARNE, 2019, p. 80).

Dessa forma, em que pese a eficiência demonstrada por um instituto jurídico adotado no Direito Estrangeiro, é imperioso verificar se a instalação de tal espécie de procedimento, como aquele do Juizado de Instrução, seria efetivamente compatível com o processo penal brasileiro, notadamente quanto às garantias constitucionais.

1.5 Os Juizados de Instrução no projeto de Código de Processo Penal de 1941

Décadas antes da superveniência da atual sistemática, identificam-se tentativas de se inserir os Juizados de Instrução no projeto do Código de Processo Penal (depois, convertido no DL nº 3.689/1941), ideia retomada, inclusive, na própria Assembleia Nacional Constituinte[14]. Trata-se, inclusive, de uma questão que, em parte, justifica-se historicamente.

No Brasil, nem sempre a investigação criminal encontrou-se separada da função jurisdicional, tendo em vista que a polícia já foi detentora de atribuições mais amplas – até mesmo de atribuições carentes de regulamentação legal específica –, inclusive naquilo que concerne à apuração de fatos.

As Ordenações Filipinas, de 1603, não distinguiam entre Polícia Administrativa e Polícia Judiciária, assim como não se referiam ao *Inquérito Policial*. Os Títulos LXXIV ("Dos Alcaides Mores"), LXXV ("Dos

---

[14] Convocada pelo então Presidente da República José Sarney, em 1985, e instalada a 7 de fevereiro de 1987, a Assembleia Nacional Constituinte, integrada por 559 parlamentares, dos quais 72 Senadores e 487 Deputados Federais, atuou por um total de 20 meses de trabalhos, desenvolvidos, por seu turno, em sete etapas e em 25 fases distintas (BRASIL, 2022g).

Alcaides Pequenos das Cidades e [das] Vilas") e LXXVI ("Dos Alcaides das Sacas") do Livro I dessas Ordenações tratavam, especificamente, das atribuições dos alcaides e da forma de escolhê-los (PORTUGAL, 1999; 2022).

O Código de Processo de 1832 (oficialmente, Lei de 29 de novembro de 1832, que promulgava o Código de Processo Criminal de primeira instância, com disposição provisória acerca da administração da Justiça Civil) apenas normatizava as funções dos Inspetores de Quarteirão (BRASIL, 1832; TOURINHO FILHO, 2011). Tais Inspetores, entretanto, não exerciam atividades próprias de Polícia Judiciária. E em que pese houvesse vários dispositivos acerca do *procedimento informativo*, este não era, propriamente, um "inquérito policial" – ao menos, não, sob tal *nomen juris (TOURINHO FILHO, 2011, p. 175)*.

Com o advento da Lei nº 2.033, de 20 de setembro de 1871, regulamentada pelo Decreto-Lei nº 4.824, de 22 de novembro de 1871, surgiu, no Brasil o *inquérito policial*, definido no artigo 42 desse mesmo diploma legal (DL nº 4.824/1871)[15] e relacionado às diligências reduzidas

---

[15] "Art. 42. O inquérito policial consiste em todas as diligências necessárias para o descobrimento dos fatos criminosos, de suas circunstâncias e dos seus autores e cúmplices; e deve ser reduzido a instrumento escrito, observando-se nele o seguinte: §1º. Far-se-á corpo de delito, uma vez que o crime seja de natureza dos que deixam vestígios. §2º. Dirigir-se-á a autoridade policial com toda a prontidão ao lugar do delito e aí, além do exame do fato criminoso e de todas as suas circunstâncias e descrição da localidade em que se deu, tratará com cuidado de investigar e [de] coligir os índices existentes e [de] apreender os instrumentos do crime e quaisquer objetos encontrados, lavrando-se de tudo auto assinado pela autoridade, peritos e duas testemunhas. §3º. Interrogará o delinquente, que for preso em flagrante, e tomará logo as declarações juradas das pessoas ou escolta que o conduzirem e das que presenciarem o fato ou deste tiverem conhecimento. §4º. Feito o corpo de delito ou sem ele, quando não possa ter lugar, indagará quais as testemunhas do crime e as fará vir à sua presença, inquirindo-as, sob juramento, a respeito do fato e [de] suas circunstâncias e de seus autores ou cúmplices. Estes depoimentos, na mesma ocasião, serão escritos resumidamente em um só termo, assinado pela autoridade, testemunhas e delinquente, quando preso em flagrante. §5º. Poderá dar busca com as formalidades legais para a apreensão das armas e [dos] instrumentos do crime e de quaisquer objetos a ele referentes; e desta diligência se lavrará o competente auto. §6º. Terminadas as diligências e autuadas todas as peças, serão conclusas à autoridade, que proferirá o seu despacho, no qual, recapitulando o que for averiguado, ordenará que o inquérito seja remetido, por intermédio do Juiz Municipal, ao Promotor Público ou a quem suas vezes fizer; e, na mesma ocasião, indicará as testemunhas mais idôneas, que, por ventura, ainda não tenham sido inquiridas. Desta remessa, dará imediatamente parte circunstanciada ao Juiz de Direito da Comarca. Nas Comarcas Especiais, a remessa será por intermédio do Juiz de Direito que tiver a jurisdição criminal do Distrito, sem participação a outra autoridade. §7º. Todas as diligências relativas ao inquérito serão feitas no prazo improrrogável de 5 (cinco) dias, com assistência do indiciado delinquente, se estiver preso; podendo impugnar os depoimentos das testemunhas. Poderá, também, impugná-los nos crimes afiançáveis, se requerer sua admissão aos termos do inquérito. §8º. Nos crimes, em que não tem lugar a ação pública, o inquérito feito a requerimento da parte interessada e reduzido a instrumento, ser-lhe-á entregue para o uso que entender. §9º. Para

a instrumento escrito e necessárias ao descobrimento dos fatos delituosos (BRASIL, 1871; TOURINHO FILHO, 2011, p. 175). Desse modo, a Lei nº 2.033/1871 teve, como pretensão, aprimorar e aumentar as possibilidades de controle da atividade policial investigativa, estabelecendo, de maneira expressa, uma conexão procedimental entre o Poder Judiciário e a polícia.

Todavia, em que pese não haver restringido nem eliminado a influência do elemento policial na atividade judicial, a reforma promovida por essa Lei (Lei nº 2.033/1871) "extinguiu as competências judicantes da Polícia",[16] ademais de funcionalizar as atividades judiciais e policiais (CORRÊA; CORDEIRO, 2020, p. 15).

Nesse sentido, esse diploma legal criou algo como um "procedimento preparatório à ação penal, de responsabilidade exclusiva da polícia e, na prática, infenso a controles judiciais", ainda que o próprio inquérito policial constituísse, em tese, um mecanismo de controle relacionado aos "prazos para o encerramento das investigações" (CORRÊA; CORDEIRO, 2020, p. 15).

Além disso, a Lei nº 2.033/1871 "acabou por separar, abruptamente, a atividade policial, da atividade judiciária propriamente dita". Desse modo é que a solução do inquérito policial prolongava a formação da culpa, retardava a introdução do caso no Sistema de Justiça e ampliava a liberdade de atuação dos agentes policiais (CORRÊA; CORDEIRO, 2020, p. 15-16).

Demonstra-se, com isso, que referido diploma não atingiu seus objetivos iniciais, tendo em vista que praticamente acabou por reduzir as possibilidades de controle da atuação investigativa da polícia, assim como prejudicou a celeridade da apuração das infrações penais.

A ideia da absorção do instituto do Juizado de Instrução pelo Direito Processual brasileiro tem, desde as primeiras décadas do século passado (séc. XX), sido aventada, mormente por causa da

---

a notificação e o comparecimento das testemunhas e mais diligências do inquérito policial, observar-se-ão, no que for aplicável, as disposições que regulam o processo da formação da culpa."

[16] Segundo o Professor Andrei Koerner (CORRÊA; CORDEIRO, 2020, p. 15), do Departamento de Ciência Política do Instituto de Filosofia e Ciências Humanas da Universidade Estadual de Campinas (UNICAMP), "a Reforma de 1871 retirou da Polícia o poder de julgar as infrações dos termos de segurança e bem viver, atribuições que foram transferidas para os Juízes de Paz" e os "crimes policiais", transferidos "para os Juízes Municipais [segundo informações colhidas, sic]".

possibilidade de impedir a contaminação da cognição do Juiz de Instrução e Julgamento.

Em decorrência da atuação imediata do Juiz Instrutor, sob o crivo do contraditório e sob a presidência do magistrado processante, com poderes para ordenar as diligências, vários óbices seriam superados por meio da judicialização de todos os atos probatórios (FONSECA, 2000, p. 218). Além disso, termina por afastar-se a duplicidade da formação da prova; atende-se ao princípio da economia processual; bem assim resta fortalecida a ação repressiva, sempre mediante a participação do Ministério Público, que não dirige a instrução preliminar, de maneira a não descumprir o princípio da separação de funções (FONSECA, 2000, p. 218).

Essa perspectiva aproxima-se tanto do Sistema do *Juizado de Instrução*, presente nos Projetos Legislativos iniciais que visavam à elaboração do Código de Processo Penal de 1941 e em ordenamentos jurídicos estrangeiros, quanto se avizinha de algumas Sistemáticas Processuais Penais observáveis a partir do Direito Comparado.

Em 1934, o presidente da 14ª Subcomissão Legislativa do Regime Penitenciário, redatora do Anteprojeto do Código de Processo Penal da República, de 26 de maio de 1933,[17] Cândido Mendes de Almeida Filho (1866-1939), preocupava-se, inicialmente, com a fase preliminar, assim como com a necessidade de restringir as funções da polícia aos seus verdadeiros fins, quais fossem, segundo ele, vigilância, prevenção, manutenção da ordem e *auxílio à Justiça* (ALMEIDA FILHO, 2014, p. 399-400).

Referido Anteprojeto terminou por se converter no Projeto de Lei nº 1/1935, sem incluir, no entanto, o instituto do Juizado de Instrução, em que pese a clara preocupação da referida Subcomissão no que concerne ao controle da amplitude da atividade policial investigativa e com o estímulo à atuação do Ministério Público (BARBOSA, 1982, p. 300).

Em que pese o fato de a 14ª Subcomissão Legislativa do Regime Penitenciário, presidida pelo celebrado jurista Cândido Mendes de

---

[17] No segundo parágrafo da Exposição de Motivos da Lei nº 7.210, de 11 de julho de 1984, o então Ministro da Justiça (1980-1985) Ibrahim Abi-Ackel alude à apresentação, em 26 de maio de 1933, do Anteprojeto de Código Penitenciário da República, pela 14ª Subcomissão Legislativa do Regime Penitenciário, presidida por Cândido Mendes de Almeida Filho (1866-1939), José Gabriel de Lemos Britto (1886-1963) e Heitor Pereira Carrilho (1890-1954). Tal Anteprojeto chegou, dois anos depois, já como Projeto nº 1, de 1935, a ser encaminhado à Câmara dos Deputados, por iniciativa da bancada do Estado da Paraíba, mas sua discussão ficou impedida pelo advento do Estado Novo (BRASIL, 1983, p. 17).

Almeida Filho (1866-1939) e integrada, outrossim, pelo jurista José Gabriel de Lemos Britto (1886-1963) e pelo médico Heitor Pereira Carrilho (1890-1954), não haver logrado inserir, de modo imediato, o Juizado de Instrução no Anteprojeto de Código de Processo Penal da República, o tema acabou por ser retomado ainda na década de 1930.

A implantação do Juizado de Instrução Criminal foi prevista no Projeto do Código de Processo Penal da República dos Estados Unidos do Brasil, de 15 de agosto de 1935 (RAO, 1938, p. 137), elaborado pelos Ministros do Supremo Tribunal Federal Antonio Bento de Faria (1875-1959)[18] e Plínio de Castro Casado (1870-1964),[19] pelo jurista e deputado federal Luis Barbosa da Gama Cerqueira (1865-1936)[20] e pelo Ministro da Justiça e Negócios Interiores (de 24 de julho de 1934 a 07 de janeiro de 1937, segundo lista de antigos ocupantes do Ministério da Justiça e Segurança Pública), Vicente Paulo Francisco Rao (1892-1978) (KELLER, 2022). Na oportunidade, a Comissão elencou as características do instituto (RAO; FARIA; CASADO, 1938, p. 157):

> Solução proposta pelo Projeto: o Ajuizado de Instrução [...]. De fato, a ação do Juiz Instrutor, segundo o Projeto, não exclui a da Polícia: A) porque as autoridades policiais devem: a) proceder sem demora às diligências necessárias para a conservação dos vestígios do crime, até que se apresente o Juiz Instrutor; b) efetuar a prisão dos culpados, no caso de flagrante delito; c) apreender os instrumentos do crime ou quaisquer outros que possam servir para esclarecimentos do fato; d) conduzir à presença do Juiz as pessoas cuja audiência seja útil à averiguação do crime (art. 133); B) porque as autoridades policiais ficam sujeitas ao Juizado de Instrução Criminal; não, no sentido hierárquico-administrativo; mas, para o efeito de auxiliarem e praticarem as diligências requisitadas ou não (o que significa poderem as autoridades policiais realizar, de ofício, quaisquer diligências, sujeitas, já se vê, à ulterior apreciação do Juiz) necessárias à descoberta dos crimes e de todas as circunstâncias que possam influir na sua classificação (art. 132); C) porque a Polícia Científica tanto atenderá às determinações do Juiz Instrutor, quanto às requisições das autoridades policiais (art. 135). Retira-se à Polícia, por essa forma, a função, que não é sua, de interrogar o acusado, tomar o depoimento

---

[18] Antônio Bento de Faria (1875-1959) foi Ministro do Supremo Tribunal Federal de 1937 a 1945 (MALIN, 2022).
[19] Plínio de Castro Casado (1870-1964) foi Ministro do Supremo Tribunal Federal de 1931 a 1938 (PANTOJA, 2022).
[20] Empossado deputado federal em 1935, Luís Barbosa da Gama Cerqueira (1865-1936) faleceu no ano seguinte (MAYER, 2022).

de testemunhas, enfim, colher provas sem valor legal; conserva-se-lhe, porém, a função investigadora, que lhe é inerente, posta em harmonia e legalizada pela coparticipação do Juiz, sem o que o resultado das diligências não podem, nem devem ter valor probatório. Não emperra, por isso, o aparelhamento defensivo da sociedade, eis que qualquer autoridade presente em lugar onde ocorra fato que reclame providências imediatas, deverá intervir para ordená-las, até o comparecimento da que for competente (art. 134).

Retirava-se, portanto, da polícia as funções de interrogar o acusado, tomar depoimento de testemunhas e colher outras provas "sem valor legal", conservando sua inerente função investigatória, que seria "legalizada pela participação do Juiz, sendo que os resultados das diligências não pode[ria]m, nem deve[ria]m ter valor probatório" (RAO; FARIA; CASADO, 1938 *apud* NORONHA, 1976, p. 23).

Restariam discriminadas, nesse mesmo sentido, as funções respectivas das autoridades judiciária e policial: caberiam a esta, a autoridade policial, as diligências e as investigações preliminares, coordenadas pelo Juiz Instrutor ou a ele apresentadas; àquela, isto é, à autoridade judiciária, caberiam a instrução processual auxiliada pela polícia, o preparo para o julgamento, o julgamento e a execução (RAO; FARIA; CASADO, 1938 *apud* NORONHA, 1976, p. 23).

A proposta de 1935, de Vicente Rao (1892-1978) e outros – entre os quais, Nelson Hungria Hoffbauer (1891-1969), Roberto Tavares de Lyra (1902-1982) e Cândido Mendes de Almeida Filho (1866-1939) –, em que pese ser recomendada por um célebre jurista, no contexto de um magnífico Projeto de Código de Processo Penal, que teria implantado, no Brasil, o Juizado de Instrução Criminal, não logrou êxito, em face dos interesses do Estado Novo (1937-1945) (MOREIRA, 2022).

A Exposição de Motivos (ROSA, 2017) do Código de Processo Penal de 1941, de autoria do Ministro da Justiça (de 10 de novembro de 1937 até 17 de julho de 1942) (BRASIL, 2022b), Francisco Luís da Silva Campos (1891-1968) (MALIN, 2022), afirmou que o Diploma nascia da necessidade de coordenação sistemática das regras de Processo Penal, reunidas em um Código único para o Brasil todo.[21]

---

[21] Segundo o historiador Boris Fausto (2006, p. 90), "de fato, assumindo sem muitos disfarces os supostos méritos de uma *ditadura*, o discurso getulista tratou de apresentar o Estado Novo como a fórmula que permitiria, finalmente, realizar as tarefas de unificar o País", o que, continua ele, "pressupunha atos simbólicos e realizações materiais. Um exemplo expressivo dos primeiros foi a solenidade de queima das bandeiras estaduais, promovida

Em que pese destacar as novidades do Diploma, o Ministro da Justiça Francisco Campos (1891-1968) reconheceu que não alteraria substancialmente o Direito vigente, até mesmo por haver aproveitado o material da legislação em vigor, corrigido imperfeições empiricamente constatadas, dirimido incertezas jurisprudenciais e restringido a amplitude interpretativa (CORRÊA; CORDEIRO, 2020, p. 16-17).

Destacam-se, entretanto, "práticas e critérios tradicionais" que terminaram por ser mantidos pelo Código de Processo Penal (DL nº 3.689/1941), como a do inquérito policial, enquanto processo preliminar ou preparatório para o posterior ajuizamento da ação penal, cujas características teriam sido preservadas, de acordo com o ministro (CORRÊA; CORDEIRO, 2020, p. 17).

A justificação para a manutenção do modelo foi a de que Juizado de Instrução limitaria a função da autoridade policial quanto a "prender criminosos, averiguar a materialidade dos crimes e indicar testemunhas", de forma incompatível com a "imensidão do território nacional" (ROSA, 2017, on-line). Mais do que isso, afirmou Francisco Luís da Silva Campos (1891-1968) que o funcionamento adequado de um Sistema de Juizados de Instrução dependeria da superação de grandes distâncias geográficas entre as unidades judiciárias, salvo se, ironizou o ministro, o instrutor detivesse o "dom da ubiquidade" (ROSA, 2017, on-line).

Desse modo, a Comissão não conseguiu inserir o instituto do Juizado de Instrução no Código de Processo Penal de 1941 que, por sua vez, tem em sua origem inegáveis bases autoritárias[22] – delas não se podendo dizer serem fascistas – e surgiu sob a égide da Constituição

---

em dezembro de 1937, no Rio de Janeiro, em cerimônia ao ar livre" [grifo não presente no original]. Nessa linha de raciocínio, pode-se elencar a edição do Decreto-Lei nº 3.689/1941, como ilustração dessas "realizações materiais" destinadas a "unificar" o Brasil.

[22] Novamente é o historiador Boris Fausto (2006, p. 91) quem, sob a epígrafe "a natureza do regime" estado-novista, indaga, antes de ele próprio passar a responder: "Como se situa o Estado Novo, quando se pensa sua definição, a partir dos conceitos distintos de totalitarismo e de autoritarismo, como formas não democráticas de governo? Certamente com marcas próprias, o Estado Novo pode ser definido como um regime autoritário, semelhante a alguns vigentes na época no Leste Europeu e menos ao Portugal de Salazar. O Estado Novo não era fascista, ainda que, na época, esse termo fosse, compreensivelmente, utilizado pela oposição para defini-lo". Portanto, do ponto de vista histórico, é incorreto dizer que o Estado Novo era fascista. Tratava-se de um regime autoritário de feições próprias, o estado-novismo, do mesmo modo em que, naquela época, houve o salazarismo em Portugal, o franquismo na Espanha, o fascismo na Itália, o nazismo na Alemanha, entre tantos outros regimes autoritários com início no Entreguerras (1919-1939).

dos Estados Unidos do Brasil, de 10 de novembro de 1937 (cognominada "a Polaca") (BRASIL, 1937).[23]

A Exposição de Motivos, de 8 de setembro de 1941, do Código de Processo Penal (DL nº 3.689/1941), da lavra do Ministro da Justiça do período, Francisco Luís da Silva Campos (1891-1968), revela as razões autoritárias que, naquela época, impediram a inserção, no Direito Processual Penal brasileiro, de um modelo do Juizado de Instrução. A Ditadura Estado-Novista de Getúlio Dornelles Vargas (1882-1954) preferiu, por intermédio de um decreto-lei,[24] "impor o modelo até hoje vigente" (ROSA, 2017; LAZZARINI, 1999, p. 155).

Passadas mais de quatro décadas e meia, e a Assembleia Nacional Constituinte já instalada, em 1987, o tema da instauração no Brasil do Juizado de Instrução Criminal voltou à baila, tendo figurado nas diversas fases do Projeto de Constituição então discutido, debate que se prolongou "até que o denominado Centrão[25] o afastasse do texto" (LAZZARINI, 1999, p. 155).

A seguir, a matéria do Juizado de Instrução foi destacada para votação, no Congresso Nacional, em Plenário. Tal votação, porém, acabou por não ter lugar, em virtude de pressões corporativas exercidas sobre

---

[23] Bem lembra o Professor Livre-Docente Vidal Serrano Nunes Júnior, Mestre e Doutor em Direito pela Pontifícia Universidade Católica de São Paulo – PUC/SP e, por quase quatro lustros, docente do Programa de Pós-Graduação *Stricto Sensu* em Direito (PPGD) da ITE, tradicional instituição de ensino paulista que "a Constituição de 1937 ficou conhecida como 'A Polaca', em virtude das influências do pensamento autoritário que tomava conta da Europa naquele momento. Recebeu influência de diversas vertentes desse pensamento autoritário, sobretudo da Constituição da Polônia, o que explica a alcunha supramencionada".

[24] Segundo a linguista e lexicógrafa do português Débora Ribeiro (2022, on-line), responsável pela gestão de conteúdos linguísticos e lexicográficos da plataforma em linha (on-line) na qual se disponibiliza o *Dicio*, Dicionário de Língua Portuguesa, "decreto-lei" é o ato normativo "decretado com poder de lei que, assinado pelo Presidente da República, é expedido pelo Poder Executivo, quando este passa a acumular as funções do Poder Legislativo".

[25] Conforme verbete temático extraído do Dicionário Histórico-Biográfico Brasileiro do Centro de Pesquisa e Documentação de História Contemporânea do Brasil (CPDOC) da Fundação Getúlio Vargas (FGV) do Rio de Janeiro, pode-se definir o Centrão como tendo sido um "grupo suprapartidário com perfil de centro e direita" que foi criado "no final do primeiro ano da Assembleia Nacional Constituinte de 1987/1988", que tinha como finalidade "dar apoio ao Presidente da República José Sarney", mas cuja aliança acabou por servir de "fiadora formal da transição democrática e [de] núcleo de sustentação da Nova República", passando a "se apresentar como base confiável de apoio ao governo", em troca de que alguns de seus líderes fossem "recompensados pelo governo federal com cargos e verbas", no que é, atualmente, conhecido como "velha política", ou como "política do toma lá, dá cá". Embora formalmente dissolvido no último ano da Presidência Sarney, em 1989, muitos de seus componentes sobreviveram como representantes reiteradamente eleitos para o Congresso Nacional, instância na qual mantêm o mesmo estilo de atuação, fisiológica e governista, sendo, desde algum tempo, reiteradamente apontados como compondo um "novo Centrão", em alusão ao Centrão original (NOGUEIRA, 2022).

os Constituintes que defendiam a pauta. Com isso, observa-se a fuga ao debate por parte do Plenário da Assembleia Nacional Constituinte, pois se sabia que tal aprovação teria ocorrido se o assunto houvesse, efetivamente, sido levado à votação (LAZZARINI, 1999, p. 28).

Em que pese ter sido abortado de figurar no texto constitucional, hoje em vigor, o espírito do Juizado de Instrução Criminal se faz presente (LAZZARINI, 1999, p. 28) no Capítulo I ("Dos Direitos e Deveres Individuais e Coletivos"), do Título I ("Dos Direitos e Garantias Fundamentais"), da Constituição da República Federativa de 1988, em seu artigo 5º, incisos XI, XII, XLIX, LVI, LXI, LXII e LXV.[26]

Ainda que o Diploma Adjetivo Penal haja, nestas mais de oito décadas de vigência, sofrido modificações pontuais e, até mesmo, reformas substanciais, o fato é que o modelo processual penal brasileiro não mais se mostra compatível com a atualidade, nem com a complexa criminalidade ora praticada (MOREIRA, 2022). Por falta de vontade política e/ou por ausência, igualmente, de interesse dos poderes públicos, tem sido impossível proceder a uma ruptura imediata com o Sistema Processual Penal vigente desde 1º de janeiro de 1942 e, no ano anterior, em 1941, positivado no ordenamento jurídico pátrio.

Trata-se de uma legislação incoerente com a sofisticação dos crimes praticados nos dias de hoje, cometidos muitas vezes por indivíduos oriundos das classes dominantes e/ou por integrantes de grupos organizados, configurando, assim, a chamada *criminalidade do colarinho branco ("white-collar criminality"*, na expressão cunhada pelo criminólogo norte-americano Edwin H. Sutherland, 1883-1950) (SUTHERLAND, 1940), cujos delitos são ditos "crimes do colarinho-branco".[27]

---

[26] "Art. 5º. [...]: [...]; XI – a casa é asilo inviolável do indivíduo, ninguém nela podendo penetrar sem consentimento do morador, salvo em caso de flagrante delito ou desastre, ou para prestar socorro, ou, durante o dia, por determinação judicial; XII – é inviolável o sigilo da correspondência e das comunicações telegráficas, de dados e das comunicações telefônicas, salvo, no último caso, por ordem judicial, nas hipóteses e na forma que a lei estabelecer para fins de investigação criminal ou instrução processual penal; [...]; XLIX – é assegurado aos presos o respeito à integridade física e moral; [...]; LVI – são inadmissíveis, no processo, as provas obtidas por meios ilícitos; [...]; LXI – ninguém será preso senão em flagrante delito ou por ordem escrita e fundamentada de autoridade judiciária competente, salvo nos casos de transgressão militar ou crime propriamente militar, definidos em lei; LXII – a prisão de qualquer pessoa e o local onde se encontre serão comunicados imediatamente ao Juiz competente e à família do preso ou à pessoa por ele indicada; [...]; LXV – a prisão ilegal será imediatamente relaxada pela autoridade judiciária; [...]."

[27] Segundo o Subprocurador-Geral da República Carlos Rodolfo Tigre Maia (2008, p. 203), crimes de colarinho branco qualificam-se pela "presença de 'testas de ferro', que apenas formalmente ocupam cargos e 'realizam' atos de gestão por determinação, orientação e interesse de terceiros".

Ademais, o Sistema do Código de Processo Penal não é compatível com a complexidade dos delitos contra a ordem tributária, contra o sistema financeiro nacional, contra a ordem econômica, contra a administração e contra o patrimônio públicos, de lavagem de dinheiro e contra aqueles praticados por organizações criminosas (FONSECA, 2000, p. 217-218). Em decorrência das especificidades e do alto grau de sofisticação das condutas perpetradas por meio do cometimento de tais delitos, faz-se imperioso prestigiar um novo modelo de averiguação da responsabilidade penal, com a adoção, portanto, do Juizado de Instrução Criminal (FONSECA, 2000, p. 218).

Por isso, nas últimas duas décadas, várias foram as tentativas de inserção do instituto do Juizado de Instrução, que se deram por intermédio de projetos de lei e de Propostas de Emenda à Constituição, tanto de iniciativa da Câmara dos Deputados quanto do Senado Federal.

1.6 Os Juizados de Instrução nos projetos legislativos mais recentes

Na atividade legislativa mais recente, os Juizados de Instrução constam de alguns projetos, especialmente de duas Propostas de Emenda à Constituição, quais sejam, a Proposta de Emenda à Constituição nº 27, de 2004, e a Proposta de Emenda à Constituição nº 7, de 14 de fevereiro de 2007, bem como em projetos de lei da Câmara dos Deputados e no Projeto de Lei do Novo Código de Processo Penal (BRASIL, 2004; 2007).

Apesar de o Sistema do Juizado de Instrução não haver ingressado na Constituição Federal de 1988, duas Propostas de Emenda à Constituição e alguns projetos de lei fizeram com que, de tempos em tempos, a temática retornasse ao debate público, especialmente na tentativa de inseri-la no texto constitucional pátrio, ainda que sua aplicabilidade se encontrasse, em alguns projetos, restrita a determinadas infrações penais.

Nesse sentido, circulou no Senado Federal a Proposta de Emenda à Constituição nº 27, de 2004, que se dirigia a incluir um segundo parágrafo no artigo 98 da Constituição Federal em vigor, cujo teor determinaria que lei ordinária instituísse "Juizados de Instrução Criminal para as infrações penais nela definidas".[28] Referida proposta de emenda à

---

[28] "Art. 98. [...]. §2º. A lei instituirá Juizados de Instrução Criminal para as infrações penais nela definidas (BRASIL, 2004)."

Constituição buscou a criação, portanto, de Juizados de Instrução especificamente voltados para o processamento de determinadas infrações penais, a serem definidas na lei ordinária que as regulamentasse. Caso tivesse sido aprovada a referida proposta de emenda à Constituição que, no entanto, sequer chegou a ser levada a Plenário para ser votada – antes, foi simplesmente arquivada, ao final daquela legislatura –, do texto de tal PEC teria decorrido o dever constitucional de o Poder Judiciário vir a instalar varas criminais com competência voltada, expressa e especificamente, ao tratamento de procedimentos administrativos de investigação criminal, "com o escopo, único e exclusivo, de [tais Juizados de Instrução] atuar[em] antes da fase de propositura da ação penal" (RANGEL, 2019, p. 141).

Fracassada a PEC nº 27/2004, adiou-se, ainda uma vez, a discussão legislativa acerca da inserção dos Juizados de Instrução no Processo Penal brasileiro. A questão relacionada à adoção, no Brasil, do Sistema dos Juizados de Instrução, retornaria três anos depois de encerrado o hiato legislativo de cerca de três lustros. Desse modo, aproximadamente após 15 anos transcorridos do fim dos trabalhos da Assembleia Nacional Constituinte, que ocorreram no biênio de 1987 e 1988, e o arquivamento da Proposta de Emenda à Constituição nº 27/2004, conheceu-se o texto da Proposta de Emenda à Constituição nº 7, de 14 de janeiro de 2007 (BRASIL, 2007).

Referida proposta de emenda à Constituição foi apresentada por um de seus autores, o Deputado Federal Antônio Pedro Índio da Costa, e visava a alterar não apenas um, mas dois dos artigos da Constituição Federal de 1988 (artigos 98 e 144), que obrigaria, no que interessa ao presente estudo, a adição de um terceiro inciso à cabeça do artigo 98. Por intermédio do referido dispositivo seriam criados os Juizados de Instrução Criminal, voltados para o recebimento e tratamento de infrações de maior potencial ofensivo, caso do crime de lavagem de dinheiro, ou de ocultação de bens, direitos e valores; caso, ainda, do crime do latrocínio, ou do roubo seguido de morte; caso, igualmente, do crime organizado.[29]

A mensagem da proposta afirma que os Juizados de Instrução seriam capazes de "evitar a dualidade do procedimento investigatório.

---

[29] "Art. 98. A União, no Distrito Federal e nos Territórios, e os Estados criarão: [...]; III – Juizados de Instrução Criminal, presididos por Juiz togado, para apurar, com o auxílio dos órgãos da Polícia Judiciária, as infrações penais definidas em lei (BRASIL, 2007)."

Atualmente, as investigações desenvolvem-se em duas fases. Uma através do inquérito policial, outra na instrução propriamente dita, realizada perante o Judiciário" (BRASIL, 2007). Assim, no âmbito dos referidos Juizados as etapas se fundiriam, de modo que só uma fase seria realizada diante da autoridade judiciária que, nesse mesmo âmbito, atuaria com o auxílio dos órgãos policiais oficiais, resumindo tais procedimentos (BRASIL, 2007). De tal maneira, o Sistema seria capaz de levar à economia de tempo na prática de determinados atos, "como prisão preventiva, busca e apreensão, quebra de sigilos e outras medidas investigativas que dependem da chancela judicial. O próprio Juiz da instrução poderia ordená-las, de ofício" (BRASIL, 2007).

Da mesma forma que a Proposta de Emenda à Constituição nº 27/2004, a PEC nº 7/2007 determinava que os delitos a serem apurados no âmbito da atuação dos Juizados de Instrução Criminal seriam previstos em lei ordinária, especificando que sua apuração deveria ocorrer mediante o auxílio da Polícia Judiciária. Seria, portanto, maximamente preservada a imparcialidade do Juiz que atuasse no processo, como ocorre, entre outros, nos Estados Unidos da América, no México, na Espanha e na Itália. Ainda que a realidade brasileira seja bastante diferente daquela desses países, tal quadro representaria um avanço "rumo a um processo penal mais democrático e garantista" (RANGEL, 2019, p. 141).

Novamente, entretanto, a Proposta de Emenda à Constituição nº 7/2007 não chegou sequer a ser votada, tendo sido igualmente arquivada, em decorrência do atingimento do final da legislatura. Desse modo, encerraram-se novamente as discussões então existentes acerca da temática do Juizado de Instrução e sua adoção no Brasil.

Paralelamente à Proposta de Emenda à Constituição nº 27/2004, e à Proposta de Emenda à Constituição nº 7/2007, tramitaram no Congresso Nacional alguns projetos de lei ordinária, os quais, como se sabe, ou se iniciam na Câmara Baixa, ou na Câmara Alta. Seu propósito, entretanto, era similar: inserir, no Código de Processo Penal, o instituto do Juizado de Instrução, fosse na tentativa de fazer dele um dispositivo legal específico, fosse na tentativa de transformá-lo em uma série de artigos de lei que pudessem integrar o Diploma Penal Adjetivo.

Começando esta análise pelos projetos de lei cujo trâmite do processo legislativo começou com a apresentação de seu texto inicial na Câmara dos Deputados, houve o Projeto de Lei da Câmara (PLC) nº 4.207, de 12 de março de 2001, que buscava inserir o Juiz de Instrução e

Julgamento no ordenamento jurídico pátrio (BRASIL, 2001). Em que pese haja, efetivamente, sido convertido na Lei nº 11.719, de 20 de junho de 2008, que alterou dispositivos do Decreto-Lei nº 3.689/1941, naquilo que se relaciona à suspensão do processo, à *emendatio libelli*, à *mutatio libelli* e aos procedimentos, referido projeto teve suprimida parcela significativa de seu texto original e – mais do que isso – esse projeto de lei teve eliminada de seu texto final justamente a parte referente ao parágrafo de abertura do artigo 399 do Código de Processo Penal (BRASIL, 2008). Era justamente esta a parte que tratava do necessário encaminhamento do processo, já devidamente instruído com provas antecipadas, cautelares e irrepetíveis, para o Juiz de Instrução e Julgamento, diverso, por sua vez, do Juiz encarregado da função tanto do recebimento da denúncia ou da queixa, quanto, se o caso, da concessão de medidas cautelares.[30]

Por isso, é possível inferir que, ao longo de seus mais de sete anos e três meses de tramitação em ambas as Casas do Poder Legislativo Federal, o Projeto de Lei da Câmara nº 4.207/2001 tenha sofrido alterações, no sentido de abolir a inserção, no Código de Processo Penal, dos Juizados de Instrução e, por conseguinte, impediu-se, assim, a criação de varas judiciais especificamente dirigidas à atuação desses magistrados.

Já o Projeto de Lei da Câmara nº 1.914, de 30 de agosto de 2007, de autoria, entre outros, do Deputado Federal Maurício Rands Coelho Barros, buscava inserir o Juízo de Instrução em vários dispositivos do Código de Processo Penal, notadamente nos artigos 5º, incisos IV, VII, IX e X; 18, 23 e 39,[31] e nos artigos 8º e 10, determinava a instalação de

---

[30] "Art. 399. Recebida a denúncia ou queixa, o Juiz designará dia e hora para a audiência, ordenando a intimação do acusado, de seu defensor, do Ministério Público e, se for o caso, do querelante ou do assistente. §1º. O acusado preso será requisitado a comparecer ao interrogatório, devendo o Poder Público providenciar sua apresentação."

[31] "Art. 5º. Logo que tiver conhecimento da prática da infração penal, a autoridade policial deverá: [...]; IV – Apresentar, imediatamente, no juízo de instrução criminal, o ofendido, o suposto autor da ofensa e as testemunhas que presenciaram o fato [...]; VII – encaminhar, imediatamente, ao juízo da instrução criminal, a folha de antecedentes criminais do indigitado autor da infração; [...]; IX – noticiar a ocorrência do crime no balcão do juízo de instrução criminal; X – caso não tenha condições de identificar a autoria, a dinâmica da ação criminosa e sua extensão, registrando a ocorrência perante o juízo de instrução criminal, a autoridade policial poderá requerer que lhes sejam autorizadas as diligências que entender necessárias à elucidação do crime, especificando e justificando cada uma delas. [...]. Art. 18. A instrução criminal será iniciada mediante requerimento simplificado, a ser processado perante o balcão de atendimento do Juízo de Instrução Criminal. [...] Art. 23. No Juízo de Instrução, deverão ser inquiridas todas as testemunhas que presenciaram a infração criminal, podendo o Juiz, depois de identificar a testemunha, dispensar o registro de seu depoimento, quando nada for acrescido aos precedentes registros. [...] Art. 39. O direito de representação poderá ser exercido, pessoalmente ou por procurador com poderes

uma unidade para cada 300 mil habitantes, dentre outras disposições (BRASIL, 2007).[32] De acordo com a mensagem de "Justificação" de referido projeto, o exame detalhado das condições de integração e de articulação do Sistema de Segurança e Justiça impõe a consolidação de uma eficiência plausível, mediante inovações trazidas ao Código de Processo Penal (BRASIL, 2007).

Estas devem facilitar, especialmente, a tarefa de preparação da ação penal e precisam, ainda, resguardar os princípios constitucionais garantidos pelas cláusulas pétreas da Constituição da República Federativa do Brasil de 1988, a exemplo das garantias do contraditório e da ampla defesa que favoreçam o suspeito ou acusado (BRASIL, 2007). Para tanto, o projeto tinha por objetivo "remover da legislação o Inquérito Policial como processo preliminar ou preparatório para propositura da ação penal", substituindo-o pelo *Juízo de Instrução Criminal Preliminar*, organizado de maneira sistêmica (BRASIL, 2007).

Este envolvera "todas as instituições estatais de defesa da sociedade, em local definido que as congreguem e agindo de forma cooperadora e complementar", voltando-se à celeridade da ação punitiva do Estado, mediante eficiência para "impulsionar o caráter intimidador da lei" (BRASIL, 2007, p. 8). Trata-se, portanto, de Projeto de Lei mais ambicioso que o anterior, dirigindo-se à inserção do instituto do Juizado de Instrução em vários dispositivos do Código de Processo Penal, efetivamente entronizando referida temática no decurso do procedimento.

O Projeto de Lei nº 19, de 3 de dezembro de 2011, também de autoria do Deputado Maurício Rands Coelho Barros, determinava o julgamento, por meio do Juizado de Instrução Criminal, de infrações penais cuja pena máxima cominada fosse de dez anos, assim como a reunião de órgãos de repressão penal e sua regulamentação pelo

---

especiais, mediante declaração, escrita ou oral, perante o balcão de atendimento do Juízo de Instrução Criminal. §1º. A representação conterá todas as informações que possam servir à apuração do fato e da autoria. §2º. Quando, por carência de prova, a representação não permitir o início imediato da instrução criminal, depois de ouvido o Ministério Público, o Juiz determinará as providências necessárias à elucidação do fato, assinalando prazo para seu cumprimento. §3º. O Ministério Público oferecerá a denúncia no prazo de 15 (quinze) dias, se com a representação forem oferecidos elementos que o habilitem a promover a ação penal. (BRASIL, 2007)."

[32] "Art. 8º. Será instalado um Juízo de Instrução Criminal preliminar para cada circunscrição geográfica de 300 (trezentos) mil habitantes. [...]. Art. 10. O servidor incumbido do recebimento da notícia crime no balcão de atendimento do Juízo de Instrução Criminal preliminar será bacharel em Direito (BRASIL, 2007)."

Conselho Nacional de Justiça, com destaque para seus artigos 2º, 3º, 4º e 5º (BRASIL, 2011c).³³

A mensagem de "Justificação" do referido projeto afirmava que a impunidade se encontra, "muitas vezes, ligada ao moroso e anacrônico Sistema Penal vigente no País", por sua vez, caracterizado por "um emaranhado de procedimentos, alguns enormemente desnecessários, que impossibilitam [...] a efetiva punição" (BRASIL, 2011c, p. 2). Além disso, observa a percepção social relacionada à possibilidade de que uma punição célere e eficaz seria capaz de reduzir os índices de violência: "é neste sentido que voltamos ao tema da criação e [da] estruturação de Juizados de Instrução Criminal, medida que traria enorme velocidade na apreciação e [no] julgamento de vários crimes" (BRASIL, 2011, p. 2).

Referida proposta, ao contrário dos Projetos Legislativos anteriores, não se dirigia à inserção do instituto no corpo do Código de Processo Penal de maneira direta, mas sim à sua positivação em apartado, consagrando o Juizado de Instrução em relação a qualquer infração penal cuja pena abstrata superasse dez anos.

O Projeto de Lei do Senado (PLS) nº 156, de 2009, iniciado, por óbvio, no Senado Federal e de autoria do Senador e ex-Presidente da República – cujo nome de batismo era, efetivamente, José Ribamar Ferreira de Araújo Costa, embora seja nacionalmente mais conhecido por seu apelido, José Sarney,³⁴ – traria um novo Código de Processo Penal. Tal proposta partiria dos trabalhos anteriormente realizados pela

---

³³ "Art. 2º. Infrações penais cuja lei não comine pena superior a 10 (dez) anos poderão ser julgadas através de Juizados de Instrução Criminal. Art. 3º. Os Juizados de Instrução Criminal reunirão em um único espaço físico, Polícia Judiciária, Defensoria Pública, Ministério Público e Juiz de Direito. Art. 4º. As condutas penalmente tipificadas, seja no ato da infração penal, ao longo ou após a conclusão do inquérito policial, ou ainda aquelas já iniciadas através de ação penal, poderão ser objeto de apreciação e julgamento pelos Juizados de Instrução Criminal, nos termos do art. 1º. [...]. Art. 5º. O modelo de implementação e funcionamento dos Juizados de Instrução Criminal será definido e regulamentado pelo Conselho Nacional de Justiça (CNJ) e pelo Ministério da Justiça. §1º. A regulamentação dar-se-á 180 (cento e oitenta) dias após a publicação desta lei. §2º. As prerrogativas constitucionais devem ser observadas quando da regulamentação da lei, e a legislação ordinária aplicável, no que couber, ao funcionamento célere dos Juizados de Instrução Criminal."

³⁴ Um dos 40 membros da Academia Brasileira de Letras, desde 17 de julho de 1980, sucedendo, como ocupante da Cadeira nº 38, o escritor paraibano José Américo de Almeida (1887-1980), o escritor José Sarney, filho de Sarney de Araújo Costa e de Kyola Ferreira de Araújo Costa, esclareceu, em crônica publicada no jornal *Folha de S. Paulo*, que o nome de seu pai fora retirado do *Almanaque de Bristol*, de 1901, e que ele, filho do pai, Sarney, era apontado nas ruas como o "José do Sarney", o que, por simplificação, teria dado origem ao apelido e, depois, nome "José Sarney", pelo qual o acadêmico acabou conhecido nacionalmente (SARNEY, 2001, p. 2).

"Comissão de Juristas responsável pela Elaboração de Anteprojeto de Reforma do Código de Processo Penal", criada em 5 de junho de 2008, presidida pelo Ministro Hamilton Carvalhido (1941-2021), relatada pelo jurista Eugênio Pacelli de Oliveira e integrada por outros sete membros, Antonio Correa, Antônio Magalhães Gomes Filho, Fabiano Augusto Martins Silveira, Felix Valois Coelho Júnior, Jacinto Nelson de Miranda Coutinho, Sandro Torres Avelar e Tito Souza do Amaral (BRASIL, 2009, p. 2).

Referido Projeto de Lei do Senado Federal propunha-se a incluir o Juiz das Garantias em um capítulo próprio daquele que seria o novo Código de Processo Penal, qual fosse, o Capítulo II ("Do Juiz das Garantias") do Título II ("Da Investigação Criminal") do Livro I ("Da Persecução Penal") do diploma legal que se projetava. Referido capítulo seria constituído de apenas quatro artigos de lei (artigos 15, 16, 17 e 18), que regulariam esse novo instituto, necessariamente diverso da figura do magistrado que se houvesse ocupado do recebimento da denúncia ou da queixa, assim como da concessão, até então, de medidas cautelares.[35]

---

[35] "Art. 15. O Juiz das Garantias é responsável pelo controle da legalidade da investigação criminal e pela salvaguarda dos direitos individuais cuja franquia tenha sido reservada à autorização prévia do Poder Judiciário, competindo-lhe, especialmente: I – receber a comunicação imediata da prisão, nos termos do inciso LXII do artigo 5º da Constituição da República; II – receber o auto da prisão em flagrante, para efeito do disposto no artigo 543; III – zelar pela observância dos direitos do preso, podendo determinar que este seja conduzido à sua presença; IV – ser informado da abertura de qualquer inquérito policial; V – decidir sobre o pedido de prisão provisória ou outra medida cautelar; VI – prorrogar a prisão provisória ou outra medida cautelar, bem como substituí-las ou revogá-las; VII – decidir sobre o pedido de produção antecipada de provas consideradas urgentes ou e não repetíveis, assegurando o contraditório e a ampla defesa; VIII – prorrogar o prazo de duração do inquérito, estando o investigado preso, em atenção às razões apresentadas pela autoridade policial e observado o disposto no parágrafo único deste artigo; IX – determinar o trancamento do inquérito policial quando não houver fundamento razoável para a sua instauração ou prosseguimento; X – requisitar documentos, laudos e informações de autoridade policial sobre o andamento da investigação; XI – [não existia no texto do "Anteprojeto"]; XII – decidir sobre os pedidos de: a) interceptação telefônica ou do fluxo de comunicações em sistemas de informática e telemática; b) quebra dos sigilos fiscal, bancário e telefônico; c) busca e apreensão domiciliar; d) outros meios de obtenção da prova que restrinjam direitos fundamentais do investigado; XIII – julgar o *Habeas Corpus* impetrado antes do oferecimento da denúncia; XIV – outras matérias inerentes às atribuições definidas no *caput* deste artigo. Parágrafo único. Estando o investigado preso, o Juiz das Garantias poderá, mediante representação da autoridade policial e ouvido o Ministério Público, prorrogar a duração do inquérito por período único de 10 (dez) dias, após o que, se ainda assim a investigação não for concluída, a prisão será revogada. Art. 16. A competência do Juiz das Garantias abrange todas as infrações penais, exceto as de menor potencial ofensivo e cessa com a propositura da ação penal. §1º. Proposta a ação penal, as questões pendentes serão decididas pelo Juiz do Processo. §2º. As decisões proferidas pelo Juiz das Garantias

Na Mensagem intitulada "Exposição de Motivos" de referido anteprojeto, afirma-se que o Juiz das Garantias consolida "um modelo orientado pelo princípio acusatório"; e não, apenas, um "Juiz de Inquéritos, mero gestor da tramitação de inquéritos policiais", tendo em vista que o Juiz seria o responsável pela "tutela imediata e direta das inviolabilidades pessoais" (BRASIL, 2009, p. 122). Dentre estas, "a proteção da intimidade, da privacidade e da honra, assentada no texto constitucional, exige cuidadoso exame acerca da necessidade de medida cautelar autorizativa do tangenciamento de tais direitos individuais" (BRASIL, 2009, p. 122).

Referido órgão cumpriria, portanto, duas estratégias: a de otimizar a atuação jurisdicional criminal, em decorrência da especialização na matéria e do gerenciamento do processo, e a de manter o distanciamento entre o Juiz do processo e "os elementos de convicção produzidos e dirigidos ao órgão da acusação" (BRASIL, 2009, p. 122). Nesse sentido, referido Projeto de Código Processo Penal dirigia-se a criar um Juiz de Instrução e Julgamento voltado a aprimorar o Sistema Acusatório brasileiro, indo além da simples gestão da investigação e do mero controle da atividade da Polícia e do Ministério Público.

A inserção do instituto do Juizado de Instrução voltava-se, nesse ponto, a tentar que se rompesse, portanto, com um padrão de atividade jurisdicional penal a imperar no Brasil há quase cem anos, utilizando sistemáticas processuais penais similares, o que pode ser constatado, já que são observáveis a partir do seu enfoque no Direito Comparado, o que será feito a seguir.

1.7 Os Juizados de Instrução no Direito Comparado

O "Anteprojeto" de Código de Processo Penal foi elaborado pela Comissão de *Experts* presidida pelo Ministro Hamilton Carvalhido

---

não vinculam o Juiz do Processo, que, após o oferecimento da denúncia, poderá reexaminar a necessidade das medidas cautelares em curso. §3º. Os autos que compõem as matérias submetidas à apreciação do Juiz das Garantias serão juntados aos autos do processo. Art. 17. O Juiz que, na fase de investigação, praticar qualquer ato incluído nas competências do artigo 15 ficará impedido de funcionar no processo. Art. 18. O Juiz das Garantias será designado conforme as Normas de Organização Judiciária da União, dos Estados e do Distrito Federal. §1º. O processo, instruído com as provas antecipadas, as cautelares e as irrepetíveis, será encaminhado ao Juiz de instrução e julgamento, necessariamente diverso do Juiz do recebimento da denúncia ou queixa e das medidas cautelares até então concedidas" (BRASIL, 2009).

(1941-2021), relatada pelo Professor Doutor Eugênio Pacelli de Oliveira e composta de um total de nove membros. Tal anteprojeto previa a instauração no ordenamento jurídico processual penal pátrio do instituto do Juiz das Garantias. Ao referido órgão jurisdicional caberia, no decorrer da investigação, atuar, enfaticamente, com o fim de resguardar os direitos daquele que fosse apontado como sendo o autor do fato criminoso.

Os artigos 15 e seguintes (ss.) do Projeto de Lei nº 156/2009 de autoria do ex-Presidente da República José Sarney (artigos de 15 a 18) são praticamente idênticos aos artigos de 3º-B a 3º-F do atual Código de Processo Penal em vigor, depois de efetuadas as mudanças no texto do Decreto-Lei nº 3.689/1941, por força da entrada em vigor da Lei nº 13.964/2019.[36]

---

[36] "Art. 3º-B. O Juiz das Garantias é responsável pelo controle da legalidade da investigação criminal e pela salvaguarda dos direitos individuais cuja franquia tenha sido reservada à autorização prévia do Poder Judiciário, competindo-lhe, especialmente: I – receber a comunicação imediata da prisão, nos termos do inciso LXII *do caput* do artigo 5º da Constituição da República [grifo não presente no original]; II – receber o auto da prisão em flagrante, *para o controle da legalidade da prisão, observado o disposto no artigo 310 deste Código* [grifo não presente no original]; III – zelar pela observância dos direitos do preso, podendo determinar que este seja conduzido à sua presença, *a qualquer tempo* [grifo não presente no original]; IV – ser informado *sobre a instauração* de qualquer *investigação policial* [grifos não presentes no original]; V – decidir sobre o *requerimento* de prisão provisória ou outra medida cautelar, *observado o disposto no artigo 310 deste Código* [grifos não presentes no original]; VI – prorrogar a prisão provisória ou outra medida cautelar, bem como substituí-las ou revogá-las, *assegurado, no primeiro caso, o exercício do contraditório em audiência pública e oral, na forma do disposto neste Código ou em legislação especial pertinente* [grifo não presente no original]; VII – decidir sobre o *requerimento* de produção antecipada de provas consideradas urgentes e não repetíveis, *assegurados* o contraditório e a ampla defesa *em audiência pública e oral* [grifos não presentes no original]; VIII – prorrogar o prazo de duração do inquérito, estando o investigado preso, em *vista* das razões apresentadas pela autoridade policial e observado o disposto no parágrafo *segundo* deste artigo [grifos não presentes no original]; IX – determinar o trancamento do inquérito policial, quando não houver fundamento razoável para a sua instauração ou prosseguimento; X – requisitar documentos, laudos e informações *ao delegado de Polícia* sobre o andamento da investigação [grifo não presente no original]; XI – decidir sobre os *requerimentos* de [grifo não presente no original]: a) interceptação telefônica, do fluxo de comunicações em sistemas de informática e telemática *ou de outra forma de comunicação* [grifo não presente no original]; b) *afastamento* dos sigilos fiscal, bancário, *de dados* e telefônico [grifos não presentes no original]; c) busca e apreensão domiciliar; d) *acesso a informações sigilosas* [grifos não presentes no original]; e) *outros meios de obtenção da prova que restrinjam direitos fundamentais do investigado* [grifos não presentes no original]; XII – julgar o *Habeas Corpus* impetrado antes do oferecimento da denúncia; XIII – *determinar a instauração do incidente de sanidade mental* [grifos não presentes no original]; XIV – decidir sobre o recebimento de denúncia ou queixa, nos termos do artigo 399 deste Código; XV – *assegurar prontamente, quando se fizer necessário, o direito outorgado ao investigado e ao seu defensor de acesso a todos os elementos informativos e provas produzidos no âmbito da investigação criminal, salvo no que concerne, estritamente, às diligências em andamento* [grifos não presentes no original]; XVI – *deferir pedido de admissão de assistente técnico para acompanhar a produção da perícia* [grifos não presentes no original]; XVII – *decidir sobre a homologação de acordo de não persecução penal ou os de colaboração premiada, quando formalizados durante a investigação*

De diferente, com relação à redação sugerida pelos *experts* do "Anteprojeto", depois incorporada ao PLS nº 156/2009 apresentado pelo então Senador José Sarney, pode-se ver que, na redação atual do Decreto-Lei nº 3.689/1941, tal qual determinada pela Lei nº 13.964/2019, incluiu-se, no agora artigo 3º-B, um inciso XI, o qual faltava ao artigo 15 do "Anteprojeto". Além disso, renumeraram-se os incisos XIII e XIV do artigo 15 do "Anteprojeto" como sendo os atuais incisos XII e XVIII do artigo 3º-B do Decreto-Lei nº 3.689/1941; acrescentaram-se cinco incisos ao atual artigo 3º-B, (incisos XIII, XIV, XV, XVI e XVII), além de converter-se o antigo parágrafo único do artigo 15 do "Anteprojeto" em dois parágrafos do artigo 3º-B do Código de Processo Penal na redação atual, posterior à Lei nº 13.964/2019.

[grifos não presentes no original]; XVIII – outras matérias inerentes às atribuições definidas no *caput* deste artigo. §1º. *O preso em flagrante ou por força de mandado de prisão provisória será encaminhado à presença do Juiz de Garantias no prazo de 24 (vinte e quatro) horas, momento em que se realizará audiência com a presença do Ministério Público e da Defensoria Pública ou de advogado constituído, vedado o emprego de videoconferência* [grifos não presentes no original]. §2º. *Se o investigado estiver preso, o Juiz das Garantias poderá, mediante representação da autoridade policial e ouvido o Ministério Público, prorrogar, uma única vez, a duração do inquérito por até 15 (quinze) dias, após o que, se ainda assim a investigação não for concluída, a prisão será imediatamente relaxada* [grifos não presentes no original]. Art. 3º-C. A competência do Juiz das Garantias abrange todas as infrações penais, exceto as de menor potencial ofensivo, e cessa com *o recebimento da denúncia ou [da] queixa, na forma do artigo 399 deste Código* [grifos não presentes no original]. §1º. *Recebida a denúncia ou queixa*, as questões pendentes serão decididas pelo Juiz *da Instrução e Julgamento* [grifos não presentes no original]. §2º. As decisões proferidas pelo Juiz das Garantias não vinculam o Juiz *da Instrução e Julgamento*, que, após o oferecimento da denúncia ou queixa, *deverá* reexaminar a necessidade das medidas cautelares em curso, *no prazo máximo de 10 (dez) dias* [grifos não presentes no original]. §3º. *Os autos que compõem as matérias de competência do Juiz das Garantias ficarão acautelados na secretaria desse juízo, à disposição do Ministério Público e da defesa e não serão apensados* aos autos do processo *enviados ao Juiz da Instrução e Julgamento, ressalvados os documentos relativos às provas irrepetíveis, medidas de obtenção de provas ou de antecipação de provas, que deverão ser remetidos para apensamento em apartado* [grifos não presentes no original]. §4º. Fica assegurado às partes o amplo acesso aos autos acautelados na secretaria do Juízo das Garantias. Art. 3º-D. O Juiz que, na fase de investigação, praticar qualquer ato incluído nas competências *dos artigos 4º e 5º* ficará impedido de funcionar no processo [grifo não presente no original]. Parágrafo único. *Nas comarcas em que funcionar apenas um Juiz, os tribunais criarão um sistema de rodízio de magistrados, a fim de atender às disposições deste Capítulo* [grifos não presentes no original]. Art. 3º-E. O Juiz das Garantias será designado conforme as Normas de Organização Judiciária da União, dos Estados e do Distrito Federal, *observando critérios objetivos a serem periodicamente divulgados pelo respectivo tribunal* [grifo não presente no original]. Art. 3º-F. *O Juiz das Garantias deverá assegurar o cumprimento das regras para o tratamento dos presos, impedindo o acordo ou ajuste de qualquer autoridade com órgãos da imprensa para explorar a imagem da pessoa submetida à prisão, sob pena de responsabilidade civil, administrativa e penal* [grifos não presentes no original]. Parágrafo único. *Por meio de regulamento, as autoridades deverão disciplinar, em 180 (cento e oitenta) dias, o modo pelo qual as informações sobre a realização da prisão e a identidade do preso serão, de modo padronizado e respeitada a programação normativa aludida no caput deste artigo, transmitidas à imprensa, assegurados a efetividade da persecução penal, o direito à informação e a dignidade da pessoa submetida à prisão* [grifos não presentes no original]" (BRASIL, 2019).

Deve-se atentar para o fato de que a cabeça do atual artigo 3º-C do Decreto-Lei nº 3.689/1941, correspondente ao *caput* do antigo artigo 16 do PLS nº 156/2009, determina que com o recebimento não mais "da ação penal" em si, e sim de maneira mais juridicamente técnica e mais precisa, com o "recebimento da denúncia ou [da] queixa", cessará, agora, "na forma do artigo 399" do Código de Processo Penal, a competência do Juiz das Garantias abrangida em todas as infrações penais, com exceção daquelas infrações penais de menor potencial ofensivo (BRASIL, 2009). Eis, aí, portanto, duas diferenças na redação do *caput* do artigo 16 do Decreto-Lei nº 3.689/1941, depois do advento da "Lei Anticrime".

Ademais, os três parágrafos originais do artigo 16 do "Anteprojeto" acabaram por ser ampliados para quatro, entretanto, mediante pequenas alterações na redação do atual artigo 3º-C do Código de Processo Penal, conforme o disposto na Lei nº 13.964/2019. Assim, esta lei determinou que o antigo parágrafo inaugural do artigo 16, no qual se lia que desde que "proposta a ação penal, as questões pendentes ser[iam] decididas pelo Juiz do Processo", passasse a ser lido como *"recebida a denúncia ou [a] queixa,* as questões serão decidas pelo *Juiz da Instrução e Julgamento"*, em lugar de "proposta a ação penal" e de "Juiz do Processo" (BRASIL, 2019, on-line [grifos não presentes no original]).

Ainda no atual artigo 3º-B do Decreto-Lei nº 3.689/1941, verifica-se ter havido mudança do texto, relativamente ao original do "Anteprojeto", depois adotado pelo PLS nº 159/2009; no "Anteprojeto", no segundo parágrafo do artigo 16, estava estatuída, a partir do emprego da forma verbal "poderá", conjugada no tempo verbal do futuro do presente do verbo "poder". Transmite-se, assim, ao "Juiz do Processo", a faculdade de este Juiz, repita-se, dito "do processo", vir a "reexaminar a necessidade das medidas cautelares em curso", agora, no artigo 3º-C do Código de Processo Penal, está dito, no mesmo parágrafo segundo, que "deverá o Juiz de Instrução e Julgamento" proceder ao reexame das medidas cautelares em vigor. E mais: que o Juiz da Instrução e Julgamento deverá fazê-lo, no prazo máximo de dez dias (BRASIL, 2009, on-line).

Mais do que isso, a inspiração para a criação de referido Sistema do Juiz das Garantais resultou da aplicação de institutos jurídicos similares, extraíveis no Direito Comparado, ainda que, aí, sejam eles encontrados com suas características específicas, concernentes às próprias tradições e aos respectivos ordenamentos jurídicos estrangeiros.

A separação entre as funções judiciais investigativa e processual é uma tendência consolidada na experiência internacional. Daí, guardadas as devidas proporções e especificidades, procurou-se especializar as funções do Juiz que é chamado a intervir na investigação, distinguindo-o do Juiz da condução da fase processual (SILVEIRA, 2009, p. 88). Em decorrência dessas diferenças conceituais e de aplicação, faz-se necessário o estudo de, ao menos, alguns dos institutos do Direito Comparado que se mostram, sob determinados aspectos, similares àquele do Juiz das Garantias brasileiro.

O Sistema Jurídico Germânico tem, há muito, servido de inspiração para o ordenamento jurídico brasileiro, naquilo que se relaciona a diversos ramos do Direito, seja para o Direito Constitucional, para o Direito Civil, para o Direito Administrativo, para o Direito Penal, inclusive para o Direito Processual Penal, dentre muitos outros.

Na Alemanha, a separação de competências decorre da concepção jurídica de que tais medidas ocorrem sem prévia comunicação ao investigado, quem, uma vez que haja sido denunciado, torna-se, após a abertura do procedimento de instrução e julgamento, réu (JUY-BIRMANN, 2005, p. 29). Desse mesmo modo, o Sistema Processual Penal germânico tem, como uma de suas características basilares, um Juiz que é competente para atuar no decorrer da investigação anterior ao eventual recebimento da correspondente ação penal contra o réu.

Após o oferecimento da denúncia, "será competente o tribunal que se ocupar com o mérito da causa". Quanto à inquirição de perito ou da testemunha, "não cabe ao Juiz da Investigação valorar a conformidade ao objetivo da medida solicitada, pois se cuida de função própria da Promotoria de Justiça" (LIMA, 2020, p. 230).

Serão analisadas a admissibilidade e a proporcionalidade, pois tanto o testemunho juramentado quanto o interrogatório judicial do indiciado poderiam ser usados na audiência de instrução e julgamento do tribunal competente como prova antecipada (LIMA, 2020, p. 231).

Em decorrência de regulamentar requerimento e protocolo da decisão judicial de medida restritiva de garantias individuais, o pedido de urgência que não seja prontamente sanável condiciona-se à homologação judicial, que deverá ser obtida em, no máximo, três dias úteis, via controle posterior das atividades investigativas (LIMA, 2020, p. 231). Mais do que isso, a impossibilidade de localização imediata do membro do Ministério Público autoriza o Juiz da Investigação a, de ofício ou então por representação da Polícia Investigativa, ordenar – caso não viole o dever de pronta comunicação de diligências ao *parquet* – "a realização de medidas investigativas ou coercitivas" (LIMA, 2020, p.

231). Assim, a Sistemática Processual Penal alemã produz a cisão entre a atuação do Juiz da Investigação e a do julgador responsável pela instrução processual e pelo julgamento, sendo que aquele é competente para preservar as garantias do investigado.

O Direito francês também inspira o ordenamento jurídico brasileiro, em diversos pontos. Todavia, diferentemente daquilo que se passa na Alemanha, a investigação criminal na França é regida por dois juízes, sendo um responsável pela instrução (o Juiz da Instrução; em francês, *le juge d'instruction*) e outro, pelas Liberdades e pela Detenção (o Juiz das Liberdades e da Detenção; em francês, *le juge des Libertés et de la détention*).

O Juiz da Instrução francês tem dupla função. Como investigador, recolhe as provas da infração, elucida a autoria e formaliza os autos. Enquanto julgador, requisita o emprego de força pública e decide sobre a realização de exames, sobre a detenção provisória e sobre o controle judiciário (DERVIEUX, 2005, p. 164). Uma vez formalizados os autos, o Juiz da Instrução determina as imputações e decide, a requerimento do representante do Ministério Público, por não processar ou, então, por processar e, em razão disso, por encaminhar o processo à jurisdição de julgamento. Caso seja a última a opção adotada pelo magistrado francês da Instrução, o processo desenrolar-se-á em três estágios consecutivos: na investigação e na instauração de procedimentos preliminares, na instrução, e no julgamento (DERVIEUX, 2005, p. 164).

Inicia-se a fase investigativa por intermédio da notícia da infração, com a provocação da vítima ou com informações policiais ou, então, com o requerimento do Ministério Público. No estágio da instrução, o Procurador invoca, por requerimento formal, o Juiz da Instrução, pleiteando a investigação precisa dos fatos (DERVIEUX, 2005, p. 171). O Juiz da Instrução francês atua, portanto, se provocado pela vítima ou se sobrevinda a hipótese de o Ministério Público, por intermédio de manifestação introdutória, para demandar a abertura de tal fase instrutória relacionada a fatos precisos, em desfavor de pessoa certa ou de pessoa incerta.

Trata-se, portanto, do magistrado responsável pela investigação preliminar, voltada a averiguar e a comprovar o fato e a participação do sujeito passivo, assim como a informar acerca da sua personalidade e elementos que possam servir à defesa, de modo que seu trabalho se concentra em fatos materiais e subjetivos (LOPES JÚNIOR, 2001, p. 217). Para além do Juiz da Instrução, o legislador francês identificou a necessidade de proteger as liberdades dos investigados, de maneira ainda mais incisiva. Para tanto, passou a dividir a gestão da investigação entre aquele e o Juiz das Liberdades e da Detenção.

Com a promulgação da Lei nº 200-516, de 15 de junho de 2000, denominada de "lei reforçando a presunção de inocência e os direitos das vítimas" (em francês, *loi renforçant la protection de la présomption d'innocence et les droits de victimes"*) (FRANÇA, 2000), surgiu a figura do Juiz das Liberdades e da Detenção, competente para determinar a custódia ou a prorrogação dela, caso já haja ela sido decidida, dividindo com o Juiz da Instrução o poder de ordenar medidas de controle judiciário e de liberdade.

Já no Código de Processo Penal francês (no original, *Code de procédure pénale*) (FRANÇA, 1958, on-line), o disposto no artigo 81, primeira alínea, faz referência ao Juiz da Instrução, *que "procede, de conformidade com a legislação,* a todos os atos de informação que ele julgue úteis à manifestação da verdade".[37] Caso seja incapaz de realizar todos os atos de investigação, poderá o Juiz da Instrução comissionar, por intermédio de carta, a policiais judiciais para que realizem todos os atos de informação necessários[38] ou, então, poderá comissionar, também por carta, qualquer pessoa habilitada para que proceda à investigação da personalidade ou da situação material, familiar ou social de indiciado.[39]

Trata-se, entretanto, de uma determinação facultativa. Já o artigo 137-1 determina que a prisão preventiva deva ser ordenada ou prorrogada pelo Juiz das Liberdades e da Detenção, assim como têm submetidos a esse magistrado os correspondentes pedidos de liberdade.[40] Dessa forma, enquanto cabe ao Juiz da Instrução exercer função

---

[37] No original, em francês, "Article 81. Le juge d'instruction procede, conformément à la loi, à tous les actes d'information qu'il juge utiles à la manifestation de la vérité [...]" (FRANÇA, 1958, on-line).

[38] No original, em francês, "Article 81. [...] Si le juge d'instruction est dans l'impossibilité de procéder lui-même à tous les actes d'instruction, il peut donner commission rogatoire aux officiers de police judiciaire afin de leur faire exécuter tous les actes d'information nécessaires dans les conditions et sous les réserves prévues aux articles 151 et 152 [...]" (FRANÇA, 1958, on-line).

[39] No original, em francês, "Article 81. [...] Le juge d'instruction procède ou fait procéder, soit par des officiers de police judiciaire, conformément à l'alinéa 4, soit par toute personne habilitée dans des conditions déterminées par décret en Conseil d'Etat, à une enquête sur la personnalité des personnes mises en examen, ainsi que sur leur situation matérielle, familiale ou sociale [...]" (FRANÇA, 1958, on-line).

[40] No original, em francês, "Article 137-1. La détention provisoire est ordonnée ou prolongée par le juge des libertés et de la détention. Les demandes de mise en liberté lui sont également soumises" (FRANÇA, 1958, on-line).

notadamente procedimental, concernente à coleta probatória, à elucidação da autoria e à formalização dos autos, a atuação do Juiz das Liberdades e da Detenção concentra-se na determinação da custódia do investigado ou na eventual prorrogação desta.

Até mesmo em decorrência do processo de colonização do Brasil pela metrópole portuguesa, durante o chamado Brasil Colonial, período histórico compreendido desde o ano de 1530 – quando findou o período do Brasil Pré-Colonial, compreendido, por sua vez, entre os anos de 1500 e 1530 –, e até 1822, ano da Independência do Brasil em relação ao Reino de Portugal e Algarves, constata-se que o Direito português tem, até hoje, exercido grande influência sobre o ordenamento jurídico brasileiro.

O ordenamento jurídico de Portugal, inspirado pelo Processo Penal alemão, consagra a figura do Juiz da Instrução, que atua até o momento do envio dos autos para o correspondente julgador. O legislador português, quanto à estrutura da fase preparatória, foi influenciado pela primeira lei alemã de Reforma do Processo Penal, de 1974, que atribuiu a direção de todo o processo preparatório ao Ministério Público, conferindo ao Juiz da Instrução o papel de *averiguar* (ALBUQUERQUE, 2003, p. 995). Assim, trata-se de um magistrado que procede a atos de Instrução relacionados a situações de emergência, mas cuja tarefa essencial é de controlar os atos do Ministério Público que conflitem diretamente com os direitos e as liberdades do arguido (ALBUQUERQUE, 2003, p. 995).

Em Portugal, o instituto jurídico do Juiz da Instrução surgiu no ano de 1987, com o Código de Processo Penal português, o qual determina que àquele magistrado competem a instrução, a decisão acerca da pronúncia e o exercício de todas as funções jurisdicionais até o momento da remessa do processo a julgamento (PORTUGAL, 1987).

De acordo com o artigo 268 do Código de Processo Penal português, durante o inquérito competem, exclusivamente ao Juiz de Instrução, o primeiro interrogatório judicial do detido, a aplicação (seja de medida de coação, seja de garantia patrimonial), a ordem de buscas e apreensões em escritórios de advogados, em consultórios médicos e em estabelecimentos bancários, dentre outras medidas processuais.[41]

---

[41] "Art. 268. Atos a praticar pelo Juiz de Instrução. 1 – Durante o inquérito compete exclusivamente ao Juiz de Instrução: a) proceder ao primeiro interrogatório judicial de arguido detido; b) proceder à aplicação de uma medida de coação ou de garantia patrimonial, à exceção da prevista no artigo 196.º, a qual pode ser aplicada pelo Ministério Público; c) proceder a

No âmbito do inquérito, de acordo com o artigo 269 do mesmo diploma legal, compete, exclusivamente ao Juiz de Instrução, ordenar ou autorizar perícias, exames, buscas domiciliares, apreensões de correspondência, interceptação de comunicações e outros atos autorizados pela legislação.⁴²

Dessa forma, a competência do Juiz de Instrução em nada se relaciona ao mérito da investigação ou à aferição de elementos de materialidade, nem a indícios de autoria, mas sim ao controle de legalidade de pedidos do *parquet*, preservando as garantias do investigado. Assim, o papel do Juiz de Instrução não é propriamente o de aferir a legalidade da investigação, tendo em vista que tal ato pode ocorrer durante a própria instrução ou, até mesmo, no decorrer do julgamento, devendo, no entanto, evitar o surgimento de vícios irreparáveis e prejuízos injustificados aos Direitos Fundamentais (MATA-MOUROS, 2011, p. 23).

Verifica-se, portanto, que o Juiz de Instrução do Processo Penal português tem uma atuação mais restrita do que aquela do magistrado do Processo Penal alemão, apesar de cumular competências similares às do Juiz de Instrução e àquelas do Juiz das Liberdades e da Detenção franceses.

---

buscas e apreensões em escritório de advogado, consultório médico ou estabelecimento bancário, nos termos do artigo 177.º, nº 3º, 180.º, nº 1º, e 181.º; d) tomar conhecimento, em primeiro lugar, do conteúdo da correspondência apreendida, nos termos do artigo 179.º, nº 3º; e) declarar a perda a favor do Estado de bens apreendidos, com expressa menção das disposições legais aplicadas, quando o Ministério Público proceder ao arquivamento do inquérito nos termos dos artigos 277.º, 280.º e 282.º; f) praticar quaisquer outros atos que a lei expressamente reservar ao Juiz de Instrução. 2 – O Juiz pratica os atos referidos no número anterior a requerimento do Ministério Público, da autoridade de Polícia Criminal, em caso de urgência ou de perigo na demora, do arguido ou do assistente. 3 – O requerimento, quando proveniente do Ministério Público ou da autoridade de Polícia Criminal, não está sujeito a quaisquer formalidades. 4 – Nos casos referidos nos números anteriores, o Juiz decide, no prazo máximo de 24 (vinte e quatro) horas, com base na informação que, conjuntamente com o requerimento, lhe for prestada, dispensando a apresentação dos autos, sempre que a não considerar imprescindível" (PORTUGAL, 1987).

⁴² "Art. 269. Atos a ordenar ou autorizar pelo Juiz de Instrução. 1 – Durante o inquérito, compete exclusivamente ao Juiz de Instrução ordenar ou autorizar: a) a efetivação de perícias, nos termos do nº 3 do artigo 154.º; b) a efetivação de exames, nos termos do nº 2 do artigo 172.º; c) buscas domiciliárias, nos termos e com os limites do artigo 177.º; d) apreensões de correspondência, nos termos do nº 1 do artigo 179.º; e) interceptação, gravação ou registro de conversações ou comunicações, nos termos dos artigos 187.º e 189.º; f) a prática de quaisquer outros atos que a lei expressamente fizer depender de ordem ou autorização do Juiz de Instrução. 2 – É correspondentemente aplicável o disposto no nº 2, no nº 3 e no nº 4 do artigo anterior" (PORTUGAL, 1987).

CAPÍTULO 2

A INVESTIGAÇÃO CRIMINAL PELO MINISTÉRIO PÚBLICO: SISTEMAS PROCESSUAIS PENAIS, ORIGENS, TRATAMENTO NO DIREITO COMPARADO E PROJETOS DE LEI E DE EMENDAS À CONSTITUIÇÃO

Examinados os conceitos que tangem ao Juiz das Garantias, passa-se ao estudo, neste segundo capítulo, de questões relacionadas aos Sistemas Processuais, no Brasil e no Direito Comparado, assim como suas relações com as funções investigatórias do Ministério Público. Para tanto, de início, examinar-se-á a instituição do Ministério Público, a partir de suas origens mais remotas, partindo-se do Antigo Egito, passando pela Grécia Antiga e pelo Direito Português, até alcançar o Brasil Colonial.

Na sequência, estudam-se, de início, os principais Sistemas Processuais Penais, começando pelo Sistema Acusatório e, a seguir, passando ao Sistema Inquisitório para, somente então, alcançar o Sistema Misto. Busca-se, ao final de tal percurso analítico desta primeira parte deste segundo capítulo, definir em qual dessas três Sistemáticas Processuais Penais enquadra-se aquela do Processo Penal brasileiro. Depois, estudam-se os poderes investigatórios do Ministério Público a partir, igualmente, das mais remotas origens, apenas agora da Polícia Judiciária, passando pelos mais recentes projetos de lei e pelas propostas de emendas à Constituição, voltados tanto a regulamentá-lo quanto a extingui-lo.

Ao final, analisam-se as atribuições investigatórias do Ministério Público no Direito Comparado, notadamente no Direito francês, passando pelo Direito alemão, pelo Direito mexicano e pelo Direito italiano, assim como por suas respectivas sistemáticas e relações com as instituições policiais e com o Poder Judiciário de seus países.

Trata-se de estudo justificado pela necessidade de se analisarem as relações intrínsecas entre as possibilidades de atuação do Ministério Público e a Sistemática Processual na qual se inserem, para que, em momento posterior desta tese, possam ser analisadas as principais questões político-criminais que a este estudo interessam.

2.1 O Ministério Público: origens e institucionalidade

A existência de instituições responsáveis pelo processamento de infrações é tão antiga quanto é a própria constatação da existência de um poder punitivo estatal. Dessarte, desde os primórdios da civilização humana há acusadores públicos. Todavia, pairam controvérsias acerca da verdadeira origem do Ministério Público, havendo quem entenda que surgiu há cerca de quatro mil anos um órgão ministerial primordial no Egito Antigo, consistente na figura do chamado *funcionário real* (RANGEL, 2016, p. 17).

De todo modo, ainda que não haja sido esta a origem remota do Ministério Público, sabe-se que seu surgimento na História se liga a uma das primeiras civilizações, pois mesmo naquelas mais primitivas, para além da função de acusar criminosos já se observava a existência da atribuição de *custos legis*. Os procuradores que exerciam tal atividade ministerial eram denominados de *magiaí*. Desde então, o Ministério Público já exercia o papel de fiscalizar a lei e, também, de denunciar e de levar ao julgador elementos dirigidos à condenação do réu (KAC, 2011, p. 8).

Evidencia-se, por conseguinte, a evolução paritária do Ministério Público, no que tange às suas atribuições, com o desenvolvimento do próprio Direito, o que pode ser percebido não apenas em relação ao Processo Penal, bem assim, no que se relaciona à função ministerial de fiscal da lei.

Embora com origens remotas identificadas no Antigo Egito, foi somente no Direito Grego da Idade Antiga que o Ministério Público veio a adquirir uma feição mais compatível com a atual, principalmente no que diz respeito à sua função de acusar o perpetrador, ou autor de uma infração. Há autores que creditam o surgimento das principais características da instituição ministerial à Antiguidade Clássica, especificamente à Grécia Antiga, eis que o *temosteta* (ou *temósteta*) tinha o ofício de acusar. Sua origem mais próxima, no entanto, encontra-se no Direito francês, nos procuradores do Rei (em francês, *"procureurs du Roi"*) (RANGEL, 2016, p. 117).

Desse modo, na França, o Ministério Público adquiriu a maior parte de suas características, notadamente naquilo que concerne a seu papel institucional. Do Direito francês adveio a expressão "magistrados do *parquet*" (em francês, *"magistrats du parquet"*), até hoje utilizada para referir-se aos procuradores (em francês, *"procureurs"*).

No século XVIII (1701-1800), os procuradores eram defensores da Coroa, do rei e da sociedade. A origem da expressão *parquet* explica-se pelo local no qual, *em pé*, o representante da instituição atuava, no recinto no qual se localizavam os Tribunais Criminais (KAC, 2011, p. 11). Tratava-se de um exíguo espaço assoalhado, limitado, por sua vez, por uma balaustrada. O nome *parquet* deriva justamente daquele piso taqueado onde os procuradores do Rei (em francês, *"les procurateurs du roi"*) instalavam-se, a fim de, daí, procederem ao atendimento das súplicas (KAC, 2011, p. 11).

Notável, portanto, que originalmente na França ficasse em evidência a relação direta entre o Ministério Público e a Coroa. Mais do que isso, a estrutura e as atribuições do *parquet* influenciaram diretamente o Direito português e, consequentemente, o Direito brasileiro.

Durante os séculos que se passaram entre o episódio histórico do Descobrimento, no ano de 1500, e aquele da Independência, em 1822, o Brasil, que ainda se encontrava na condição de Colônia da Metrópole Portuguesa, subordinava-se, jurídica e politicamente, a Portugal e, como tal, na falta de jurisdição própria, sujeitava-se ao Direito Metropolitano Português, constituído, sobretudo, pelas denominadas Ordenações do Reino. Por isso mesmo é que, no Brasil, o órgão ministerial surgiu influenciado por tais Ordenações do Reino. As Ordenações Afonsinas, de 1446, por sua vez, serviram de base para o ordenamento jurídico brasileiro sem, entretanto, prever a figura jurídica do Ministério Público, que surgiu (RANGEL, 2016, p. 118-119) com o advento das Ordenações Manuelinas, de 1521 (PORTUGAL, 2022).

A partir daí, em relação aos crimes públicos, a acusação fazia-se por intermédio de escrivães dos juízos criminais ou, então, por meio de acusadores particulares. Tratava-se de função supletiva da inércia do particular, transmitida aos promotores públicos (RANGEL, 2016, p. 119).

As Ordenações Filipinas, de 1603, tiveram vigência até o ano de 1830, quando sobreveio o primeiro Código Penal brasileiro (Lei de 16 de dezembro de 1830) e trouxe, por sua vez, o Promotor de Justiça da Casa de Suplicação, bem como a função fiscalizadora do Ministério Público (BRASIL, 1830). A condução da instrução criminal passou, desse modo, a ser supervisionada pelas partes, que são os promotores e os advogados (RANGEL, 2016, p. 119).

Notável, portanto, que a construção inicial da função ministerial haja perdurado pela maior parte de todo um século. Foi capaz de definir o *parquet* como parte processual, notadamente no Processo Penal, com a imposição do ônus da acusação.

As partes poderiam ser classificadas em *formal* e em *material*: quanto a esta, coincidem a manifestação de Direito Material e sua posição no processo; já aquela independe de uma tal coincidência, a exemplo daquilo que ocorre, "por exemplo, quando o Ministério Público, mesmo autor da ação, requer a absolvição do acusado" (PACELLI, 2021, p. 128).

A distinção entre ambas se relaciona a uma antiga questão da Teoria do Processo, qual seja, aquela acerca da "autonomia da relação jurídica processual em face da relação jurídica de Direito Material, em que nem sempre as partes seriam as mesmas" (PACELLI, 2021, p. 572). Desse modo, no Brasil as funções do Ministério Público, desde suas origens, misturam-se, de maneira que o representante ministerial acumula os papéis tanto de acusador quanto de fiscal do Direito. Trata-se das linhas mestras de sua atuação, e elas se confundem.

O Processo Penal brasileiro atual padece de uma contradição fundamental: seu Diploma Adjetivo principal, em que pesem as diversas atualizações pelas quais passou, no decorrer das décadas escoadas desde sua entrada em vigor, ainda conserva uma significativa porção da tisna autoritária que caracterizou sua redação original.

Apesar desse fato, o Sistema Processual Penal foi elaborado no sentido do equilíbrio e da harmonia, de forma a impossibilitar a existência de instituições superpoderosas. De tal modo, se a Polícia Judiciária elabora e conduz a investigação criminal, deve esta ser supervisionada tanto pelo Ministério Público quanto pelo Juiz de Direito (RANGEL, 2016, p. 119).

Desse modo, o Ministério Público, por mais que seja bem-intencionado, não pode, de forma isolada e sem qualquer fiscalização, produzir investigação criminal, sem que desta participe o indiciado, sob pena de serem descumpridas as garantias que presidem o contexto investigatório (RANGEL, 2016, p. 119).

Trata-se, portanto, de uma forma de se adaptar o Processo Penal brasileiro às exigências constitucionais relacionadas à matéria. Tal, entretanto, não faz eliminar aquela contradição fundamental; antes, consegue apenas amenizar suas consequências, especificamente em relação às atribuições investigativas do *parquet*.

Afinal, o Sistema Processual Penal não pode ser entendido como um processo de partes, ou seja, que se encontre "pautado e orientado pela igualdade entre os litigantes, no qual o respectivo objeto (do processo) permanece em disponibilidade do litigante. Não é assim no Brasil. E, também, por exemplo, em Portugal" (PACELLI, 2021, p. 572-573).

Além disso, o princípio da *obrigatoriedade* ou da *legalidade da ação penal*, ao submeter o caso concreto à jurisdição, não o torna dependente da posição final do órgão público da acusação. Justamente por isso, ainda que o representante do Ministério Público tenha proposto a ação, tem legitimidade para requerer a absolvição do réu (PACELLI, 2021, p. 573).

É de se observar, ainda no sentido do papel do *parquet*, que suas atribuições privativas têm sido progressivamente reduzidas em quantidade, especialmente no que se relaciona à Ordem Constitucional presente no Brasil desde 5 de outubro de 1988. Isso porque, antes da Constituição atual, o Ministério Público Federal exercia a representação judicial da União. Ocorre que os constituintes perceberam que tal atribuição terminava por confundir as funções de "acusar" e "defender" que, em determinados casos, competiam ao mesmo órgão. Em decorrência disso, a partir de 1988 a atribuição de representação judicial passou para a Advocacia Geral da União (AGU) (OLIVEIRA, 2021, p. 5).

Notável, portanto, a ênfase dada pelo Constituinte originário ao Ministério Público naquilo que se relaciona à função de protetor da cidadania quanto a seus múltiplos aspectos. Mais do que isso, a legislação que se seguiu à Constituição de 1988, no sentido de regulamentá-la e dar-lhe concretude, confirma o alargamento da missão institucional do *parquet*.

A Lei nº 10.771 de 2003 criou cargos de Membro, na Carreira Institucional do Ministério Público da União, bem como a Carreira de Apoio Técnico-Administrativo do Ministério Público da União, Funções

Comissionadas e 198 Procuradorias da República em Municípios, sendo 98 com localização definida e cem sem localização definida (BRASIL, 2003).

Notável, portanto, que o Ministério Público Federal foi grandemente ampliado pela legislação infraconstitucional, alcançando hoje alguns dos mais longínquos rincões do país. Não bastasse, tanto a Constituição quanto vários diplomas legais têm distribuído uma série de atribuições, especialmente à Defensoria Pública e a outros órgãos, quanto a matérias específicas, a exemplo do que ocorre em relação aos Procons (Fundações de Proteção e Defesa do Consumidor).

Nesse mesmo quadro, ao Ministério Público resta como atribuição constitucional privativa a titularidade da ação penal pública, de maneira que se faz possível voltar a maior parte de sua crescente estrutura ao tratamento de questões criminais, atuando, com eficiência cada vez maior, nas searas investigativa, acusatória e assecuratória de direitos e garantias fundamentais, inclusive dos próprios investigados e réus. Em decorrência dessas questões é que se demonstra a necessidade de regulamentação específica das atribuições do Ministério Público no âmbito do Direito Processual Penal, especialmente naquilo que concerne à investigação, para que esta não termine por contaminar, com contradições desnecessárias, o processo acusatório.

2.2 Sistemas processuais penais

Ao contrário do que se possa pensar, o Sistema Acusatório, em que pese, hoje, ser tido como aquele que melhor se adapta ao contexto do Estado Democrático de Direito e, notadamente, aos atuais Direitos Fundamentais Processuais, surgiu antes do Sistema Inquisitório. Em seu último século, que se estendeu desde o ano 100 antes de Cristo (a.C.) até o ano 1 a.C., da República (509 a.C. – 27 a.C.), período histórico que, na Roma Antiga, sucedeu à Monarquia (753 a.C. – 509 a.C.) e antecedeu o Império (27 a.C. – 476 depois de Cristo, d.C.), surgiu a sistemática que passou a ser denominada de *accusatio* (MIRABETE, 2008, p. 15).

Trata-se da principiologia responsável pela transferência da administração da justiça a um tribunal popular, composto inicialmente de Senadores e, posteriormente, de cidadãos. Referida etapa foi paulatinamente substituída pela fase da *cognitio extra ordinem*, primeiramente a cargo do Senado e, depois, do Imperador (MIRABETE, 2008, p. 15). No Direito Romano, portanto, encontram-se as origens mais remotas do Sistema Acusatório, cuja característica inicial foi o reconhecimento da necessidade de se proceder a uma cognição exauriente posterior a uma acusação formal, feita, entretanto, por um sujeito processual dotado dessa atribuição específica, aquela de acusar.

Dessa maneira, o Sistema Acusatório separa as funções de acusar e de julgar. Preserva, portanto, a imparcialidade do Juiz, quem, por sua vez, deve se manter equidistante das partes, de maneira a que, enquanto julgador, possa ter construído o seu convencimento, estreme da influência de qualquer ideia pré-concebida (BASTOS, 2004, p. 43).

Trata-se, pois, da segunda e mais marcante característica de referida sistemática, qual seja, aquela da impossibilidade de se confundirem as instituições processuais que acusam e as que julgam, sobrelevando, por conseguinte, o papel que detêm as partes na formação do convencimento do Juiz.

Em que pese hoje ser considerado um Sistema Processual Penal incompatível com a concepção que se tem do Estado Democrático de Direito e, especificamente, com aquela dos Direitos Fundamentais Processuais, o Sistema denominado Inquisitório sucedeu, do ponto de vista cronológico e histórico, o Sistema Acusatório. Este vigorou ao longo da maior parte da Antiguidade Clássica, entrou Medievo adentro, tendo prevalecido até o século XIII (1201-1300) da chamada Baixa Média (segundo período da Idade Média, do séc. XI ao séc. XV), quando ganhou destaque (BRITO; FABRETTI; LIMA, 2019, p. 14).

No Sistema Inquisitório, as figuras do julgador e do acusador confundem-se, impossibilitando o estabelecimento de limites claros para a operacionalização de métodos voltados a obter provas e a receber confissões, podendo o Juiz, de ofício, impulsionar a produção probatória (BRITO; FABRETTI; LIMA, 2019, p. 14). Desse modo, uma das características essenciais do Sistema Inquisitório é aquela segundo a qual o julgador tem atribuições investigativas equivalentes e, até mesmo, superiores às das partes, tendo o magistrado capacidade de, isoladamente, formar o próprio convencimento.

Voltou-se o processo inquisitório a "temperar" a impunidade reinante no Sistema Acusatório, no qual o cidadão, fosse por faltar-lhe interesse, fosse por faltar-lhe a mínima e necessária estrutura de suporte das despesas processuais, nem sempre levava ao conhecimento do Estado a prática da infração penal, para que só então, a partir dessa cognição estatal, a infração pudesse vir a ser apurada, denunciada e apreciada pela autoridade competente (RANGEL, 2016, p. 193).

Logo, o advento do Sistema Inquisitório teve sua razão de ser. Esta se relacionava, de forma notória, com o punitivismo. Além disso, o Sistema Inquisitório possibilitou a difusão e a concretização dos paradigmas da Inquisição, notadamente por intermédio do recurso às ordálias.

O Sistema Inquisitivo instalou-se em um período no qual a personalidade, a liberdade e a dignidade não integravam o novo ideário. Sobrelevou-se e se consolidou o temor ao pecado e ao delito, ao mesmo tempo em que o Estado se agigantava e prescindia do interesse do ofendido (AQUINO; NALINI, 2015, p. 33-34).

Surgiu, então, o inquisidor, a substituir o Juiz, atuando de ofício, para punir o pecador ou o delinquente. O acusado não tinha direitos, convertendo-se em objeto da persecução e em justificativa da tortura, empregada como método para arrancar-lhe a confissão, de inquirido. A prisão preventiva tornou-se a regra e o Processo Penal, instrumento de castigo (AQUINO; NALINI, 2015, p. 34).

Desse modo, o Sistema Inquisitório permitiu que o Juiz atuasse sem qualquer participação do réu na formação de sua respectiva culpa, inclusive assumindo o magistrado o papel, ao mesmo tempo, de investigador e de acusador, para além daquele de julgar, de condenar e, até mesmo, de determinar a execução da condenação.

Após o aparecimento do Sistema Acusatório e do Sistema Inquisitório surgiu outro Sistema Processual Penal, que agregava geralmente em fases procedimentais distintas, características dos dois sistemas anteriormente citados, confundindo, no mesmo sujeito, características de investigação e de julgamento. Tratava-se do Sistema Misto. As primeiras regras do mencionado Sistema foram introduzidas com as reformas promovidas pela Ordenança Criminal de 1670 (em francês, *"Ordonnance Criminelle du mois d'août de 1670"*) (FRANCE, 2022), baixadas pelo rei Luís XIV de Bourbon, o Rei Sol (1638-1715). Consolidaram-se, todavia, com a Reforma Processual Penal radical operada pelo *Code d' Instruction Criminelle*, de 17 de novembro de 1808 (DOUCET, 2022), correspondente à época do Império (1804-1814) de Napoleão Bonaparte (1769-1821) (MIRABETE, 2008, p. 41).

A partir daí e no decorrer do século XIX (1801-1900), o Sistema Misto espalhou-se por toda a Europa Continental. Referida sistemática constitui-se de uma instrução inquisitiva, presente na investigação preliminar e, também, na instrução preparatória, entretanto, seguida, por ocasião do julgamento, do juízo contraditório (MIRABETE, 2008, p. 41). Dessa maneira, no contexto do Sistema Misto, ocorre a separação de, no mínimo, duas etapas procedimentais: uma primeira, preliminar àquela da acusação, tem os traços do Sistema Inquisitório; e uma segunda, na qual transcorre o processo de acusação que, por sua vez, deve cumprir os pressupostos do Sistema Acusatório.

O Sistema Misto tem configurações, portanto, tanto do Sistema Inquisitório quanto do Sistema Acusatório, permitindo a atuação do Juiz na produção de provas, fase na qual nem sempre se observa o contraditório (BRITO; FARETTI; LIMA, 2019, p. 14), já que em uma de suas fases confundem-se as figuras do acusador e do julgador, ao passo que, na fase seguinte, essas duas funções aparecem, embora separadas.

Não é proibido que, no âmbito da primeira dessas duas etapas, ou seja, na fase antecedente à da acusação, o julgador valha-se do auxílio providenciado por outras instituições. Tal característica, entretanto, não lhe retira a característica inquisitória da atuação, tendo em vista ser o próprio Juiz aquele que comanda a instrução.

Em suma, o Sistema Misto compõe-se de dois momentos estruturais, sendo o primeiro deles, de investigação preliminar, em que é exercida diretamente pelo Juiz, com o auxílio da polícia – por sua vez, em atuação secreta. Neste primeiro momento, o acusado resume-se a um objeto de investigação, aí não havendo nem contraditório, nem ampla defesa (KAC, 2011. p. 28).

Desse modo, os pressupostos da mentalidade inquisitória são utilizados na primeira etapa do Sistema Misto, em fase correspondente àquela da investigação e da formação da *opinio delicti*; ao passo que, em sua segunda parte, verifica-se um procedimento com características acusatórias.

O Processo Penal brasileiro tem características de ambos os Sistemas, especialmente em decorrência da falta de participação do acusado na etapa investigatória e da posterior abertura procedimental para que o acusado se defenda, aplicando-se o contraditório (NUCCI, 2021, p. 74). Em decorrência desses fatores, o Sistema Processual Penal brasileiro pode, de acordo com a classificação proposta por Guilherme de Souza Nucci (2021, p. 74), ser definido como Sistema *Misto*, de conformidade com o que dispõe o Código de Processo Penal, ao prever a colheita inicial da prova, por meio de inquérito policial presidido pelo delegado de polícia.

A primeira fase demonstra todas as características do Sistema Inquisitivo, inclusive a presença do sigilo e a ausência do contraditório, da ampla defesa e do procedimento escrito. Somente depois, entretanto, ingressa-se com a ação penal que, por sua vez, faz com que essa fase do Sistema se aproxime do Sistema Acusatório (NUCCI, 2021, p. 74).

Há opiniões contrárias a esse posicionamento, sobretudo da parte dos autores que compreendem que a diferença primordial entre os Sistemas Inquisitório e Acusatório se encontra, sim, no sujeito processual que, efetivamente, comanda a produção probatória. O critério final de definição do Sistema Processual Penal seria, portanto, o da gestão da prova, de maneira que a sistemática brasileira resta maculada pelo caráter inquisitório. Característica do Sistema Acusatório é haver partes, igualmente, e o arbitramento do Juiz que, por sua vez, não deveria se ocupar de perseguir provas (COUTINHO, 2007 *apud* KHALED JÚNIOR, 2010, p. 306).

"A busca pel[a] verdad[e] não pode suplantar as garantias do réu". Trata-se de característica do Processo Penal e de limites impostos à busca à qual se procede. No Estado Democrático de Direito, a exigência da verdade deve, por conseguinte, "encontrar limites" (KHALED JÚNIOR, 2010, p. 306).

"Não se pode supor que o Juiz seja alheio a paixões humanas". Ademais, há "distorção à qual o Sistema Acusatório é submetido", e esta "não se restringe ao protagonismo do Juiz" (KHALED JÚNIOR, 2010, p. 306). O maior dos flagelos do Processo Penal brasileiro é o crescente número de prisões cautelares.

De conformidade com tal entendimento pode-se afirmar, em síntese, ser o Processo Penal brasileiro integralmente inquisitório, quando necessitaria tornar-se completa e efetivamente contraditório, sob pena de não poder se compatibilizar com os vários Direitos e Garantias Fundamentais Processuais, constitucionalmente consagrados em 1988.

2.3 O Ministério Público e o asseguramento da dignidade da pessoa humana

Na República Federativa do Brasil, o Ministério Público tem progressivamente obtido a ampliação do seu espectro institucional, assim como das possibilidades de sua atuação, em que pese, na atualidade, manter de forma exclusiva somente a titularidade para a propositura da ação penal pública.

A função de *ombudsman* tem sua origem remota na Constituição de 1809, que criou a figura do *Justiteombudsman*, expressão utilizada como "comissário de justiça", com atribuição de supervisionar a observância de atos normativos pelos juízes e servidores públicos (JATAHY, 2009, p. 32). Além disso, sua estrutura terminou por ser abraçada pelas Constituições espanhola, de 1978, que instituiu *El defensor del puelblo*, no art. 54, e portuguesa, que acolheu o "Provedor de Justiça", no art. 24, mantido pelo art. 23, após a revisão de 1982 (JATAHY, 2009, p. 32).

Na Assembleia Nacional Constituinte verificou-se que o Ministério Público já se encontrava estruturado em carreira e existia em todo território nacional, foi-lhe deferida tal função, consistente no controle dos demais controles, parlamentar ou político, administrativo e judiciário (JATAHY, 2009, p. 32).

Tal prerrogativa incide sobre os três Poderes, especialmente ao Poder Executivo. Objetiva, sinteticamente, remediar lacunas e omissões, assim como assegurar que os Poderes respeitem as regras postas e não se imiscuam nos direitos e nas liberdades públicas dos cidadãos (JATAHY, 2009, p. 32). Ocorre que o *parquet*, apesar de sua evolução no sentido do aumento de suas atribuições e, consequentemente, de suas prerrogativas, passou por determinados períodos de enfraquecimento, tendo, entretanto, mantido boa parte de suas atribuições no âmbito criminal.

O Ministério Público foi enfraquecido enquanto instituição durante as ditaduras militares, que o subordinavam aos outros Poderes do Estado e não conferiam a seus membros a necessária autonomia de atuação. Com a democratização, o *parquet* avançou, sendo-lhe atribuído o exercício da ação penal pública (RIBEIRO, 2017, p. 7). Esta, no sistema inquisitório, era promovida e processada pelo Juiz sentenciante. A mudança representou o divórcio entre acusador e julgador. A Constituição também o incumbiu de zelar pela lisura do procedimento persecutório, de acordo com as regras do devido processo penal (RIBEIRO, 2017, p. 7).

O *parquet*, apesar de ser parte no processo e contribuir para que o Juiz reste afastado da promoção da acusação, deve cuidar para que a batalha travada entre o *jus libertatis* do acusado e o *jus puniendi* estatal prossiga caracterizada pela lisura e pela justiça (RIBEIRO, 2017, p. 7). Para tanto, necessita seguir um procedimento no qual exista plena participação defensiva, em contraditório, com igualdade de armas e oportunidades em relação à parte acusadora, razão pela qual alguns doutrinadores apregoam que o Ministério Público, no processo penal, é parte imparcial (RIBEIRO, 2017, p. 8).

Não é, contudo, um defensor de qualquer lei. É necessário romper com conceitos tradicionais que colocavam a Instituição como curadora intransigente do legalismo, sob seus aspectos meramente formais. O modelo acusatório não corrobora uma atuação inútil de simples fiscalizador do cumprimento das regras jurídicas (RIBEIRO, 2017, p. 8-9).

Neste viés, apesar de eventuais oscilações em suas prerrogativas, o Ministério Público sempre manteve seu papel relacionado ao processo penal, notadamente naquilo que se relaciona ao seu destacamento dos Poderes Judiciário e, posteriormente, Executivo.

A ampliação das prerrogativas do *parquet* resultou no aumento de suas possibilidades de atuação em diversos âmbitos, notadamente na esfera criminal, sempre, contudo, na defesa e na concretização dos direitos fundamentais consagrados constitucionalmente.

A Constituição de 1988 foi o ápice da evolução histórica do Ministério Público brasileiro, tendo em vista que não apenas manteve, como também ampliou as hipóteses de atuação do *parquet* na defesa de interesses sociais e individuais indisponíveis, ao mesmo em que o desvinculou e conferiu independência quase total dos órgãos do governo (MARUM, 2006, p. 54). Mais do que isso, o Texto Constitucional deu ao MP uma finalidade, por meio de um critério constitucional voltado a definir os fins para os quais a instituição se dirige, esclarecendo que o Ministério Público é órgão de soberania popular, instrumental à realização dos fins constitucionais (MARUM, 2006, p. 54).

Nesse contexto, também foram expandidas suas possibilidades hermenêuticas, permitindo-se ao *parquet* interpretar o ordenamento jurídico para melhor cumprir seu mister constitucional sem, entretanto, desviar-se de suas atribuições e do cumprimento da lei.

O Ministério Público deve perquirir o conteúdo e a origem das normas, valendo-se de critérios axiológicos que permitam aferir se elas efetivamente revelam ideais democráticos que se encontrem em consonância com a ordem constitucional nas quais se encontram inseridas (RIBEIRO, 2017, p. 9).

Ao *parquet* não é dado ignorar que o sistema jurídico não é hermético e que é lotado de contradições, que demanda uma orientação no sentido da aplicação da melhor norma, caso a caso. A soberania da norma constitucional deve ser defendida, especialmente quanto ao pluralismo ideológico e à dignidade da pessoa humana (RIBEIRO, 2017, p. 9).

No âmbito do processo penal, a atuação ministerial equivale à garantia de imparcialidade do órgão julgador. A consagração da titularidade privativa da ação penal pública a um órgão dotado das mesmas ações do Poder Judiciário faz com que o Estado-Juiz reste desincumbido de promover a acusação e buscar a prova de ofício (RIBEIRO, 2017, p. 9).

A Constituição de 1988 colocou o Ministério Público como órgão responsável pela proteção de vários direitos fundamentais, tanto individuais quanto sociais, coletivos, difusos e individuais homogêneos. Ocorre que missão primordial do *parquet* é, no limite, a salvaguarda do interesse público.

A atuação do Ministério Público é clara, tornando-se possível distinguir, de maneira precisa, aquilo que a instituição deve fazer em cada processo. Se o interesse público tiver sido violado e sucumbido, o *parquet* será obrigado a agir ou a reagir em favor da prevalência desse mesmo interesse (MAZZILLI, 2016, p. 248).

Importante notar que *no sentido técnico processual*, é um órgão parcial, porém, "não no sentido moral, porque moralmente o órgão do Ministério Público continua com liberdade de atuação". Nesse sentido é que, no processo crime, "pode pedir a condenação de quem entenda culpado ou a absolvição de quem considere inocente, ou, no processo cível, continua com o poder de externar sua convicção, seja ela qual for" (MAZZILLI, 2016, p. 248). Dessa forma, mais importante do que afirmar que o Ministério Público é fiscal da lei ou perquirir se ele seria, efetivamente, uma parte imparcial, é perquirir a causa de sua atuação, que ora é interesse ligado a uma pessoa, ora a uma relação jurídica, ou ao bem de todos (MAZZILLI, 2016, p. 248).

Em uma ou em outra hipótese, no entanto, para o Ministério Público "sempre haverá um interesse público a ser zelado pela Instituição, que será diligenciar em prol da indisponibilidade ou da defesa de um interesse de grande abrangência ou relevância social" (MAZZILLI, 2016, p. 248).

Dessa forma, a "parcialidade" do Ministério Público não se relaciona à perspectiva punitivista, muito menos ao seu posicionamento processual como "acusador público", mas sim à intransigência da defesa institucional do interesse público. A responsabilidade deve nortear a atuação do membro do Ministério Público, que tem como obrigação valorizar o processo, exercendo a ação penal, já que o sistema acusatório é aquele que consagra a nítida separação entre o acusador e o julgador (RIBEIRO, 2017, p. 10).

O Ministério Público, enquanto órgão autônomo de promoção da ação penal, é grandemente responsável pela consolidação do sistema de justiça. Disso decorre a obrigação de defender seus postulados, dentre os quais o combate à impunidade, sem prejuízo à dignidade do acusado (RIBEIRO, 2017, p. 10). Deveras, o membro do *parquet* precisa tomar todas as precauções necessárias à busca de uma verdade mais próxima da histórica, para que a norma penal incida apenas nas hipóteses nas quais ocorra uma infração penal que mereça a devida retribuição (RIBEIRO, 2017, p. 10). Dessa forma, as possibilidades de interpretação do ordenamento jurídico, em que pese sua expansão, notadamente após a Constituição de 1988, não permitem aos membros do Ministério Público desviarem-se de sua missão institucional, especialmente no âmbito criminal.

A evolução concernente às prerrogativas do Ministério Público não alcançou somente o âmbito criminal, estendendo-se, em especial, à defesa de direitos fundamentais de natureza transindividual, inclusive por meio de instrumentos processuais específicos.

A Constituição Federal de 1988 aumentou imensamente as possibilidades de atuação do Ministério Público, proporcionando-lhe diversos novos mecanismos, dentre os quais se destacam a ação penal pública, a ação civil pública e a ação de inconstitucionalidade (PAES, 2003, p. 178). Todos esses instrumentos se dirigem a propiciar a intervenção do Poder Judiciário no sentido da aplicação efetiva da lei, tanto para impor as sanções penais quanto para prevenir e reparar prejuízos aos direitos dos cidadãos, bem como a propor ação de inconstitucionalidade da lei (PAES, 2003, p. 178-179).

Em que pese essa expansão quanto às prerrogativas ministeriais e o surgimento de novos interesses processuais, o *parquet* deve se preocupar especialmente com sua atribuição principal e exclusiva, qual seja, a titularidade privativa quanto à propositura da ação penal pública. Além disso, o representante ministerial tem por obrigação formular uma acusação certa, delimitada, clara, isenta de dúvidas, devendo ser precisa e encontrar amparo nos elementos informativos colhidos na fase investigatória, de maneira que a defesa tenha condições de contestá-la (RIBEIRO, 2017, p. 10).

Desse modo, o Ministério Público resguardará a lisura da persecução penal, porém, acima de tudo, assumirá uma postura de órgão ao qual não interessa uma condenação, mas sim uma punição, de acordo com critérios constitucionais, de um culpado pela prática de infração penal (RIBEIRO, 2017, p. 10-11).

Deduzida a acusação, ao Ministério Público deve, responsavelmente e sem devaneios, exercer sua representação na fase instrutória do processo, não em busca de uma condenação leviana, mas, sim, da realização do justo, em cumprimento aos seus deveres constitucionais (RIBEIRO, 2017, p. 11).

Em que pese a evolução do Ministério Público em direção a uma missão institucional de proteção dos direitos fundamentais e de salvaguarda do interesse público, a sombra de sua função originária de acusador, em que pese ser uma ideia anacrônica e distante daquilo que determina a Constituição de 1988, ainda existe em parte significativa da doutrina nacional.

Ainda existem autores no Brasil que ainda entendem que o *parquet* deveria atuar simplesmente como "acusador implacável, parcial e que tem por incumbência a obtenção, a todo custo, da condenação do acusado", inclusive, afirmando, em tom crítico, a existência de um "mito da imparcialidade do Ministério Público" (SOUZA, 2017, p. 49). Trata-se, entretanto, de uma interpretação errônea a respeito da instituição que, por sua vez, não leva em conta sua evolução em diversos sistemas jurídicos. Tal incompreensão decorre, inclusive, de uma visão impregnada da concepção reinante no processo penal norte-americano, caracterizada pela possibilidade de o acusador dispor do objeto do processo, sem comprometer a imparcialidade e a igualdade entre os cidadãos (SOUZA, 2017, p. 49).

É necessário esclarecer, nesse diapasão, que os órgãos de acusação norte-americanos não equivalem ao Ministério Público brasileiro que, por sua vez, além de ter uma estrutura diferente, encontra-se subordinado a uma missão institucional muito mais ampla do que a formulação de pedidos condenatórios.

A promoção da ação penal pública por órgão estatal próprio, de acordo com critérios legais, é hoje observada em quase todos os ordenamentos, pois a sociedade democrática demanda a busca do justo como uma das formas de afirmação de cidadania (RIBEIRO, 2017, p. 11). Pressupõe-se, para tanto, a garantia de plena acessibilidade ao Poder Judiciário, sem qualquer óbice capaz de inviabilizar a reparação de lesão ou ameaça de lesão a direito ou garantia. Uma sociedade se torna mais democrática quanto mais abertas se encontrarem as portas do Poder Judiciário para a solução dos litígios (RIBEIRO, 2017, p. 11).

A institucionalização do Ministério Público como promotor da ação penal pública ganha ainda mais importância, pois é de sua responsabilidade a provocação do Estado-Juiz em razão de determinada perturbação social oriunda da prática de um fato-crime (RIBEIRO, 2017, p. 11-12).

Nesse mesmo sentido é que o *parquet*, para além de ser um acusador público constitucionalmente legitimado, deve se preocupar com o asseguramento das garantias processuais, especialmente naquilo que se relaciona à prevenção da ocorrência de eventuais nulidades decorrentes do descumprimento ao devido processo legal. O aumento significativo das prerrogativas do *parquet* no âmbito da defesa dos direitos fundamentais se relaciona diretamente com o processo de redemocratização consagrado pela Constituição de 1988, resultando, entretanto, de demandas do próprio *parquet*.

Há uma verdadeira vocação democrática na evolução do Ministério Público brasileiro. No decorrer dos trabalhos preparatórios da Constituinte, foi elaborada a Carta de Curitiba, de 1986, que sintetizou as aspirações do Ministério Público no que se relaciona à sua configuração constitucional (ÀVILA, 2016, p. 423). Tais sugestões foram, em grande parte, acolhidas pelo Constituinte. A disciplina do Ministério Público na Constituição e 1988 é feita sob o capítulo IV (Das funções essenciais à Justiça), afastando-o de qualquer vinculação funcional aos outros poderes (ÀVILA, 2016, p. 423).

A Constituição previu que o Ministério Público brasileiro é uma instituição permanente, essencial à função jurisdicional, incumbindo-lhe a defesa da ordem jurídica e do regime democrático, assim como dos interesses sociais e individuais indisponíveis (ÀVILA, 2016, p. 423). Suas funções restam atreladas aos próprios objetivos fundamentais da República. Por isso é que a Constituição incumbiu o Ministério Público de um conjunto de garantias voltadas a dar-lhe liberdade de defender interesses superiores, inclusive, contra o próprio Estado (ÀVILA, 2016, p. 423).

A Constituição de 1988 consagrou a responsabilidade do Ministério Público naquilo que se relaciona não somente à propositura da ação penal pública como, também, do controle da própria atuação, no sentido da concretização do devido processo penal. A processualização do poder-dever de punir representa o interesse do infrator de que a pena apenas lhe será aplicada após o devido processo, como também uma garantia para a vítima e para a própria sociedade de que o Estado não pode simplesmente ignorar a prática de uma infração penal (RIBEIRO, 2017, p. 12).

Enquanto órgão incumbido da provocação do Estado-Juiz, o Ministério Público assume, desse modo, a especial responsabilidade de encaminhar a acusação, veiculando processualmente o interesse do titular de um determinado bem jurídico ofendido (RIBEIRO, 2017, p. 12). De tal modo, evita-se a busca do direito pelas próprias mãos, que caracteriza o estado de barbárie, bem como garante-se, mesmo aos economicamente mais fracos, o acesso ao Judiciário, de maneira a tornar efetiva a disposição do art. 5º, XXXV, da Constituição de 1988 (RIBEIRO, 2017, p. 12-13).

Mais do que isso, o Ministério Público, em que pesem a grande quantidade de atribuições e o impressionante alcance de suas prerrogativas, de conformidade com aquilo que determina a Constituição de 1988, não pode ser definido como algo como um "quarto poder". Não pode ser considerado, portanto, um "órgão interpoderes, mesmo porque a nossa estrutura estatal não comporta um tal órgão, sem controle, em um verdadeiro quarto poder" (COUTINHO, 2007, p. 11). A autonomia constitucional do *parquet* não equivale à criação de um novo Poder ou órgão de poder. A vinculação do Ministério Público ao Poder Executivo não retira sua autonomia que, por sua vez, deve ser medida por meio de outros parâmetros.

Neste viés, a autonomia ministerial se relaciona às próprias atribuições constitucionalmente determinadas, de maneira que se demonstra plenamente justificável, juridicamente, a possibilidade de o representante do *parquet*, caso assim entenda, requerer a absolvição do acusado.

Vinculado ao princípio da obrigatoriedade, o *parquet* deve proceder ao exercício da ação penal no caso de se demonstrarem presentes os elementos informativos de autoria e materialidade delitiva. Sua atuação resta submetida à lei, confirmando a característica do Estado de Direito e do sistema acusatório por ele agasalhado (RIBEIRO, 2017, p. 13). Tal dever, no limite, corrobora o próprio princípio da legalidade. Quanto aos direitos humanos, o acesso à justiça penal por intermédio de um órgão oficial do Estado, embora preserve o acusado de uma pena arbitrária sem um processo movido pela autoridade competente, reveste-se de especial importância quanto à impunidade (RIBEIRO, 2017, p. 13-14).

Se o direito de punir pertence ao Estado-Administração, ao Ministério Público, órgão ao qual foi delegado esse direito, compete agir de maneira firme e altiva, sob pena de serem feridos impunemente direitos humanos, algo que era corrente no sistema inquisitório (RIBEIRO, 2017, p. 15). Desse modo, as garantias institucionais que foram entregues ao *parquet* pela Constituição de 1988, no âmbito processual penal, dirigem-se também à proteção das garantias individuais dos acusados, determinando-se, nesse mesmo sentido, a possibilidade da revisão *interna corporis* naquilo que se relaciona à atuação do órgão ministerial.

2.4 Garantias institucionais do Ministério Público na Constituição de 1988

A atual perspectiva de autonomia do órgão ministerial, bem como de independência dos Poderes do Estado, resulta de seu destacamento dos demais órgãos que, por sua vez, permitem que a atuação do *parquet* ocorra em conformidade com objetivos institucionais próprios. No decorrer de sua evolução, o Ministério Público teve tratamento constitucional oscilante, ora disciplinado dentro do Poder Legislativo, ora no Judiciário, ora no Executivo e, ainda, como uma instituição autônoma e independente das referidas instituições (ÀVILA, 2016, p. 423).

Referido processo é indicativo da progressiva maturação histórica da instituição, que se originou de um misto de órgão do Executivo ou apêndice do Judiciário, para se tornar, hoje, um defensor da sociedade e agente de transformação social, destinado a diminuir o hiato entre a realidade e o projeto constitucional (ÀVILA, 2016, p. 423). Dentre suas garantias se encontram a independência funcional da instituição em relação ao Poder Executivo e de seus membros quanto à hierarquia da instituição, sujeitando-se apenas à lei e à sua consciência. Além disso, prevê-se a autonomia funcional e administrativa da instituição (ÀVILA, 2016, p. 423-424).

Nesse sentido, conta com previsão de proposta orçamentária própria, voltada a assegurar que o Ministério Público não reste subordinado a interesses políticos do governante, e para que não esteja vulnerável a retaliações em decorrência de ações contrárias a tais interesses (ÀVILA, 2016, p. 424). Seus cargos são providos mediante concurso público de provas e títulos e o exercício das funções da carreira é privativo de seus integrantes, vedando-se a possibilidade de designação do promotor *ad hoc*, sendo eles titulares das garantias de vitaliciedade, inamovibilidade e irredutibilidade de subsídios (ÀVILA, 2016, p. 424).

Veda-se o exercício da advocacia, de outras funções e outras limitações. De forma especial, proíbe-se ao Ministério Público o exercício da representação judicial e de consultoria jurídica de entidades públicas, separando-o da defesa dos interesses do governo (ÀVILA, 2016, p. 424).

De acordo com aquilo que fora estudado antes, anteriormente à Constituição Federal de 1988 o Ministério Público Federal, por exemplo, exercia as funções de fiscal da lei e também da atual Advocacia Geral da União, o que gerava um certo paradoxo, na medida em que muitas vezes era o autor de uma ação civil pública e outro membro deveria exercer a defesa. De qualquer modo, após 1988 tornou-se o *parquet* um órgão de defesa da sociedade, mesmo que contra os interesses dos governantes, ao qual foi concedida a equiparação das garantias de proteção da magistratura judicante. Dessa maneira, o representante do Ministério Público brasileiro goza da mesma independência que o próprio julgador (ÀVILA, 2016, p. 425).

A necessidade de separação entre as funções de investigar, acusar e julgar existe ainda que os agentes responsáveis pelo cumprimento de tais atribuições se encontrem vinculados a um mesmo órgão de poder, a exemplo daquilo que acontece em determinados ordenamentos jurídicos. O Ministério Público e o Poder Judiciário, embora façam parte do sistema de justiça e, em determinados casos, sejam formalmente parte do mesmo Poder de Estado, têm atribuições diversas. A mera transposição da prescrição normativa da necessidade de independência de juízes para promotores, como se identifica nos debates no Brasil, é equivocada (KERCHE, 2018, p. 574).

Atribuições diferentes exigem graus de independência diversos. O paradoxo da independência pode ser atribuído para boa parte dos órgãos públicos, inclusive para o Ministério Público. Na maior parte dos países, o Ministério Público é ligado ao governo. Ocorre que o grau dessa ligação varia entre as democracias, de maneira que o debate sobre a independência do *parquet* permite utilizar o mesmo instrumental acionado para estudar as burocracias em geral (KERCHE, 2018, p. 574).

O poder de conduzir inquéritos penais rompe a divisão de trabalho entre as instituições e assegura discricionariedade aos promotores ainda na fase de investigação. Como todas as escolhas institucionais, essas têm vantagens e desvantagens: de um lado, promotores são mais livres para processar políticos em casos de corrupção; de outro, a possibilidade de responsabilização dos próprios promotores por suas escolhas é dificultada (KERCHE, 2018, p. 577).

O modelo de promotores independentes é incomum para democracias e se baseia mais no "acaso" do que em regras e incentivos institucionais formais típicos da relação entre atores eleitos e não eleitos do Estado. Diferentemente dos juízes, tal independência não se ancora em justificativas históricas ou teóricas do liberalismo, nem se limita em decorrência da incapacidade de selecionar os casos que lhe interessam (KERCHE, 2018, p. 574).

Mais do que isso, em que pese não existir, propriamente, uma hierarquia entre os representantes do *parquet*, observa-se a existência de mecanismos de controle de sua atuação que, por sua vez, tem nas Procuradorias-gerais de Justiça dos Estados e na Procuradoria-Geral da República seu grau máximo, contudo, não de maneira absoluta. A primeira limitação ao poder de chefia do Procurador-Geral de Justiça é a própria independência funcional de cada órgão da instituição, de maneira que as designações se limitam à esfera de atribuições legais dos órgãos ministeriais e à existência de prévia hipótese legal (MAZZILLI, 1990, p. 15).

Além disso, tais poderes se encontram limitados pela inamovibilidade de cada um dos membros do *parquet* que, por sua vez, volta-se a assegurar o exercício de suas funções, sob pena de esvaziar essa garantia. As designações do Procurador-Geral são cabíveis e legítimas nas hipóteses legais, como a do art. 28 Código de Processo Penal (MAZZILLI, 1990, p. 15-16).

Cabe, também, naquilo que se relaciona à solução do conflito de atribuições entre órgãos ministeriais, possibilidades que não conferem poder ilimitado para designar, não prejudicando nem mesmo o princípio do promotor natural, correspondente à necessidade de existir um órgão ministerial com prévias atribuições para exercer uma atribuição (MAZZILLI, 1990, p. 16). Desse modo, o controle da atividade ministerial típica é algo excepcional, que somente pode ocorrer nas hipóteses determinadas especificamente pela legislação aplicável, situação que, portanto, não prejudica sua autonomia quanto à forma de se cumprir os objetivos da instituição.

Apesar do aumento das prerrogativas institucionais do *parquet*, os instrumentos processuais voltados à concretização de direitos fundamentais, especialmente aqueles de titularidade transindividual, pertencem, simultaneamente, a outros órgãos, restando ao Ministério Público a titularidade privativa da ação penal pública. Quanto ao âmbito criminal, compete ao Ministério Público promover privativamente a ação penal pública, positivando o princípio acusatório e, na investigação criminal, competindo ao *parquet* conduzir investigações próprias, exercer o controle externo da polícia, requisitar diligências e instaurar inquérito policial (ÀVILA, 2016, p. 424-425).

De forma mais específica, entretanto, o Ministério Público se consolidou como titular exclusivo da ação penal, fiscalizador e dirigente mediato da atividade investigativa e órgão de fiscalização de todos os interesses sociais e individuais indisponível (ÀVILA, 2016, p. 424-425). A configuração constitucional do Ministério Público como órgão independente de quaisquer formas de ingerência por outros poderes coloca-o na posição de um órgão vital para o Estado, sendo que seus membros são equiparados a agentes políticos (ÀVILA, 2016, p. 427).

Ocorre que a natureza jurídico-administrativa do *parquet* ainda intriga os teóricos do Direito, tendo em vista, especialmente, o fato de que sua independência administrativa precisa ser contrastada com o fato de que o referido órgão tem, de acordo com o próprio texto da Constituição de 1988, uma estrutura hierárquica a ser seguida. Desse modo, apesar da Constituição ter garantido a independência funcional no Ministério Público, há uma hierarquia na instituição, para fins administrativos, pois a instituição "tem por chefe" o Procurador-Geral. As Leis Orgânicas lhe atribuem poderes de delegação e designação. Tal hierarquia interna corrobora os princípios de unidade e indivisibilidade (MAZZILLI, 2002, p. 32).

Além disso, ao mesmo tempo em que impõe hierarquia, a Constituição traça seus limites, instituindo vários Ministérios Públicos, com autonomia recíproca. Também assegura a independência funcional, a inamovibilidade e, implicitamente, o promotor natural (MAZZILLI, 2002, p. 33). Desse modo, a referida independência funcional é um princípio indispensável da instituição do Ministério Público de acordo com o qual cada um de seus órgãos é capaz de tomar as decisões que a lei lhe cometeu, balizado apenas pela própria legislação.

Ocorre que a independência funcional dos membros do Ministério Público não pode se desvencilhar de determinados aspectos centrais de sua autonomia administrativa e financeira. Ambos os princípios precisam ser balanceados, pois o representante do órgão ministerial deve ter sua atividade controlada internamente, pela própria instituição. O exercício dos deveres constitucionais do *parquet* ocorre de forma independente, como se fosse um poder autônomo, entretanto, submetido a instrumentos específicos de controle, a exemplo do Conselho Nacional do Ministério Público (ÀVILA, 2016, p. 427). Essa independência do Ministério Público é uma forma de realização de suas atividades, de grande fiscal dos interesses públicos da sociedade, privilegiando o interesse público primário, ainda que contrapostos às demandas dos governantes, mesmo que em sentido oposto ao interesse público secundário (ÀVILA, 2016, p. 427-428).

A existência do Ministério Público é uma garantia para a eficácia das promessas constitucionais. A moderna técnica dos direitos fundamentais reconhece que não basta enunciar direitos, por ser necessário estabelecer garantias voltadas a assegurar o respeito a tais direitos (ÀVILA, 2016, p. 428). Dessa forma, o representante do *parquet*, em que pese sua independência, tem sua atividade fiscalizada não apenas pelas Procuradorias-Gerais, como também pelo Conselho Nacional do Ministério Público, inclusive naquilo que se relaciona às suas atribuições criminais.

O Ministério Público é uma instituição única, ao compor um só corpo institucional, orientado para o interesse púbico e para o bem comum, da nação *pro populo* e não do Estado *pro domo sua*, daí decorrendo sua indivisibilidade ou a substituição de seus membros uns pelos outros (SESTER; OLIVEIRA, 2016, p. 609).

Caso um integrante do *parquet* atue, a instituição se manifesta inteiramente. Tal princípio se aplica dentro de cada instância do Ministério Público, de modo que tal unidade não existe entre o Ministério Público da União e os Ministérios Públicos dos Estados. As investiduras são próprias de cada ente, bem como seus demais atributos (SESTER; OLIVEIRA, 2016, p. 609-610).

O princípio da indivisibilidade deriva do princípio da unidade, que está também representada pelo impedimento à subdivisão em outros Ministérios Públicos autônomos e desvinculados uns dos outros. A atuação de seus membros é a atuação do próprio órgão (SESTER; OLIVEIRA, 2016, p. 610). De tal modo, o Ministério Público e indivisível, por expressa disposição constitucional. Referido princípio se traduz na desvinculação dos membros do Ministério Público aos processos nos quais atuam, podendo ser substituídos uns pelos outros, sem prejuízo ao processo (SESTER; OLIVEIRA, 2016, p. 610).

É importante destacar, mais uma vez, que o *parquet* não se submete hierarquicamente ao Poder Judiciário, especialmente em decorrência de sua expressa separação institucional. A Constituição de 1988 é clara em afirmar que se trata de instituições diversas, em que pese atuarem, especialmente no âmbito do Direito Processual Penal, de maneira sobreposta.

O Ministério Público goza de independência funcional e não está submetido a qualquer tipo de poder hierárquico. A Procuradoria se organiza de maneira autônoma em relação ao Poder Judiciário. Até bem pouco tempo, contudo, não se encontrava organizada em todas as comarcas do interior do país. Agora, porém, constitui-se em poder organizado (MACEDO JÚNIOR, 2010, p. 74).

Sua atuação processual é ampla e diversificada, com condições de controlar, relativizar e fiscalizar a atividade do Judiciário. A Constituição Federal de 1988 conferiu um novo perfil institucional ao Ministério Público. O promotor de justiça se tornou uma espécie de *ombudsman* não eleito da sociedade brasileira. O *parquet*, assim, passou a se identificar como uma instituição vocacionada para a defesa de interesses sociais (MACEDO JÚNIOR, 2010, p. 74).

Para além da independência orgânica e da autonomia funcional, é necessário destacar que os representantes do Ministério Público, ao atuarem em nome da instituição, o fazem de maneira institucionalmente independente, dispondo de certo grau de discricionariedade, entretanto, dentro dos limites hermenêuticos possíveis do Ordenamento Jurídico nacional. A independência funcional se aplica à instituição como um todo, denominada *externa* ou *orgânica*, e a cada membro individualmente, chamada *interna*. O Ministério Público é independente no exercício de suas funções, não se encontrando subordinado a qualquer dos Três Poderes (SESTER; OLIVEIRA, 2016, p. 610). Seus membros não se subordinam a quem quer que seja, nem mesmo no que se relaciona aos órgãos administrativos superiores, tendo em vista que a relação de subordinação identificável entre eles é meramente administrativa, não de ordem funcional (SESTER; OLIVEIRA, 2016, p. 610).

A atuação do Ministério Público deve se encontrar sempre vinculada à busca existencial do bem comum, tanto no atendimento ao interesse social quanto na proteção dos direitos fundamentais. Tem a incumbência da própria democracia, devendo prestar contas de suas tarefas difusamente à sociedade e aos cidadãos (SESTER; OLIVEIRA, 2016, p. 610). Nesse sentido, compete ao Conselho Nacional do Ministério Público (CNMP), inclusive quanto às suas atribuições fiscalizatórias e disciplinares, observar o cumprimento dos deveres institucionais do *parquet*, em conformidade com aquilo que determina a Constituição de 1988.

Em que pese restar ao *parquet*, de forma privativa, somente a titularidade da ação penal privada, o órgão ministerial não se esquiva de sua missão constitucional de concretização dos direitos fundamentais, inclusive no âmbito específico do direito processual penal.

A ideia de Estado Democrático de Direito abrange não somente uma promessa de organização estatal, como também incorpora um componente revolucionário, de transformação do *status quo*. A missão do Ministério Público está ligada à concretização dessa revolução constitucional, voltada à justiça social (ÀVILA, 2016, p. 428).

As garantias institucionais se destinam a regular um setor da realidade econômica, social ou administrativa, em torno de um direito fundamental e em vista da sua realização. A ideia de garantia institucional se conecta diretamente à existência de institutos jurídicos destinados a garantir a proteção aos direitos fundamentais (ÀVILA, 2016, p. 428-429). Reconhece-se o Ministério Público brasileiro como uma *instituição garantia*, cuja existência se liga diretamente à proteção do sistema de direitos fundamentais, configurando uma instituição constitucionalmente vocacionada à defesa da Constituição e de seus valores.

Não bastasse, os membros do Ministério Público, por não exercerem jurisdição ou atividade administrativa em sentido formal, não dispõem, *stricto sensu*, de competência, mas sim de atribuições constitucionais e legais que devem cumprir, entretanto, de maneira independente, ainda que mediante fiscalização dos respectivos Conselhos.

O conflito de atribuições entre Promotores de Justiça do Ministério Público de um mesmo Estado será dirimido pelo respectivo Procurador-Geral de Justiça, em conformidade com o art. 10, X, da Lei nº 8.625 de 1993 (BRASIL, 1993a).[43] Caso, entretanto, o conflito ocorra entre Procuradores da República, este será resolvido pela Câmara de Coordenação e Revisão, órgão colegiado do Ministério Público Federal. Nessa hipótese, há possibilidade de recurso ao Procurador-Geral da República, nos termos dos arts. 62, VII e 49, VIII, respectivamente, da Lei Complementar nº 75 de 1993 (BRASIL, 1993b)[44]. Caso o conflito ocorra entre integrantes de ramos diferentes do Ministério Público da União, será resolvido pelo

---

[43] "Art. 10. Compete ao Procurador-Geral de Justiça: [...] X – dirimir conflitos de atribuições entre membros do Ministério Público, designando quem deva oficiar no feito;" (BRASIL, 1993a).

[44] "Art. 62. Compete às Câmaras de Coordenação e Revisão: [...] VII – decidir os conflitos de atribuições entre os órgãos do Ministério Público Federal. [...] Art. 49. São atribuições do Procurador-Geral da República, como Chefe do Ministério Público Federal: [...] VIII – decidir, em grau de recurso, os conflitos de atribuições entre órgãos do Ministério Público Federal;" (BRASIL, 1993b).

Procurador-Geral da República, de conformidade com o art. 26, VII, da Lei Complementar nº 75 de 1993 (BRASIL, 1993b).[45]

Situação diversa ocorre no caso de conflito entre Promotores de Justiça de Estados diversos, hipótese na qual a competência é do Procurador Geral da República, de acordo com o entendimento do Supremo Tribunal Federal (BRASIL, 2016). Também de acordo com a Suprema Corte, se o conflito se der entre membros do Ministério Público Federal e de Ministérios Públicos estaduais, a resolução caberá ao Conselho Nacional do Ministério Público (BRASIL, 2020a). Notável, portanto, que o Poder Judiciário não adentra questões relacionadas às atribuições do Ministério Público, fator que corrobora a afirmação de que se trata de instituições separadas de maneira estanque, independentes interna e reciprocamente.

O *parquet* é a instituição encarregada de fiscalizar o respeito ao sistema de direitos fundamentais e de levar de forma ativa as demandas de interesse social ao conhecimento do Judiciário, e de atuar de maneira ativa na fiscalização do projeto constitucional (ÀVILA, 2016, p. 429). O Ministério Público é uma instituição permanente e uma cláusula pétrea, por ser uma garantia de proteção dos direitos fundamentais, de modo que suas atribuições não podem ser suprimidas. Deveras, não é admissível que uma reforma constitucional suprima suas atribuições (ÀVILA, 2016, p. 428-429).

Ocorre que de nada adiantaria não se permitir a eliminação de uma instituição, contudo, permitir-se o esvaziamento jurídico das atribuições de um órgão específico, criado especificamente para proporcionar a promoção de valores fundamentais subjacentes (ÀVILA, 2016, p. 429). Em decorrência disso é que também à população deve ser permitido o controle das atividades ministeriais, até mesmo naquilo que se relaciona ao âmbito penal e processual penal, sob pena de a existência do *parquet* não corroborar, efetivamente, a perspectiva de guardião democrática que lhe foi imposta pela Constituição de 1988.

Nesse mesmo sentido, para que o Ministério Público possa objetivamente defender o regime democrático, é necessário considerar, inicialmente, que não se trata apenas do governo da maioria, mas sim da

---

[45] "Art. 26. São atribuições do Procurador-Geral da República, como Chefe do Ministério Público da União: [...] VII – dirimir conflitos de atribuição entre integrantes de ramos diferentes do Ministério Público da União;" (BRASIL, 1993b).

maioria do povo, de maneira que não corresponde ao governo das elites, corporações ou grupos econômicos e políticos (VIGLILAR, 1999, p. 25).

Por isso mesmo é que os órgãos de controle da atividade do *parquet* devem se preocupar não apenas com a concretização da missão democrática do órgão ministerial, como também com a preservação da garantia da igualdade processual que deve ser observada entre a acusação e a defesa, inclusive por intermédio de seu poder de revisão. Para que o Ministério Público possa efetivamente cumprir seu desiderato constitucional, é imperioso que lhe seja conferida autonomia não apenas naquilo que se relaciona à sua atuação nos casos concretos, como também no que concerne à sua estrutura.

Organicamente, o *parquet* se subordina às estruturas de controle interno, externo e misto. Ao Ministério Público, portanto, é assegurada, constitucionalmente, autonomia administrativa, orçamentária, financeira e funcional (SESTER; OLIVEIRA, 2016, p. 610). Sujeita-se a controles interorgânicos, como a investidura do Procurador Geral, a possibilidade de sua destituição, a discricionariedade legislativa quanto à concretização de normas constitucionais que definem a sua feição institucional, e o controle externo e o misto, realizado pelo Conselho Nacional do Ministério Público (SESTER; OLIVEIRA, 2016, p. 610).

A autonomia administrativa confere ao Ministério Público poderes para, observados os limites estabelecidos em lei, propor ao Poder Legislativo a criação e a extinção de seus cargos e serviços auxiliares. No exercício de tal autonomia, o Ministério Público elabora suas próprias folhas de pagamento (SESTER; OLIVEIRA, 2016, p. 610). Nesse sentido, adquire bens e contrata serviços, bem como edita atos de concessão de aposentadoria e exoneração de seus servidores, dentre outros. A autonomia financeira, garantida pelo art. 168 da Constituição de 1988, outorga ao *parquet* competência para elaborar sua proposta orçamentária (SESTER; OLIVEIRA, 2016, p. 610-611). Tal proposta deve se integrar ao orçamento geral que, por sua vez, será submetido ao Poder Legislativo pelo chefe do Poder Executivo. Notável, portanto, que o Ministério Público não tem recursos próprios, porém, na elaboração da proposta do orçamento geral, tem poder de indicar os recursos necessários a atender suas próprias despesas (SESTER; OLIVEIRA, 2016, p. 611).

Ocorre que a titularidade da ação penal pública é exercida, em regra, pelo representante do *parquet* que atua em paralelo ao grau de jurisdição do qual a respectiva denúncia se originou. Assim, o representante ministerial que atua como fiscal da lei em instância superior não herda o direito de ação originário, atuando, sim, com atribuição diversa.

O Superior Tribunal de Justiça entendeu que o parecer do Ministério Público, oferecido em segundo grau de jurisdição, nas hipóteses nos quais atua como fiscal da lei, não como parte na ação, não dá direito a contraditório. Ora o *parquet* atua propondo, privativamente, a ação penal pública, ora como fiscal, sendo que, neste mister, não faz oposição à defesa, mesmo que eventualmente traga posição antagônica ao réu (BRASIL, 2016). Mais do que isso, a autonomia do membro do Ministério Público é relativizada pela existência de uma hierarquia fiscalizatória de sua atuação, que ocorre por intermédio de uma estrutura administrativa capitaneada pelos procuradores-gerais que, inclusive, têm competência para a propositura de leis relacionadas ao *parquet*, especialmente no que se relaciona a disposições orçamentárias.

A autonomia do Ministério Público se encontra assentada na outorga ao Procurador-Geral da República e aos Procuradores-Gerais de Justiça da iniciativa de lei sobre a organização, respectivamente, do Ministério Público da União e dos Estados (SESTER; OLIVEIRA, 2016, p. 611). Tal iniciativa será exercida de forma concorrente com o chefe do Poder Executivo, segundo a disposição constitucional. O Estatuto do Ministério Público deve ser previsto em lei complementar federal e dos Estados, em decorrência da fonte legal constitucionalmente prevista, que não deve ser tratada pelo constituinte derivado (SESTER; OLIVEIRA, 2016, p. 611-612).

Em acordo com as peculiaridades de cada ente federativo, a Constituição faculta aos Procuradores-Gerais, da República e de Justiça, a iniciativa, perante o Poder Legislativo próprio, definindo a organização, as atribuições e o estatuto de cada Ministério Público (SESTER; OLIVEIRA, 2016, p. 612). A necessária autonomia do *parquet* naquilo que se relaciona à sua estrutura e à sua atuação no caso concreto não prejudica a possibilidade de revisão da atuação do Ministério Público, especialmente em relação a hipóteses especificamente determinadas pela legislação.

Apesar da independência funcional e das autonomias da instituição ou de suas causas, podem os membros do Ministério Público serem responsabilizados pelo exercício irregular da função, respondendo por erros ou abusos que cometam, não apenas sob o aspecto disciplinar, como também nos campos político, civil e penal (MAZZILLI, 2013, p. 5).

Têm, porém, indenidade pessoal caso atuem no exercício regular das funções. Nessa hipótese, ainda que causem danos a terceiros, só responsabilizam o Estado, pois o contrário equivaleria a tolher-lhes a ação que, em acordo com a Constituição de 1988, deve ser a mais livre possível, algo próprio dos agentes políticos (MAZZILLI, 2013, p. 12).

A Constituinte de 1988 consagrou a independência do Ministério Público nacional, por sua própria reivindicação, prevalecendo os princípios da unidade, indivisibilidade e independência funcional, em oposto à hierarquia. Independência funcional, contudo, difere de autonomia funcional (MAZZILLI, 2013, p. 12).

Esta é própria da instituição do Ministério Público, consistindo na liberdade que tem de exercer seu ofício em face de outros órgãos do Estado, subordinando-se à Constituição e às leis. A independência funcional, todavia, é atributo de órgãos e agentes do *parquet* (MAZZILLI, 2013, p. 13). Equivale à liberdade que cada um tem de exercer suas funções em face de outros órgãos ou agentes da mesma instituição, subordinando-se, igualmente, à Constituição e às leis. Tal independência equivale à liberdade para tomar decisões nos limites da lei, o que não pode conduzir ao arbítrio (MAZZILLI, 2013, p. 13-14).

Em decorrência dessas questões é que o *parquet*, apesar de sua independência funcional, deve ser fiscalizado de alguma forma, ainda que de maneira exclusivamente interna. Ocorre que uma intervenção mais direta e profunda poderia ser capaz de adentrar matérias institucionais e, consequentemente, a própria autonomia da instituição. Assim, as atividades dos membros do Ministério Público não se sujeitam ao controle interno, ressalvadas raríssimas exceções, a exemplo da revisão das promoções de arquivamento do inquérito policial pelo Procurador-Geral e do inquérito civil pelo Conselho Superior. Não é possível, entretanto, uma intervenção direta de autoridades da administração superior no exercício das funções dos membros da instituição (ALMEIDA, 2010, p. 297).

Ao contrário daquilo que ocorre com o *parquet* francês, o princípio hierárquico não se aplica sobre a atuação funcional do Ministério Público brasileiro, o que, apesar de ser inerente ao princípio da independência funcional, ainda coloca em segundo plano as garantias institucionais da unidade e indivisibilidade do Ministério Público (ALMEIDA, 2010, p. 297). Mais do que isso, o comprometimento da garantia de independência já se faz sentir em decorrência da preponderância do princípio hierárquico na gestão institucional, sem contribuir em nada para a realização de suas outras matrizes fundamentais (ALMEIDA, 2010, p. 297).

Em que pese a independência institucional e individual, esta em relação ao membro do Ministério Público, não é possível ao *parquet* desviar-se daquilo que determina o ordenamento jurídico, subordinando-se, diretamente, à legislação aplicável à sua atividade.

O membro do Ministério Público, invocando a independência funcional ou seu papel de defensor da democracia, não tem a prerrogativa de escolher que leis quer cumprir e quais não quer, ou seja, é um escravo da ordem jurídica. A liberdade e a independência funcionais não podem ser invocadas levianamente para justificar posições estritamente arbitrárias ou pessoais (MAZZILLI, 2013, p. 14-15).

Não podem ser invocadas como um *bill* de indenidade para violar a lei, até porque se em nome de um conceito absoluto de liberdade não se puder cercear ninguém, não seria possível cercear nem mesmo aquele que violasse a própria liberdade. Referida interpretação, ainda que sustentada em nome da liberdade, importaria em negá-la (MAZZILLI, 2013, p. 15).

A independência funcional equivale à possibilidade que a lei confere ao agente político de tomar decisões originárias na sua esfera de atribuições. Justamente em decorrência disso é que a possibilidade do órgão do Ministério Público de decidir se propõe ou não uma ação ainda se submete à revisão que, entretanto, é algo excepcional (MAZZILLI, 2013, p. 20). Ocorre em situações legais específicas, como no pedido de arquivamento de inquérito policial ou do inquérito civil. O controle é algo saudável, pois até mesmo atos de Poder são sujeitos à revisão interna e ao controle externo. Uma decisão judicial pode ser reformada, assim como o veto do chefe do Executivo pode ser rejeitado (MAZZILLI, 2013, p. 21).

Desse modo, o controle externo somente pode ocorrer de forma indireta, ou seja, naquilo que se relaciona à legalidade e até mesmo a questões orçamentárias, não podendo atingir, portanto, de maneira direta, as prerrogativas e atribuições do Ministério Público e de seus membros, especialmente aquelas determinadas pela Constituição de 1988. Até porque admitir-se a interferência direta de outro centro do poder político na execução das atividades-fim do *parquet* equivaleria a sacrificar, de maneira absoluta, seu real papel no contexto da organização do Estado. Haveria, portanto, clara infringência ao próprio princípio democrático de controle recíproco entre os seus órgãos (ALMEIDA, 2010, p. 297).

Neste viés, não se pode supor, de forma geral, o estabelecimento de meios de controle incidentes sobre a própria execução das atribuições do Ministério Público, salvo naquilo que se relaciona à correcional e ao controle jurisdicional. Permanece, de tal modo, em relação ao Ministério Público, a expectativa do efetivo controle sobre as atividades-meio, estas, por sua vez, de caráter organizacional (ALMEIDA, 2010, p. 297).

De tal maneira, faz-se possível o controle da atividade do *parquet*, desde que não prejudique seus objetivos institucionais, estes ditados, direta ou indiretamente pelo próprio Texto Constitucional. Não é possível, entretanto, restringir as possibilidades de *accountability* do Órgão Ministerial a ponto de torná-las inexistentes ou inoperantes.

Em uma democracia não pode haver poder sem controle. O Ministério Público detém a última palavra sobre o não exercício da ação pública. Ocorre que, ainda que seu ato seja protegido pela autonomia funcional, submete-se a controle, ora exercido pelo Juiz, ora por um colegiado da própria instituição (MAZZILLI, 2013, p. 21). A lei não teria conferido à instituição o poder de recusar-se a propor ação pública se não tivesse instituído o controle da inércia. Na área criminal, o ideal seria que o controle ocorresse do mesmo modo que acontece no arquivamento do inquérito civil, ou seja, por um colegiado institucional (MAZZILLI, 2013, p. 21).

Mais do que isso, a própria Lei Complementar 40 de 1981 relegou à lei local estabelecer atribuições e competências do Colégio de Procuradores,[46] princípio que se concilia com o §5º do art. 128 da Constituição de 1988.[47] Ao órgão cabe manter ou reformar o arquivamento

---

[46] "Art. 9º. Os Procuradores de Justiça comporão o Colégio de Procuradores, cujas atribuições e competência serão definidas pela lei estadual, obedecido o disposto na presente Lei Complementar. §1º Nos Estados em que o número de Procuradores exceder a 40 para exercer as atribuições do Colégio de Procuradores será constituído órgão especial, cujo número de componentes será fixado pela legislação estadual. §2º Na hipótese do parágrafo anterior, observado o disposto no inciso II do art. 7º desta Lei, metade do órgão especial será constituída pelos Procuradores de Justiça mais antigos e a outra metade será eleita pelos demais Procuradores" (BRASIL, 1981).

[47] "Art. 128. [...] §5º Leis complementares da União e dos Estados, cuja iniciativa é facultada aos respectivos Procuradores-Gerais, estabelecerão a organização, as atribuições e o estatuto de cada Ministério Público, observadas, relativamente a seus membros" (BRASIL,1988).

do inquérito civil,[48] princípio é acolhido por outras leis (MAZZILLI, 1991, p. 137-138).[49] [50]

Nesse mesmo viés, em que pesem a autonomia e a independência do Ministério Público, inclusive naquilo que se relaciona à própria Administração Pública, o cumprimento de sua missão institucional, notadamente no que se relaciona à concretização dos direitos fundamentais, deve ser fiscalizada no âmbito da própria estrutura do *parquet*.

2.5 Investigação criminal pelo Ministério Público: das origens às propostas legislativas atuais

As instituições policiais, assim como a própria atribuição de acusar, são tão antigas, quanto o próprio *jus puniendi* estatal. Para além do patrulhamento e da manutenção da ordem posta e imposta, também incorporaram tais instituições a atribuição de investigar as infrações penais.

Dessarte, a organização da polícia remonta às civilizações antigas. Nestas, a polícia atuava sob a orientação de um chefe, o *intendente* de Polícia. Entre os gregos, a atividade da *politeia* confundia-se com a própria atuação estatal. Entre os romanos, a polícia converteu-se em órgão estatal voltado à ordem pública e à paz social (TAQUARY, 2001, p. 40). Nesse período, a investigação do fato era realizada pelo magistrado, a partir de uma notícia do crime. Eram nomeados mandatários da *lex*, a quem eram atribuídos poderes, para que tais pessoas colhessem as provas necessárias à demonstração da autoria e da materialidade do fato criminoso (TAQUARY, 2001, p. 40).

No período posterior à Revolução Francesa (1789), a investigação continuou a ser dirigida pelo magistrado, passando, entretanto,

---

[48] "Art. 9º. [...] §3º A promoção de arquivamento será submetida a exame e deliberação do Conselho Superior do Ministério Público, conforme dispuser o seu Regimento" (BRASIL, 1985).

[49] "Art. 6º. [...] §1º Esgotadas as diligências, caso se convença o órgão do Ministério Público da inexistência de elementos para a propositura de ação civil, promoverá fundamentadamente o arquivamento do inquérito civil, ou das peças informativas. Neste caso, deverá remeter a reexame os autos ou as respectivas peças, em 3 (três) dias, ao Conselho Superior do Ministério Público, que os examinará, deliberando a respeito, conforme dispuser seu Regimento. §2º Se a promoção do arquivamento for reformada, o Conselho Superior do Ministério Público designará desde logo outro órgão do Ministério Público para o ajuizamento da ação" (BRASIL, 1984).

[50] "Art. 3º À ação de que trata esta Lei aplica-se, no que couber, o disposto na Lei nº 7.347, de 24 de julho de 1985" (BRASIL, 1989).

a ser chamada de *Polícia Judiciária*, atuando por meio dos "curadores da cidade" (em latim, *"curatorii urbis"*), comissários com atribuições similares às dos delegados de Polícia da atualidade (TAQUARY, 2001, p. 40-41).

Em Portugal, a polícia passou a ser responsável por manter a ordem pública e a paz social, tal qual ocorria na França. No Brasil, entretanto, apenas depois da chegada da Família Real, em 1808, é que foi criada a Intendência-Geral de Polícia da Corte e do Estado do Brasil (TAQUARY, 2001, p. 41). Nesse contexto, o intendente-geral detinha funções cumulativas, que compreendiam as atribuições tanto de delegado de Polícia quanto de magistrado e de promotor de justiça. Apurava os crimes, acusava os réus, submetia-os a julgamento, condenava-os ou os absolvia, aplicava-lhes a pena e fiscalizava seu cumprimento (TAQUARY, 2001, p. 41).

Em 1841 foram criados os cargos de chefe, de delegado e de subdelegado de Polícia, cujos ocupantes, após a investigação, remetiam aos Juízes os dados, as provas e os esclarecimentos obtidos. Os magistrados, por seu turno, passavam à formação da culpa. Só com o Código do Processo Penal surgiria o inquérito policial, presidido pelo delegado de polícia, autoridade policial existente na Polícia Federal e Civil.

No Brasil, desde as origens da Polícia Judiciária as atribuições investigativas e de controle inicial da legalidade das investigações recaíram sobre os delegados de polícia, assim como a função de sintetizar os dados obtidos e de enviá-los aos órgãos responsáveis pela acusação.

A atividade estatal da *persecutio criminis* foi prestada, primeiro, pela polícia e, posteriormente, pelo Ministério Público. Ambas as instituições foram criadas para exercerem a função persecutória que, por sua vez, personifica o interesse social da repressão das infrações penais (TOURINHO FILHO, 2011, p. 107).

Em que pese a claríssima evolução do Direito Processual Penal brasileiro, inclusive naquilo que se relaciona à possibilidade de investigação criminal pelo Ministério Público, bem como com a consolidação jurisprudencial nesse sentido, tais questões não têm mostrado avanços suficientes, capazes de fazer cessarem as controvérsias relacionadas à temática. A passagem do tempo e a complexificação das relações sociais, sobretudo após sua virtualização, fizeram advir a necessidade de adaptação dos procedimentos de investigação criminal, assim como de sua especificação quanto a infrações penais cada vez mais elaboradas. Por isso, o órgão ministerial passou a tomar a frente das investigações criminais, buscando, com tal proceder, sustentar as ações penais públicas que lhe são de legítima propositura, em virtude de expressa previsão e de específica determinação constitucionais (CHOUKR, 2009, p. 24).

Não obstante ser, na jurisprudência pátria, ponto pacífico a possibilidade de o Ministério Público proceder à investigação criminal, bem como presidi-la, há projetos de lei e Propostas de Emenda à Constituição, tanto voltados à sua regulação quanto à sua vedação.

Na cabeça do artigo 19 do Projeto de Lei nº 8.045, de 22 de dezembro de 2010, determina-se a competência das *Polícias Judiciária e Federal para o exercício, por elas, da função de Polícia Judiciária* (BRASIL, 2010).[51] Já o *parágrafo terceiro de tal dispositivo legal trata de condicionar as atribuições investigativas do* Ministério Público.[52] Afirma, nesse mesmo sentido, que esta *poderá ocorrer no caso de existir um* "fundado risco de ineficácia da elucidação dos fatos pela Polícia, em razão de abuso do poder econômico ou político" (BRASIL, 2010, on-line). *Mais* do que isso, o *quarto parágrafo* do artigo 19 da referida proposta condiciona essa atribuição às mesmas formalidades do inquérito policial.[53]

Além disso, determina a necessidade de seu controle, a ser feito pelo Juízo das Garantias. Já o quinto parágrafo deste artigo comanda, no mesmo sentido, que, de maneira a controlar-se o prazo para o exercício da ação penal subsidiária, deve ser comunicada ao Juiz aludido a data na qual se encerrará a investigação ministerial.[54]

Trata-se de um Projeto de Lei Substitutivo ao Projeto de Lei do Novo Código de Processo Penal, que, ao contrário de confirmar a atribuição investigativa do *parquet*, ainda que subordinada à fiscalização judicial da atividade, determina, expressamente, sua subsidiariedade.

Na mesma linha argumentativa do Projeto de Lei nº 8.045/2010, há outras proposições legislativas dirigidas a limitar a atribuição

---

[51] Art. 19. As funções de Polícia Judiciária e de apuração de infrações penais, exceto as militares, serão exercidas pelas Polícias Civil e Federal, no território de suas respectivas circunscrições (BRASIL, 2010).
[52] "Art. 19. [...]. §3º. O Ministério Público poderá promover a investigação criminal, quando houver fundado risco de ineficácia da elucidação dos fatos pela Polícia, em razão de abuso do poder econômico ou político" (BRASIL, 2010).
[53] "Art. 19. [...]. §4º. A investigação criminal efetuada pelo Ministério Público sujeita-se às mesmas formalidades de numeração, autuação, respeito ao direito de defesa e submissão a controle periódico de duração e de legalidade do inquérito policial pelo Juízo das Garantias" (BRASIL, 2010).
[54] "Art. 19. [...]. §5º. Para os fins de controle de prazo para o exercício da ação penal subsidiária, o Ministério Público deverá comunicar ao Juiz das Garantias a data em que se encerrar a investigação ministerial" (BRASIL, 2010).

investigativa do Ministério Público ou, até mesmo, a eliminá-la, inclusive a partir da expressa modificação da Constituição da República Federativa do Brasil de 1988.

Inicialmente, a Proposta de Emenda à Constituição nº 37, datada de 8 de junho de 2011, de autoria do Deputado Federal Lourival Mendes, tinha por objeto acrescentar um décimo parágrafo ao artigo 144 da Constituição Federal de 1988, para, com tal proceder, retirar, de maneira expressa, o poder de investigação criminal de outras entidades, inclusive do Ministério Público, e restringi-lo às Polícias Federal e Civil (BRASIL, 2011).[55],[56]

Referida proposta terminou por ser duramente criticada tanto pela instituição ministerial quanto pela população em geral, em vista dos resultados punitivos positivos alcançados pelo *parquet*, sobretudo contra a corrupção governamental e os delitos econômicos. Em razão da referida crítica, a Proposta de Emenda à Constituição nº 37/2011 ficou conhecida como "a PEC da Impunidade", apresentada sob o argumento de que, ao investigar criminalmente, o Ministério Público prejudicaria o processo judicial, por não dispor de conhecimentos técnico-científicos próprios das polícias, prejudicando o direito fundamental do investigado ao devido processo legal (CAMBI; BOLZANI, 2014, p. 38). Mais do que isso, após as manifestações populares que passaram à História do Brasil com o nome de "as Jornadas de junho", ocorridas no ano de 2013,[57] a PEC nº 37/2011 foi levada à votação no Plenário da Câmara dos

---

[55] Com a Emenda Constitucional nº 82, de 16 de julho de 2014, efetivamente adicionou-se um décimo parágrafo ao artigo 144 da Constituição Federal de 1988. Tal parágrafo acrescido, porém, diz respeito à disciplina da segurança viária no âmbito dos Estados, do Distrito Federal e dos Municípios, conforme se pode inferir de sua leitura (BRASIL, 2014).

[56] "Art. 144. [...]. §10. A segurança viária, exercida para a preservação da ordem pública e da incolumidade das pessoas e do seu patrimônio nas vias públicas: I – compreende a educação, engenharia e fiscalização de trânsito, além de outras atividades previstas em lei, que assegurem ao cidadão o direito à mobilidade urbana eficiente; e II – compete, no âmbito dos Estados, do Distrito Federal e dos Municípios, aos respectivos órgãos ou entidades executivos e seus agentes de trânsito, estruturados em carreira, na forma da lei" (BRASIL, 2011).

[57] As "Jornadas de Junho de 2013" foram "uma onda de protestos gigantescos [...] que [...] começaram contra os reajustes das tarifas do transporte municipal", embora "o movimento [tenha] extrapol[ado] essa temática, abordando todos os problemas da sociedade brasileira". Nessa época, "o Brasil foi inundado por imagens que surpreenderam o País [e] que não eram vist[a]s desde o movimento pelo *impeachment* do presidente Collor, em 1992", com "milhões de jovens nas ruas, em mais de mil municípios do País – sobretudo nas grandes e médias cidades –, [...] ocupando locais centrais, em uma série de manifestações que causaram um terremoto político, cultural e intelectual no Brasil". Como resultado dessas manifestações populares, "o sistema político foi abalado, a popularidade dos governantes despencou, as

Deputados e foi rejeitada pela maioria dos parlamentares (TRIBOLI, 2013), tendo recebido apenas nove votos favoráveis.[58]

Tal proposta certamente causaria gigantesco retrocesso social naquilo que concerne à área da Segurança Pública, especialmente no que diz respeito às vítimas de crimes e, portanto, proibitivo naquilo que concerne ao próprio Texto Constitucional de 1988. Não bastasse, a própria evolução histórica das atribuições do Ministério Público no Brasil demonstra uma clara compatibilidade de sua competência investigativa com o ordenamento jurídico nacional, especialmente com o texto da Constituição Federal de 1988, afirmação corroborada, inclusive, por outros projetos legislativos.

Em que pese já se encontrar consolidada na jurisprudência dos Tribunais Superiores a possibilidade de o *parquet* proceder a investigação na esfera criminal, ainda não existe, até o momento em que se redige esta tese de Doutorado, regulamentação que trate dessa atividade e que esteja positivada em lei *stricto sensu*.

Na Câmara dos Deputados tramita o Projeto de Lei nº 5.776, de 18 de junho de 2013, de autoria da Deputada Marina Santanna, cujo texto consta a definição de investigação criminal no Brasil, inclusive em relação à atuação conjunta da Polícia Judiciária e do Ministério Público e em relação, outrossim, às formas de interação com os demais órgãos técnicos de apuração (BRASIL, 2013).[59] O artigo 3º do referido Projeto de Lei se dirigiu a separar conceitualmente o inquérito policial do chamado *inquérito penal*, afirmando, para tanto, serem ambos instrumentos de natureza administrativa e inquisitorial, respectivamente instaurados e presididos por autoridade policial e por membro do Ministério Público com atribuição criminal.[60]

---

redes sociais foram os principais instrumentos de mobilização, e novos movimentos sociais apareceram na arena pública" (MEDEIROS, 2014, p. 87-89).

[58] Foram votos favoráveis aqueles dos seguintes então Deputados Federais: Abelardo Luiz Lupion Mello, Bernardo Santana de Vasconcellos, Elieni José de Lima, João Campos de Araújo, João Lyra (1931-2021), Lourival Mendes, José de Araújo Mendonça Sobrinho (dito Mendonça Prado), Sérgio Severino Estelita Guerra (1947-2014), Simão Sessim (1935-2021) e Valdemar Costa Neto (BRASIL, 2013).

[59] "Art. 1º. Esta Lei define a investigação criminal no Brasil, em especial a atuação conjunta da Polícia Judiciária e do Ministério Público, bem como as formas de interação deste com os órgãos técnicos que colaboram com a apuração das infrações penais."

[60] "Art. 3º. O inquérito policial e o inquérito penal são instrumentos de natureza administrativa e inquisitorial, instaurados e presididos pela autoridade policial e pelo membro do Ministério Público com atribuição criminal, respectivamente" (BRASIL, 2013).

De acordo com a mensagem de "Justificação" desse projeto de lei, a tese de que o Ministério Público não poderia participar da investigação criminal "presta um desserviço à sociedade brasileira e se distancia da tendência mundial", eis que, em vários países, as investigações são conduzidas pelo *parquet*, com o auxílio da Polícia (BRASIL, 2013).

É de se notar que, embora tal projeto de lei equipare investigação policial à investigação ministerial, nele se atribuem características procedimentais diversas a cada qual, ainda que não estabeleça qualquer diferenciação no que concerne à sua relevância ou à sua validade (CAMBI; BOLZANI, 2014, p. 47). O PL nº 5.776/2013 traz como novidade o inquérito penal, "nova denominação do instrumento de que se utiliza o Ministério Público para registrar e angariar elementos para a apuração de infrações penais, hoje chamado de Procedimento Investigatório Criminal" (CAMBI; BOLZANI, 2014, p. 47).

Referido projeto se voltou a consagrar, de tal maneira, a investigação criminal pelo *parquet*. Nesse sentido, seria capaz de colaborar para encerrar a discussão acerca de sua impossibilidade, além de regulamentá-la, portanto, rumo à sua adaptação aos Direitos Fundamentais Processuais consagrados na Carta Magna brasileira em vigor.

2.6 A investigação criminal pelo Ministério Público no Direito Comparado

Identificam-se, no Direito Comparado, atribuições investigatórias impostas ou concedidas ao Ministério Público, e diferentes relações com a Polícia e com o Poder Judiciário, que se enquadram, com as devidas especificidades, em suas respectivas sistemáticas jurídicas.

Tendo em vista a impossibilidade de trabalhar todos os ordenamentos jurídicos nos quais existem tais relações, especialmente no que se relaciona à possibilidade de investigação criminal pelo Ministério Público, muito próximo ao sistema do Brasil, imperioso selecionar alguns deles especificamente para o presente estudo.

Inicialmente, trabalha-se a questão na República Francesa, na República Federal da Alemanha e na República Italiana, que contribuem para o presente estudo em decorrência da proximidade histórica entre os ordenamentos jurídicos dos referidos países e o brasileiro, que neles se inspirou em diversos pontos, tanto em relação a questões constitucionais quanto processuais.

Finalmente, estuda-se a questão como é trabalhada nos Estados Unidos Mexicanos, tendo em vista não apenas tratar-se de um país da América Latina, assim como o Brasil, por ter sofrido grande influência de ordenamentos jurídicos da Europa Continental, como também por ser caracterizado pelas amplas prerrogativas do *parquet*, inclusive no âmbito investigativo naquele ordenamento jurídico. Nesse mesmo contexto, de acordo com o que foi tratado anteriormente, a regulamentação do *parquet* no Direito Processual Penal francês influenciou, histórica e conceitualmente, o Ministério Público brasileiro. Trata-se de ordenamento jurídico que, ainda hoje, inspira os juristas brasileiros, especialmente no contexto da atuação ministerial.

De maneira inicial, da mesma forma como ocorre em outros países da Europa Continental, como a França, o Ministério Público é uma instituição constituída "de maneira orgânica, [...] indivisível e hierarquizad[a]", sendo que o Promotor de Justiça se obriga "a seguir diretrizes ditadas pelo *chefe da instituição*" [grifo presente no original] (PONTE; DEMERCIAN, 2016, p. 27). Mais do que isso, na França as linhas-mestras do *parquet* são de duas naturezas: uma primeira, de ordem *geral*, que se constitui na política geral de atuação criminal; e a outra, específica, aplicada a casos concretos. Magistrados e membros do Ministério Público formam "um só corpo de juristas profissionais, [todos] formados pela Escola Nacional da Magistratura" (em francês, "*École nationale de la magistrature*") (PONTE; DEMERCIAN, 2016, p. 27).

Em que pese a separação verificada, no Brasil, entre os membros do Poder Judiciário e aqueles do *parquet*, há uma infinidade de semelhanças entre o Ministério Público francês e o Ministério Público brasileiro, inclusive naquilo que se relaciona às suas atribuições fundamentais.

O Ministério Público francês tem função investigativa, subordinado à Polícia Judiciária, bem como de fiscalizar a lei. O *parquet* é titular da ação penal, embora tal atribuição não lhe seja privativa, já que a vítima lesada pode dar início à investigação diante do órgão jurisdicional (RANGEL, 2016, p. 119).

Adota-se, na República Francesa, o Juizado de Instrução, pelo qual o Juiz exerce o papel de investigador. Daí, não se pode falar em imparcialidade do Juiz. Ocorre que o *parquet* francês também detém funções investigatórias junto à Polícia, que lhe é subordinada (RANGEL, 2016, p. 149-150). Mais do que isso, na França o Ministério Público é juridicamente definido como uma *magistratura especial* que, por sua vez, trata de representar toda a sociedade, ao requerer a aplicação e a execução das leis, bem como sua fiel observância (RANGEL, 2016, p. 150).

Desse modo, as atribuições dos *magistrats du parquet* são similares às dos membros do Ministério Público brasileiro, principalmente naquilo que se relaciona ao seu papel de *custos legis* e de acusador público. É de se destacar, ainda, que naquele país não há qualquer discussão acerca da possibilidade ou impossibilidade da investigação ministerial na seara criminal.

De forma similar ao que ocorre no Brasil em relação ao Direito francês, o Direito alemão também é, em diversas áreas da Ciência Jurídica, fonte de inspiração para o ordenamento jurídico brasileiro, incluindo naquilo que se relaciona ao Ministério Público e ao seu papel no Processo Penal, inclusive quanto às suas funções investigativas.

Nesse sentido, o Processo Penal Alemão tem, em regra, três fases: "'a investigatória", atribuída ao Ministério Público, inclusive quanto à iniciativa e ao controle da atividade investigativa; "o procedimento intermédio, pautado na função do *controle negativo*"; e a etapa da "cognição judicial" (PONTE; DEMERCIAN, 2016, p. 20 [grifo não presente no original]).

Assim, no Direito Processual Penal da Alemanha, além de não pairar qualquer dúvida acerca das competências investigatórias do Ministério Público no âmbito criminal, tais competências são, de maneira inescapável, expressamente atribuídas ao *parquet*.

Mais do que isso, na Alemanha, o Ministério Público é o *senhor do procedimento investigativo*, dirigindo e coordenando diligências e operações investigativas, inquirindo testemunhas e vítimas, interrogando indiciados e obtendo documentos bancários e dados telemáticos, mediante requerimento ao Juiz da Investigação (LIMA, 2020, p. 229). Além disso, o *parquet* alemão tem a prerrogativa de requerer inquirição de testemunha ou de perito, ou pode pedir interrogatório judicial de indiciado domiciliado em circunscrição do Juízo Comum de primeira instância, em caso de urgência; assim como pode formular requerimento de medidas restritivas concernentes à integridade corporal, à liberdade, à privacidade, ao domicílio ou à propriedade (LIMA, 2020, p. 229).

No mesmo sentido, atua como autoridade primária na execução de tais respectivas ordens judiciais, assim como determina, em caráter de urgência, a realização de certas medidas restritivas de Direitos Fundamentais, condicionadas, entretanto, à homologação judicial (LIMA, 2020, p. 229). Dessa mesma forma, o Ministério Público pode investigar, direta ou indiretamente, por meio de agentes específicos, e pode endereçar requerimentos ao Juiz da Investigação, a fim de, assim procedendo, possa obter melhor esclarecimento da situação fática, preservação de prova ou outro proveito ao procedimento investigativo (LIMA, 2020, p. 229).

O Ministério Público apresenta pedido de ato investigativo, de prisão, de internação, de interrogatório judicial e de reconhecimento de pessoas e de coisas, em razão do risco do perecimento da prova, e submete tais pedidos à apreciação do juízo comum de primeira instância de jurisdição, podendo, inclusive, requerer que se imprima celeridade processual a tal procedimento (LIMA, 2020, p. 234).

Finalmente, a competência funcional do Juiz da Investigação exaure-se com o protocolo da decisão de encerramento das investigações pelo Ministério Público alemão e com a eventual propositura, diante do Tribunal de Estado, da ação penal contra o denunciado (LIMA, 2020, p. 231).

Notável ainda que, na Alemanha, separem-se as funções do Juiz que atua na investigação e daquele que conduz o processo acusatório. A passagem de uma etapa procedimental à outra depende, aliás, de ato do Ministério Público que, assim, conclui a fase investigatória.

Do mesmo modo como ocorre no Brasil, outros países da América Latina, dentre os quais se encontram os Estados Unidos Mexicanos, aqui referidos simplesmente como México, sofreram direta influência do Direito europeu, inclusive naquilo que tange à seara do Processo Penal e, particularmente, à conquista da independência funcional do Ministério Público relativamente aos demais Poderes.

Assim, historicamente, na Época Colonial, o Ministério Público representava interesses e assuntos da Coroa Espanhola, de forma que encontrava no Rei da Espanha sua fonte de legitimidade. Com o tempo, em especial em países da Europa e da América do Sul, o Ministério Público tornou-se órgão administrativo do Estado, embora fora do âmbito do Poder Executivo (RANGEL, 2019, p. 208).

Referida influência estende-se, inclusive, à competência investigativa do *parquet* e ao que concerne sua atribuição de supervisão, em maior ou em menor grau, das forças policiais. O Direito Processual Penal mexicano eleva essa competência ao grau de direção da investigação criminal.

Existe, no México, dirigida pelo Ministério Público, uma instrução preliminar, que é realizada pela polícia, embora ocorra em conformidade com aquilo que dispõe a Lei Orgânica da Procuradoria Geral da República. Nesse âmbito, a Polícia atua sob a condução, a autoridade e as ordens do *parquet*, praticando as diligências necessárias à instrução (KAC, 2011, p. 50).

Notável, portanto, que no Direito Processual Penal mexicano o *parquet* seja figura inseparável da própria investigação criminal, tendo em vista que o poder ministerial fiscalizatório não é apenas geral e abstrato: ele de fato incide, em concreto, sobre as investigações em curso.

Além de o ordenamento jurídico francês ser inspiração para o Processo Penal do Brasil, o da Itália também tem influenciado o Direito brasileiro, em uma infinidade de ramos das Ciências Jurídicas, com destaque para a esfera processual penal, inclusive no tocante à atuação do Ministério Público. Na Itália, a condução das investigações pelo *parquet* não é excludente da atividade investigativa desenvolvida pela polícia. É possível, inclusive, que a atuação policial se dê sob a coordenação de um ou de mais de um dos membros do Ministério Público (CHOUKR, 2006, p. 50-5).

Dessa forma, assim como ocorre no Brasil, a investigação conduzida pela Polícia Judiciária italiana não é proibitiva no que tange à atuação, no mesmo âmbito, do *parquet*, de maneira que tanto o Ministério Público quanto a Polícia Judiciária podem atuar como duas instituições separadas, porém, com atribuições similares na esfera criminal. Mais do que isso, na Itália, o Sistema Processual adotado é o Acusatório, caracterizado, portanto, pela divisão de funções. Na primeira fase do Procedimento Penal (em italiano, *"de la Procedura Criminale"*), o Ministério Público e a polícia são responsáveis pela investigação criminal, no entanto, cabendo ao *parquet* exercer a atividade persecutória, dirigir as investigações e determinar os atos a serem praticados (RANGEL, 2019, p. 144).

Neste viés, na República Italiana, em que pese a repartição de funções que ocorre entre a Polícia Judiciária e o *parquet*, este, assim como ocorre na República Federativa do Brasil, tem, em todo caso, a atribuição fiscalizatória da atividade policial investigativa, tanto das formas geral e abstrata, quanto em relação à sua atuação concreta.

2.7 A (im)possibilidade constitucional da investigação criminal pelo *parquet*

Em que pese a ampla consagração dos poderes investigativos do Ministério Público pela jurisprudência dos Tribunais Superiores, ainda existem, na doutrina nacional, alguns posicionamentos que se encontram no sentido de proibir os membros do *parquet* de atuar de maneira direta nas etapas antecedentes e preparatórias à ação penal.

Nesse sentido, há quem entenda que o fato de ser o Ministério Público o titular da ação penal, na defesa do interesse punitivo estatal, não poderia exercer atuação investigatória, pois é manifestamente interessado na colheita de prova desfavorável ao investigado e, portanto, desinteressado naquelas que lhe possa beneficiar (TUCCI, 2004, p. 85-86).

Não bastasse, além da exclusividade do *parquet* naquilo que concerne a propositura da ação penal pública, há autores que afirmam que a vocação constitucional da Polícia Judiciária na investigação criminal impediria que tal prerrogativa fosse estendida ao Ministério Público.

Referidos autores, portanto, afirmam que a Constituição de 1988 atribuiu, exclusivamente, a função investigatória à polícia, e que o delegado de polícia é quem preside a atividade. Ocorre que a análise atenta do Direito Comparado e do próprio texto constitucional brasileiro não permite essa conclusão de maneira extremada (ÀVILA, 2016, p. 578).

No Direito Comparado a polícia de investigação não tem autonomia de ação, de modo que suas ações são feitas sob o controle de um órgão do Sistema de Justiça, Juiz de instrução ou o Ministério Público. Por isso é que é chamada de Polícia Judiciária (ÀVILA, 2016, p. 578). A atividade policial, no contexto da investigação criminal, deve ser autônoma, subordinando-se apenas ao Ordenamento Jurídico nacional, na busca pelo fornecimento de informações suficientes para a formação da *opinio delicti* do representante do Ministério Público.

Deveras, a investigação policial deve ser exercida sem interferências indevidas no seu processo, "sejam estas internas ou externas, razão pela qual se faz tão necessário tratar sobre a autonomia gerencial da Polícia Judiciária e a independência funcional da autoridade policial" (SOUZA; SANTOS, 2020, p. 455).

Para que a atividade seja devidamente realizada é necessário garantir "que não haja influência política, social, econômica ou de qualquer outra natureza sobre os agentes estatais". Não conceder autonomia gerencial à Polícia Judiciária "equivale a retirar do cidadão a segurança de ser investigado por uma autoridade independente, o que não só viola a sua dignidade, como o Estado Democrático de Direito" (SOUZA; SANTOS, 2020, p. 458). Desse modo, a investigação deve ser exercida pelas autoridades policiais com autonomia similar àquela conferida ao Ministério Público, situação que, entretanto, não prejudica a possibilidade de o representante do *parquet* presidir os procedimentos inquisitórios preliminares.

Um dos argumentos utilizados para concluir que o delegado não é titular absoluto do direito de investigar é o reconhecimento de que o destino da investigação não está em suas mãos, pois ainda que queira continuar uma investigação, caso o Ministério Público entenda o contrário, poderá promover o arquivamento das investigações (ÀVILA, 2016, p. 578). De outro modo, ainda que o delegado de polícia entenda que não há elementos para continuar as investigações e que seria o caso de arquivar, não pode decidir sobre o arquivamento do inquérito, aliás, é expressamente proibido de fazê-lo, de acordo com o art. 17 do Código de Processo Penal (ÀVILA, 2016, p. 578). No mesmo sentido, as diligências requisitadas pelo Ministério Público não podem ser denegadas pelo delegado de polícia que, portanto, é obrigado a realizá-las, de maneira que não se pode dizer que ele é o titular absoluto da condução da investigação (ÀVILA, 2016, p. 581).

O sistema determinado pelo Código impõe que, assim que tomar conhecimento do crime, seja instaurado inquérito policial, de maneira que a polícia tenha a liberdade de realizar diligências investigatórias por até 30 dias, em caso de investigado solto, sem a obrigatoriedade de acompanhamento pelo Ministério Público (ÀVILA, 2016, p. 581).

Presume-se, no entanto, que tais diligências são realizadas no interesse do Ministério Público, de modo que, transcorrido o prazo inicial, o *parquet* deve ser comunicado das informações colhidas pela polícia, assumindo, a partir daí, a direção indireta de outras diligências necessárias para complementar o material informativo (ÀVILA, 2016, p. 581). Nesse sentido, a própria legislação infraconstitucional permite, ainda que implicitamente, a assunção da investigação criminal pelo Ministério Público, somada ao fato de a Constituição de 1988 ter conferido ao *parquet* a titularidade privativa da ação penal pública.

Para além dos diversos entendimentos jurisprudenciais que já se encontram consagrados pelos Tribunais Superiores naquilo que se relaciona aos poderes investigativos do Ministério Público, trata-se de discussão há muito encerrada em vários países do mundo. Na Europa continental, durante séculos enterrou-se a compreensão do papel do Juiz como terceiro imparcial. Mesmo no Direito moderno, tal pensamento se forma peculiar. Na Alemanha, até o século XIX, com o processo inquisitório, a figura do Juiz se confundia com a do inquisidor (SCHÜNEMANN, 2012, p. 37). Apenas com o advento do Processo

Penal Reformado é que a condução da investigação foi encarregada ao Ministério Público, criando-se, portanto, um órgão acusador. As atribuições desse órgão passaram a se mesclar às funções de defesa jurídica do Estado (SCHÜNEMANN, 2012, p. 37).

Os avanços trazidos pelo Processo Penal Reformado pararam ao lado do antigo processo inquisitório quanto à audiência de instrução e julgamento. Pelo Código de Processo Penal alemão atual, com a formulação da acusação, transmite-se o domínio da ação penal ao Juiz (SCHÜNEMANN, 2012, p. 37).

Na Alemanha, bem como nos outros países de tradição civil-continental, inexiste a figura americana do *guilty plea*, no qual, no momento inicial do processo, o réu se declara culpado e aceita a imposição de uma pena, sem processo, de modo que confissão é apenas uma das possibilidades de prova previstas na lei. Assim, seu reconhecimento não acarreta a extinção automática do processo, impondo-se sua confirmação a partir do lastro probatório complementar, sem o qual é impossível a condenação (VASCONCELLOS; MOELLER, 2016, p. 18). Nesse sentido, referida característica acaba por ser favorecida pelo sistema do Juizado de instrução consagrado pelo sistema processual penal germânico, tendo em vista a necessidade de que a investigação preliminar seja o mais precisa e legítima possível.

O magistrado recebe a totalidade do inquérito e, a partir dele, decidirá se é possível identificar a verossimilhança no pedido condenatório. Enquanto o Juiz a não reconhece, o defensor criminal pode acreditar na descoberta de algo capaz de fazer desmoronar a acusação (SCHÜNEMANN, 2012, p. 40).

Na audiência de instrução de julgamento, o princípio *in dubio pro reo* fica na cabeça do defensor, pois ele precisa provar a inconsistência da acusação, caso queira obter uma sentença absolutória. O Juiz e o defensor de outro vivenciam de maneira diversa o conteúdo dos depoimentos (SCHÜNEMANN, 2012, p. 40).

Até porque o julgador e o defensor interpretam em dissonância os depoimentos. A interpretação do Juiz ocorre a partir de uma perspectiva acusatória e, a do defensor, a partir da visão garantista. A atenção do magistrado diminui quando ele termina seus questionamentos e o defensor começa a formular suas próprias perguntas (SCHÜNEMANN, 2012, p. 40).

Mais do que isso, a própria legislação processual penal brasileira dispõe de uma grande variedade de instrumentos que podem ser utilizados pelo Ministério Público no contexto da investigação criminal, diretamente ou por intermédio da atuação da polícia judiciária. Não bastasse, ao assumir a direção das investigações, o Ministério Público pode utilizar-se de requisições genéricas ou específicas, nelas indicando quais são as diligências necessárias para subsidiar sua decisão acerca da acusação, de modo que dirige indiretamente o inquérito, por intermédio das determinações de diligências (ÀVILA, 2016, p. 581-582).

O fato de, no Brasil, não haver disciplina legal acerca das situações de conflitos de atribuição entre delegado de polícia e membro do Ministério Público, não elide a regra de que a investigação é feita para subsidiar uma acusação, de modo que o titular do direito de acusar tem o poder de acompanhar e dirigir as investigações (ÀVILA, 2016, p. 582). Dessa forma, a vocação constitucional da Polícia Judiciária para proceder a investigação criminal não é capaz de afastar as prerrogativas do Ministério Público nessa seara, de modo que o *parquet* pode utilizar de todo o instrumental investigativo constante da legislação processual penal.

Além do fato de que as discussões acerca da possibilidade de o Ministério Público presidir a investigação criminal cingir-se a opiniões doutrinárias esparsas, nada há no texto da Constituição de 1988 que permita uma interpretação no sentido de proibir tal atuação, dado que várias instituições investigam, como a Receita Federal ou o Banco Central. Não há uma razão técnica que justifique a existência de manifestações apregoando que a Constituição de 1988 teria conferido exclusividade ou monopólio à polícia quanto à investigação. Nota-se que os autores que assim pensam retiram do texto aquilo que nenhum momento prevê (ANDRADE, 2010, p. 106).

Esquece-se, entretanto, que boa dessa interpretação deve partir de algo, sob pena de ser considerada uma criação. Ocorre que manifestações em torno dessa tese não são fruto de qualquer interpretação, constituindo-se em manifestações ideologicamente comprometidas (ANDRADE, 2010, p. 106-107).

Para além da impropriedade interpretativa dos entendimentos que proíbem a atividade investigativa do Ministério Público no âmbito criminal, tais opiniões se demonstram contaminadas por perspectivas metajurídicas, que se encontram em sentido oposto ao processo evolutivo da atuação do *parquet*.

O desenvolvimento do Direito conduz à institucionalização de regras de coerção estatal. Por esse motivo, é inimaginável pensá-lo historicamente sem o conflito entre partes, mediado pelo terceiro superior. O papel do terceiro foi consideravelmente desnaturado pela fusão das figuras do inquisidor e do julgador na mesma pessoa (STRECK; FELDENS, 2006, p. 40).

A restauração do terceiro imparcial, por intermédio da instituição do Ministério Público como o órgão responsável pela coleta da prova e pela acusação, acabou às portas da audiência de instrução e julgamento, que é o momento no qual o Juiz atua como instância de instrução e decisão (STRECK; FELDENS, 2006, p. 45).

A problemática concernente à função investigatória do Ministério Público transcende a linearidade processual penal, marcada por uma análise simplesmente dogmático-normativa, até porque o enfrentamento da referida problemática exige um raciocínio mais profundo (STRECK; FELDENS, 2006, p. 45). É necessário concebê-lo no âmbito de um Estado que, constituído sob a fórmula do Estado Democrático de Direito, deseja projetar-se efetivamente como uma República, com efeitos inerentes a essa opção política sufragada pelos Artigos 1º e 3º da Constituição de 1988 (STRECK; FELDENS, 2006, p. 45).

Desse modo, estabelecida a possibilidade de o Ministério Público presidir a investigação criminal, faz-se necessário esclarecer que, também nesse mesmo contexto, o *parquet* deve se preocupar não apenas em comprovar a autoria e a materialidade do delito, como também em preservar as garantias processuais do acusado.

O fato de a Constituição de 1988 ter atribuído à polícia a primazia no que se relaciona à investigação criminal em nada é capaz de prejudicar as atribuições investigativas do Ministério Público, nem mesmo o fato de este ser titular da ação penal pública. Ocorre que essa privatividade confere ao Ministério Público, ainda que de forma implícita, a legitimidade conjunta para investigar criminalmente, pois o efetivo exercício dessa função conduziria à possibilidade fática de ele buscar os elementos necessários para a sua propositura (ANDRADE, 2010, p. 107).

Desse modo, a doutrina processualista penal invoca a possibilidade de aplicação da Teoria dos Poderes Implícitos, segundo a qual as Constituições implantam apenas regras gerais que nortearão a atividade dos poderes e órgãos constituídos, cabendo a eles utilizar os meios que entenderem necessários para atingir tal finalidade (ANDRADE, 2010, p. 107-108).

Em decorrência disso, nada impediria que o Ministério Público, titular privativo da ação penal pública, seja aquele que proceda a investigação dirigida à formação de sua *opinio delicti*. Trata-se, nesse sentido, de atuação compatível com o próprio Estado Democrático de Direito.

A discussão concernente à legitimidade da função investigatória do Ministério Público, além dos aspectos dogmático-normativos que o circundam, é questão Republicana. Por isso é que a expressão "realizar diligências investigatórias" não pode significar o oposto (STRECK; FELDENS, 2006, p. 45). Até porque não deve expressar que o Ministério Público "não" tem esse poder, inclusive considerando que o texto contém uma norma mínima, qual seja, a de investigar. Significa, portanto, estritamente aquilo que se pode atribuir, partindo-se da tradição jurídico-linguística (STRECK; FELDENS, 2006, p. 84).

Deveras, cai por terra o argumento acerca da falta de legitimação constitucional e da habilitação legal expressa quanto à realização de "diligências investigatórias" pelo Ministério Público. Essa atividade não se faz unicamente possível no contexto do inquérito policial (STRECK; FELDENS, 2006, p. 87). Ocorre que, apesar da clara possibilidade de o Ministério Público presidir a investigação no âmbito criminal, faz-se imperioso dividir as atividades de investigar e de propor a ação penal pública, especialmente após a superveniência do sistema do Juiz das Garantias no ordenamento jurídico brasileiro, trazendo luz a tais atividades dessemelhantes.

2.8 O Gaeco e as "forças-tarefa" no âmbito do Ministério Público

Nos últimos anos, tem se tornado cada vez mais conhecida a atuação do Grupo de Atuação Especial para Repressão ao Crime Organizado do Ministério Público e das chamadas "forças-tarefa", equipes especializadas que têm atuado enfaticamente na investigação de organizações criminosas e corrupção governamental.

Quanto às suas origens, visando a dar maior eficiência ao Estado no combate ao crime organizado, em 1995, foi instituído pelo Ministério Público do Estado de São Paulo o Ato nº 076-PGJ, que fomentou o Gaeco (SÃO PAULO, 1995). Referido grupo tinha por finalidade oficiar em representações, inquéritos policiais, procedimentos investigatórios e processos voltados a identificar e reprimir organizações criminosas, na comarca da Capital, em todas as fases da persecução penal, inclusive em audiências, até a decisão final (SÃO PAULO, 1995).

A complexidade do crime organizado, a carência de critérios legais definidores e a conveniência de disciplinar e unificar seu combate fundamentaram o Ato nº 263-PGJ, de 25 de julho de 2001, que instituiu 11 Grupos de Atuação Especial Regional para a Prevenção e Repressão ao Crime Organizado (Gaerco) (SÃO PAULO, 2001). Tais grupos têm por incumbência oficiar em representações, inquéritos policiais, procedimentos investigatórios e processos voltados a identificar e reprimir organizações criminosas, cabendo-lhes acompanhar audiências judiciais e prosseguir nos feitos, até a decisão final (SÃO PAULO, 2001).

Nesse contexto, o Ato nº 549-PGJ/CPJ, datado de 27 de agosto de 2008, reorganizou a atuação do Ministério Público contra o crime organizado, denominando-o Grupo de Atuação Especial de Combate ao Crime Organizado, obrigado ao gabinete do Procurador-Geral de Justiça, no Centro de Apoio das Promotorias Criminais (SÃO PAULO, 2008). Desde suas origens, portanto, o Gaeco tem atuado sob a forma de um conjunto de agentes advindos não somente do Ministério Público, como da Polícia Judiciária e, caso seja necessário, de outros setores do serviço público, a exemplo das secretarias de Receita.

Ainda que os grupos especiais e forças-tarefa sejam iniciativas relativamente recentes no Brasil, os Tribunais Superiores já se pronunciaram no sentido de sua legitimidade, apesar da inexistência da regulamentação legal específica, no que concerne à sua atuação.

Em que pese a forte estrutura do Ministério Público, em casos mais complexos, há designação de membros auxiliares. Ocorre que esse tema é fonte de indagações referentes a potenciais violações do princípio do promotor natural. Os Tribunais têm entendido pela inexistência de ilegalidade nesses casos (TALON, 2019).

Por exemplo, em caso que apurava crimes envolvendo o Fundo de Saúde da Polícia Militar do Estado do Rio de Janeiro, a defesa alegou constrangimento ilegal decorrente da atuação do Grupo de Atuação Especial de Repressão ao Crime Organizado (TALON, 2019). Afirmou, nesse sentido, a nulidade da denúncia. O Superior Tribunal de Justiça, entretanto, decidiu que a participação do Ministério Público, na fase investigatória, não acarreta nulidade, bem como definiu que a atuação de grupos como o Gaeco não ofende o princípio do promotor natural (TALON, 2019).[61]

---

[61] "1. O Ministério Público dispõe de atribuição para promover, por autoridade própria, e por prazo razoável, investigações de natureza penal, o que não acarreta, por si só, seu

Na Resolução nº 181 de 2017, posteriormente alterada pela Resolução nº 183 de 2018, o Conselho Nacional do Ministério Público estabeleceu regras sobre o procedimento investigatório criminal, conferindo amplos poderes investigatórios ao *parquet* (SANTORO; CYRILLO, 2020, p. 1293). Nesse sentido, estabeleceu a possibilidade de o procedimento ser instaurado por força-tarefa ou grupo de atuação especial, regulamentou a atuação do Ministério Público e dispôs acerca da publicidade, do sigilo, do acesso da defesa aos atos, do direito das vítimas e do acordo de não persecução penal (SANTORO; CYRILLO, 2020, p. 1294).

São matérias de Direito processual que envolvem direitos fundamentais sendo, portanto, reservadas à lei em sentido estrito. Por meio de uma atuação histórica de publicização da construção de uma imagem institucional de confiança da opinião pública, amparando-se no discurso de que o combate à corrupção, é confirma a defesa da democracia (SANTORO; CYRILLO, 2020, p. 1294).

Desse modo, faz-se imperiosa a regulamentação legal pelo Congresso Nacional dessas iniciativas, em que pese sua constitucionalidade ter sido reconhecida expressamente não apenas pelo Superior Tribunal de Justiça, como também pelo próprio Supremo Tribunal Federal. Mais do que isso, é de se anotar que o Plenário do Supremo Tribunal Federal retomou julgamento conjunto de duas Ações Diretas de Inconstitucionalidade ajuizadas em face de preceitos de leis complementares estaduais que versam sobre criação e estruturação de Grupo de Atuação Especial de Combate ao Crime Organizado na esfera local. Nesse contexto, a Ação Direta de Inconstitucionalidade nº 2838 (BRASIL, 2020d) impugnou o art. 23, VIII, da Lei Complementar nº 27 de 1993[62]

---

impedimento ou suspeição. Precedentes STF e STJ. 2. Consoante a Súmula 234/STJ, a participação de membro do parquet, na fase investigatória criminal, não acarreta o seu impedimento ou a sua suspeição para o oferecimento da denúncia. 3. É consolidado nos Tribunais Superiores o entendimento de que a atuação de promotores auxiliares ou de grupos especializados (Gaeco) não ofende o princípio do promotor natural, uma vez que, nessa hipótese, amplia-se a capacidade de investigação, de modo a otimizar os procedimentos necessários à formação da *opinio delicti* do parquet. 4. No caso, o oferecimento da denúncia por promotores do Gaeco não ofende o princípio do promotor natural, tampouco nulifica a ação penal em curso. 5. Recurso ordinário em habeas corpus improvido" (BRASIL, 2018).

[62] "Art. 23 No exercício de suas funções, o Ministério Público poderá: [...] VIII – requisitar da Administração Pública os serviços temporários de servidores civis ou policiais militares e meios materiais necessários para realização de atividades específicas [...]" (MATO GROSSO, 1993).

e os arts. 1º; 2º, §§2º, 3º e 4º, III, VII, §§2º e 3º; e 6º da Lei Complementar nº 119 de 2002,⁶³ ambas do Estado do Mato Grosso. Já a Ação Direta de Inconstitucionalidade nº 4.624 (BRASIL, 2020e) questiona a Lei Complementar nº 72 de 2011, do Estado de Tocantins⁶⁴

---

⁶³ "Art. 1º Fica criado, no âmbito do Poder Executivo e do Ministério Público do Estado de Mato Grosso, o Gaeco – Grupo de Atuação Especial contra o Crime Organizado, com sede na Capital e atribuições em todo o território do Estado de Mato Grosso. Parágrafo único. O Gaeco atuará de forma integrada, funcionará em instalações próprias e contará com equipamentos, mobiliário, armamento e veículos necessários ao desempenho de suas atribuições e da Política Estadual de Segurança Pública. Art. 2º O Gaeco será composto por representantes das seguintes instituições: I – Ministério Público; II – Polícia Judiciária Civil; III – Polícia Militar. [...] §2º A Polícia Judiciária Civil estará representada por Delegados de Polícia, Agentes Policiais e Escrivães de Polícia, solicitados nominalmente pelo Procurador-Geral de Justiça e designados pelo Diretor-Geral da Polícia Civil, ouvido o Secretário de Estado de Justiça e Segurança Pública. §3º A Polícia Militar estará representada por Oficiais e Praças, solicitados nominalmente pelo Procurador-Geral de Justiça e designados pelo Comandante-Geral da Polícia Militar, ouvido o Secretário de Estado de Justiça e Segurança Pública. §4º Em caso de necessidade, o Coordenador do Gaeco poderá, nos termos do Art. 23, VIII, da Lei Complementar 27, de 19 de novembro de 1993, requisitar serviços temporários de servidores civis ou policiais militares para realização das atividades de combate às organizações criminosas. Art. 3º O Coordenador do Gaeco será um representante do Ministério Público, nomeado pelo Procurador-Geral de Justiça. Art. 4º São atribuições do Gaeco: [...] III – instaurar procedimentos administrativos de investigação; [...] VII – oferecer denúncia, acompanhando-a até seu recebimento, requerer o arquivamento do inquérito policial ou procedimento administrativo; [...] §2º Durante a tramitação do procedimento administrativo e do inquérito policial, o Gaeco poderá atuar em conjunto com o Promotor de Justiça que tenha prévia atribuição para o caso. §3º A denúncia oferecida pelo Gaeco, com base em procedimento administrativo, inquérito policial ou outras peças de informação, será distribuída perante o juízo competente, sendo facultado ao Promotor de Justiça, que tenha prévia atribuição para o caso, atuar em conjunto nos autos. [...] Art. 6º O Gaeco terá dotação orçamentária específica, dentro da proposta orçamentária do Ministério Público e destinação de recursos pelo Poder Executivo. Parágrafo único. Os integrantes do Gaeco receberão gratificação adicional não incorporável, correspondente a 10% (dez por cento) de seus respectivos vencimentos fixos, durante o período de atuação no referido Grupo, observada a disponibilidade financeira para despesa de pessoal" (MATO GROSSO, 2002).

⁶⁴ "Art. 1º É instituído no âmbito do Ministério Público do Estado do Tocantins o Grupo de Atuação Especial de Combate ao Crime Organizado-Gaeco. §1º O Gaeco, diretamente subordinado ao Procurador Geral de Justiça, tem sede na Capital e atribuições em todo o território do Tocantins. §2º O Gaeco atuará de forma integrada, funcionará em instalações próprias e contará com equipamentos, mobiliários, armamentos e veículos necessários ao desempenho de suas atribuições e da Política Estadual de Segurança Pública. Art. 2º O Gaeco é composto, no mínimo, por três membros do Ministério Público. §1º O Gaeco e as respectivas áreas inerentes ao sistema de segurança institucional e de inteligência, tem sede na Capital e atribuições em todo território do Tocantins, e são subordinados ao gabinete do Procurador-Geral de Justiça, a quem compete, em ato próprio, designar seus coordenadores. §2º O Gaeco é coordenado por um Procurador de Justiça ou Promotor de Justiça, designado pelo Procurador-Geral de Justiça, para atuação com exclusividade. Art. 3º O Procurador Geral de Justiça proporcionará ao Gaeco a estrutura e os recursos técnicos e administrativos necessários ao seu funcionamento, de acordo com as disponibilidades do Ministério Público. Art. 4º Os membros do Ministério Público designados para integrarem o Gaeco tem atribuições para, em conjunto ou individualmente, mediante distribuição: I – realizar investigações e serviços de inteligência; II – requisitar e acompanhar inquéritos

que, por sua vez, trata da criação do Gaeco no âmbito do Ministério Público do referido Estado. Ambas foram julgadas de forma simultânea.

Inicialmente, no âmbito da ADI nº 2838 (BRASIL, 2020d), o Ministro Relator reconheceu a perda de objeto quanto a preceitos revogados, pois o art. 23, VIII, da Lei Complementar nº 27 de 1993, foi expressamente revogado pela Lei Complementar nº 416 de 2010. Mais do que isso, todos os Estados da federação têm grupos de combate ao crime organizado.

> policiais; III – instaurar procedimentos administrativos de investigação; IV – oficiar nas representações; V – realizar outras atividades necessárias à identificação de autoria e produção de provas; VI – formar e manter bancos de dados atualizados sobre o funcionamento das organizações criminosas; VII – requisitar diretamente de órgãos públicos informações necessárias à consecução de suas atividades; VIII – oferecer denúncia, perante o juízo competente, podendo funcionar em todas as fases da persecução penal até decisão final; IX – requerer o arquivamento do inquérito policial, perante o juízo competente, de acordo com o artigo 28 do CPP; IX – promover medidas cautelares preparatórias necessárias à persecução penal; X – participar de cursos de capacitação de atividades de investigação e segurança de comunicações; XI – participar das atividades do Grupo Nacional de Combate as Organizações Criminosas – GNCOC, interagindo com os demais membros e propiciando a troca segura de informações; XII – prestar apoio, com atividades investigatórias, aos demais órgãos de execução do Ministério Público, quando solicitado. Parágrafo único. Cada integrante do Gaeco exercerá, respectivamente, suas funções institucionais conforme previsão constitucional e legal. Art. 5º As atribuições do Gaeco não impedem a atuação dos demais membros do Ministério Público, no âmbito das respectivas esferas de atribuições, no tocante ao combate às atividades de organizações criminosas, podendo os mesmos se valerem de dados, informações ou subsídios disponibilizados pelo Grupo Especial. §1º Os membros do Ministério Público referidos no caput deste artigo poderão optar pela atuação em conjunto com o Gaeco, sempre em atenção ao princípio do Promotor Natural. §2º No interesse institucional, pode o Procurador Geral de Justiça, com a anuência do membro do Ministério Público titular, designar integrante do Gaeco para funcionar em feito determinado de atribuição daquele, art. 24 da Lei nº. 8.625/93. §3º A negativa de concordância, na hipótese do artigo anterior, não desobriga o membro do Ministério Púbico de disponibilizar ao Gaeco os dados e informações constantes de processo ou procedimento sob sua responsabilidade. Art. 6º O Gaeco pode encaminhar procedimentos preparatórios, inquéritos policiais ou quaisquer peças informativas ao membro do Ministério Público com atribuições no local determinado pelas regras de competência, o qual procede na forma da Lei. Art. 7º Os inquéritos policiais e as ações penais em andamento continuarão na esfera de atribuições dos órgãos do Ministério Público que neles oficiar, ressalvado o disposto no artigo anterior. Art. 8º Qualquer autoridade que no exercício de suas funções verificar a existência de indícios de atuação de organização criminosa deve enviar cópias de autos e peças de informação ao Gaeco para a tomada de providências cabíveis [...] Art. 10. É sujeita ao autocontrole institucional, pelo Procurador Geral de Justiça, a promoção do arquivamento de procedimentos investigatórios e peças informativas referentes à atividade de organização criminosa, salvo em se tratando de inquérito policial, caso em que será observado o art. 28 do Código de Processo Penal. Parágrafo único. Para os fins do disposto neste artigo, o Procurador Geral pode valer-se do disposto no art. 12, inciso I, da Lei nº. 8.625/93. [...] Art. 12. Os integrantes do Gaeco comunicarão ao Procurador Geral de Justiça as investigações instauradas. Art. 13. Os integrantes do Gaeco encaminharão, mensalmente, ao Corregedor Geral do Ministério Público, relatório de atividades, com sugestões para o aprimoramento do serviço. Art. 14. O Gaeco tem dotação orçamentária específica, dentro da proposta orçamentária do Ministério Público" (TOCANTINS, 2011).

Dessa maneira, trata-se o Gaeco de uma iniciativa dos Ministérios Públicos estaduais. A legislação local, nesse mesmo contexto, volta-se a efetivar maior entrosamento entre os órgãos governamentais e a fortalecer os vínculos entre o *parquet* e o Poder Executivo na área da persecução penal, para aumentar sua eficiência (BRASIL, 2020d).

A referida junção de esforços é baseada nos arts. 24, XI; 125, §1º; 128, §5º; e 144, §§4º e 5º, da Constituição Federal de 1988[65]. Referidos dispositivos acabam por permitir que o Estado-membro, tanto no âmbito do Ministério Público quanto das polícias do Executivo e do próprio Poder Judiciário, possa estabelecer regras mais próximas e adequadas às peculiaridades locais para o combate à criminalidade organizada (BRASIL, 2020d).

Assim, inexiste invasão recíproca ou unilateral de competência, ou desrespeito à legislação federal, até porque se observa regulamentação legal em vários Estados-membros, inclusive de convênios entre a Polícia Judiciária e o Ministério Público.[66]-[67]

Mais do que isso, os preceitos impugnados na referida Ação de Constitucionalidade estabeleceram a criação do Gaeco no âmbito do *parquet*, como órgão interno do Ministério Público, caracterizado, portanto, pela autonomia funcional, administrativa e financeira. Não bastasse, a designação de delegados, policiais civis e militares não é capaz de desnaturar as respectivas funções de cada uma das corporações.[68] [69]

Observa-se, sim, uma atuação conjunta, de maneira que a indicação nominal de policiais pelo procurador-geral de Justiça e pelo

---

[65] "Art. 24. Compete à União, aos Estados e ao Distrito Federal legislar concorrentemente sobre: [...] XI – procedimentos em matéria processual; [...] Art. 125. Os Estados organizarão sua Justiça, observados os princípios estabelecidos nesta Constituição. §1º A competência dos tribunais será definida na Constituição do Estado, sendo a lei de organização judiciária de iniciativa do Tribunal de Justiça. [...] Art. 128. O Ministério Público abrange: [...] §5º Leis complementares da União e dos Estados, cuja iniciativa é facultada aos respectivos Procuradores-Gerais, estabelecerão a organização, as atribuições e o estatuto de cada Ministério Público, observadas, relativamente a seus membros: [...] Art. 144. A segurança pública, dever do Estado, direito e responsabilidade de todos, é exercida para a preservação da ordem pública e da incolumidade das pessoas e do patrimônio, através dos seguintes órgãos: [...] §4º Às polícias civis, dirigidas por delegados de polícia de carreira, incumbem, ressalvada a competência da União, as funções de Polícia Judiciária e a apuração de infrações penais, exceto as militares. §5º Às polícias militares cabem a polícia ostensiva e a preservação da ordem pública; aos corpos de bombeiros militares, além das atribuições definidas em lei, incumbe a execução de atividades de defesa civil" (BRASIL, 1988).

[66] Ação Direta de Inconstitucionalidade nº 2838-MT (BRASIL, 2020d).
[67] Ação Direta de Inconstitucionalidade nº 4624-TO (BRASIL, 2020e).
[68] Ação Direta de Inconstitucionalidade nº 2838-MT (BRASIL, 2020d).
[69] Ação Direta de Inconstitucionalidade nº 4624-TO (BRASIL, 2020e).

coordenador do Gaeco se volta à formação de uma equipe de confiança que o Ministério Público solicita, de maneira similar à cessão administrativa.[70][71]

Mais do que isso, inexiste inconstitucionalidade por eventual duplo vínculo funcional, pois, designado para atuar no *parquet*, o policial exercerá suas funções sob coordenação de membro do Ministério Público, entretanto, sem perder o vínculo funcional e disciplinar com sua instituição.[72][73]

O apoio das polícias não desnatura suas funções constitucionais, inexistindo lesão às funções institucionais do Ministério Público, ou comprometimento da autonomia e da independência do *parquet* ou do controle externo da atividade policial.[74][75] Além disso, não há qualquer comprometimento do princípio do promotor natural. Isso porque, após ter sido distribuído o inquérito ou o procedimento de investigação, o Gaeco participará apenas se houver a aquiescência expressa do promotor a quem foi atribuído o caso, seguindo-se, portanto, o caminho tomado em vários países.[76][77]

Tratando-se, portanto, de atuação conjunta, permitida pelo Estatuto do Ministério Público Federal e pela Lei Orgânica Nacional dos Ministérios Públicos Estaduais. Além disso, o Supremo Tribunal Federal reconheceu a validade jurídica e constitucional da atividade investigatória pelo *parquet* no Tema 184 da repercussão geral.[78][79]

Dessa maneira, aplicando-se a teoria dos poderes implícitos, concluiu a Suprema Corte que o Ministério Público deve dispor das funções necessárias ao exercício de sua missão constitucional. Eventuais excessos, no entanto, devem ser combatidos, de modo que a regulamentação por lei evita e facilita a repressão a abusos.[80][81]

---

[70] Ação Direta de Inconstitucionalidade nº 2838-MT (BRASIL, 2020d).
[71] Ação Direta de Inconstitucionalidade nº 4624-TO (BRASIL, 2020e).
[72] Ação Direta de Inconstitucionalidade nº 2838-MT (BRASIL, 2020d).
[73] Ação Direta de Inconstitucionalidade nº 4624-TO (BRASIL, 2020e).
[74] Ação Direta de Inconstitucionalidade nº 2838-MT (BRASIL, 2020d).
[75] Ação Direta de Inconstitucionalidade nº 4624-TO (BRASIL, 2020e).
[76] Ação Direta de Inconstitucionalidade nº 2838-MT (BRASIL, 2020d).
[77] Ação Direta de Inconstitucionalidade nº 4624-TO (BRASIL, 2020e).
[78] Ação Direta de Inconstitucionalidade nº 2838-MT (BRASIL, 2020d).
[79] Ação Direta de Inconstitucionalidade nº 4624-TO (BRASIL, 2020e).
[80] Ação Direta de Inconstitucionalidade nº 2838-MT(BRASIL, 2020d).
[81] Ação Direta de Inconstitucionalidade nº 4624-TO (BRASIL, 2020e).

Finalmente, entendeu-se pela possibilidade da criação do Gaeco por lei dos Estados-membros, por serem órgãos internos do Ministério Público, sob coordenação de membro do *parquet* no exercício de atribuições constitucionais, com a cooperação das autoridades policiais.[82][83]

Ocorre que, apesar da clara constitucionalidade da atuação do Gaeco e das forças-tarefa, especialmente na investigação da criminalidade organizada e da corrupção governamental, e indispensável à preservação das garantias processuais dos acusados, como a vista dos autos pelo seu defensor, além do direito ao silêncio.

O Supremo Tribunal Federal confirmou expressamente a possibilidade de o procurador do acusado obter vista das provas documentadas em qualquer sorte de procedimento inquisitivo, independentemente do órgão que tenha produzido a prova a ser disponibilizada. A Súmula Vinculante nº 14 determina ser direito do defensor, "no interesse do representado, ter acesso amplo aos elementos de prova que, já documentados em procedimento investigatório realizado por órgão com competência de polícia judiciária, digam respeito ao exercício do direito de defesa" (BRASIL, 2009). Referida tese foi confirmada em 2015, no Tema de Repercussão Geral nº 184, ao afirmar que o Ministério Público tem competência para promover, por autoridade própria, e por prazo razoável, investigações penais, desde que respeitados os direitos e garantias que assistem a indiciados ou pessoas sob investigação (BRASIL, 2015a; 2018b).

É necessário, além disso, serem observadas por seus agentes as hipóteses de reserva constitucional de jurisdição, assim como as prerrogativas profissionais de que se acham investidos os advogados, sem prejuízo da possibilidade do controle jurisdicional dos atos praticados pelos membros do *parquet* (BRASIL, 2015a). Desse modo, o Supremo Tribunal Federal, para além de corroborar o entendimento acerca da disponibilização irrestrita das provas já produzidas ao advogado do acusado, confirmou que há uma variedade de órgãos investigatórios que têm competências investigatórias.

---

[82] Ação Direta de Inconstitucionalidade nº 2838-MT (BRASIL, 2020d).
[83] Ação Direta de Inconstitucionalidade nº 4624-TO (BRASIL, 2020e).

CAPÍTULO 3

A SUPERVENIÊNCIA DO SISTEMA DO JUIZ DE GARANTIAS E SUA ADAPTAÇÃO À CONSTITUIÇÃO FEDERAL DE 1988: A REINTERPRETAÇÃO DA JURISPRUDÊNCIA DOS TRIBUNAIS SUPERIORES

Analisadas as dimensões relacionadas aos Sistemas Processuais Penais no Brasil e no Direito Comparado, e elucidadas suas relações com as funções investigatórias do Ministério Público, destina-se o presente capítulo a tratar de questões relacionadas à própria teoria do Processo Penal.

De maneira específica, examinam-se as relações em que são encontradas o Juiz das Garantias e a Política Criminal dirigida ao Processo Penal no Estado Democrático de Direito, notadamente naquilo que se relaciona ao Ministério Público e à viabilidade de sua atuação fática, a partir do entendimento do Supremo Tribunal Federal. Além disso, objetiva-se investigar a superveniência do Sistema do Juiz das Garantias, assim como a sua adaptação à Constituição da República Federativa do Brasil de 1988, bem como analisar a reinterpretação da Súmula nº 234 do Superior Tribunal de Justiça, do Tema nº 184 de Repercussão Geral do Supremo Tribunal Federal e, finalmente, da Resolução nº 181 do Conselho Nacional do Ministério Público (BRASIL, 2022a; 2018b; 2017).

Inicialmente, verificam-se os conceitos fundamentais concernentes à Política Criminal, sobretudo no que interessa à Criminologia e ao Direito Penal, em direção àquilo que se tem buscado denominar de um Modelo Integrado das Ciências Criminais. Na sequência, analisam-se as relações da Política Criminal com o Processo Penal, para além do próprio Direito Material e da ideia de celeridade processual – apesar da inegável necessidade de sua incorporação, até mesmo ao que se relaciona ao Sistema do Juiz das Garantias.

A seguir, investigam-se as relações entre a Política Criminal e os Princípios do Processo Penal, no contexto do Sistema do Juiz das Garantias, especialmente naquilo que tange aos Direitos Fundamentais Processuais e à imparcialidade judicial. Após, verificam-se os entendimentos do Supremo Tribunal Federal e do Conselho Nacional de Justiça especificamente acerca da adoção do Sistema do Juiz das Garantias no Brasil, a partir da controvérsia instaurada, em 2020, pelas Ações Direitas de Inconstitucionalidade nº 6.298, nº 6.299 e nº 6.300 – questão esta, ao menos em parte resolvida, ainda que tenha sido, precariamente, pelo Excelso Pretório (BRASIL, 2020f; 2020g; 2020h).

Na sequência, examinar-se-ão os conteúdos da Súmula nº 234 do Superior Tribunal de Justiça, do Tema nº 184 de Repercussão Geral do Supremo Tribunal Federal e da Resolução nº 181 do Conselho Nacional do Ministério Público, em relação a seus entendimentos e repercussões (BRASIL, 2022a; 2018b; 2017). Após, trata-se do papel do Juiz, no âmbito do Processo Penal adequado à Constituição Federal de 1988, especialmente naquilo que se relaciona à concretização dos Direitos Humanos e Fundamentais, destacadamente à efetivação do contraditório e da presunção de inocência. Depois, tratar-se-á da divisão das funções judiciais – divisão esta que, a partir da superveniência do Sistema do Juiz das Garantias no Ordenamento Jurídico nacional, afigura-se necessária naquilo que se relaciona às fases procedimentais, tendo, por base, certos princípios processuais, especialmente o da paridade de armas e o do equilíbrio processual.

Finalmente, como último tópico do capítulo derradeiro da pesquisa ora apresentada estudam-se as relações identificáveis entre o conceito de imparcialidade judicial e sua aplicabilidade à atuação do Ministério Público, bem assim a necessidade de, a partir do Sistema do Juiz das Garantias, proceder-se à sua reinterpretação. Mais do que isso, justifica-se o estudo apresentado dada a necessidade de, a partir das bases teóricas tratadas, passar-se à análise dos específicos efeitos da superveniência do Sistema do Juiz das Garantias, assim como daquilo que concerne à sua necessária adaptação à Constituição da República Federativa do Brasil de 1988.

Além disso, é justificável o referido recorte analítico em virtude da precisão de se aferir, de maneira efetiva, a necessidade de reinterpretação da Súmula nº 234 do Superior Tribunal de Justiça, do Tema nº

184 de Repercussão Geral do Supremo Tribunal Federal e, finalmente, da Resolução nº 181 do Conselho Nacional do Ministério Público, a partir da superveniência do Sistema do Juiz das Garantias.

3.1 Política Criminal: relações com a Criminologia e o Direito Penal

Em que pese a relevância dada aos aspectos jurisdicionais do Processo Penal, assim como as questões criminais materiais, observa-se a existência de uma ligação direta entre os âmbitos político, jurídico e sociológico, em decorrência de uma imbricação que mostra incontornável o estabelecimento de uma Política Criminal.

A Política Criminal une a Criminologia e o Direito Penal, da mesma forma que a Sociologia é a alma da Criminologia sem, com isso, ser capaz de prejudicar seu próprio campo epistemológico de reserva jurídica. Logo, ainda que a Criminologia não seja ouvida, continuará ela a servir, a descrever, a explicar e a propor, na seara jurídica (LYRA, 1964, p. 93). Desse modo, para que não se divorcie da realidade, porém, ao contrário, de maneira que permaneça em contato com esta, a evolução do Direito Penal depende da crítica criminológica e também não pode desvencilhar-se da Política Criminal, sob pena de remanescer no plano abstrato, sem alcançar qualquer efetividade.

A título meramente ilustrativo, cita-se, no específico âmbito da Criminologia Radical, a existência de uma Política Criminal alternativa, voltada a reduzir as desigualdades de classe no processo de criminalização e direcionada, ainda, a limitar as consequências da marginalização social na execução penal. Por conseguinte, uma tal Política Criminal distingue o que se diz ser a criminalidade das classes dominantes (SANTOS, 2006, p. 132). Dessa maneira, a Criminologia se dirige a explicar a articulação funcional da estrutura econômica com as superestruturas jurídico-políticas da sociedade, assim como com a criminalidade das classes dominadas, definida, por sua vez, como uma resposta individual inadequada aos sujeitos que se encontram em posição social desvantajosa (SANTOS, 2006, p. 132).

Dessa forma, a Criminologia pode ser responsabilizada pela avaliação do Direito Penal no mundo dos fatos, fornecendo elementos para a formulação e para a reformulação da Política Criminal. Estabelece-se, aí, pois, uma relação circular entre as Ciências Criminais.

Estabelecido o papel da Política Criminal no contexto das Ciências Penais, como um todo, faz-se imperioso definir um conceito que seja capaz de situá-la nesse âmbito e que possa, outrossim, determinar sua relevância específica para o Direito Material e para o Direito Processual, inclusive no que concerne à Administração da Justiça.

A Política Criminal pode ser entendida como a arte ou a ciência do governo do fenômeno criminal, de selecionar os bens ou os direitos que devam, jurídica e penalmente, serem tutelados, e de escolher os caminhos de efetivação dessa tutela, o que implica proceder a uma crítica dos valores e dos caminhos previamente escolhidos como dignos de proteção (ZAFFARONI, 2004, p. 125-126).

Dessa forma, o papel central da Política Criminal é, no limite, o de criar soluções para os problemas identificados, especialmente, para aqueles definidos ou, então, delimitados por intermédio da Criminologia que, por sua vez, podem ser operacionalizados por meio de dispositivos atinentes tanto ao Direito Penal quanto ao Processo Penal.

É necessário dispor de programas de ação justos e eficazes, a fim de que, por seu intermédio, possam ser controladas situações problemáticas que impliquem violações aos Direitos Fundamentais, imputadas a comportamentos e a consequências individuais e sociais, bem como aquelas dos processos de criminalização (BARATTA, 2004, p. 159).

Trata-se, nesse sentido, da missão tríplice da Política Criminal, contudo em direção à tarefa mais avançada e crítica da Criminologia. A política integral de proteção e de satisfação de Direitos Humanos e Fundamentais é, dessarte, um modelo legítimo de atuação no Estado Democrático de Direito, eis que ela corresponde à validade ideal das normas constitucionais e de suas congêneres internacionais (BARATTA, 2004, p. 159-160).

Dessa forma, a tarefa primordial da Política Criminal é a de concretizar os Direitos Humanos e Fundamentais, em consonância com a compatibilização entre as garantias individuais dos acusados, a proteção de bens jurídico-penais e a segurança coletiva. Ocorre que a tarefa da Política Criminal pode ser dificultada caso não sejam considerados os fatores trazidos pela análise criminológica acerca dos impactos do Direito Penal no mundo fático, notadamente no que se relaciona a seus aspectos mais populistas.

O atual dilema das autoridades governamentais reside no reconhecimento por parte delas da necessidade de abandonarem a reivindicação de se constituírem no provedor primário e supostamente eficaz da segurança pública e do controle criminal, pois têm conhecimento do alto preço político de um eventual abandono de sua atuação – o que não lhes convêm (GARLAND, 2008, p. 249).

De fato, não obstante haja expansão da estrutura de prevenção do crime, a evolução da complexidade criminosa a suplanta, o que só confirma a concepção absolutista da Política Criminal atual que clama, de maneira simultânea e vã, por mais justiça, por mais punição, por proteção a qualquer custo e por razoável salvaguarda dos inocentes (GARLAND, 2008, p. 252).

Em outras palavras, faz-se necessário haver disposição das autoridades públicas de verem efetivamente aplicadas penas severas aos criminosos, na tentativa de, com tal expediente, compensar o fracasso em prover segurança pública à população em geral (GARLAND, 2008, p. 283). Imperioso denotar, portanto, a impossibilidade de a Política Criminal, ao fim e ao cabo, restringir-se à retórica ideológico-partidária, até mesmo porque deve servir para concretizar os mandamentos constitucionais, sobretudo aqueles comandos que consagram os Direitos Fundamentais, ainda que, ao mesmo tempo, deva submeter-se a tais *mandamus*.

Após o Estado negligenciar os sujeitos vulneráveis, vindos de grupos marginalizados ou, então, tidos por "perigosos", estando em jogo a segurança dos direitos que ele próprio deveria assegurar, a Política Criminal reencontra-os como objetos de políticas sociais. A finalidade subjetiva de tais políticas, entretanto, não é – nem nunca foi – garantir os respectivos direitos dessas pessoas de origem humilde; mas sim defender, de maneira preventiva, a segurança das vítimas em potencial da criminalidade (BARATTA, 2004, p. 159).

Desse modo, não pode a Política Criminal continuar a, *ad æternum*, voltar-se a confirmar os álibis legislativos entregues à população, sob a forma de diplomas legais, somente para, assim fazendo, justificar a ineficiência do próprio Direito, ao não ser este capaz de diminuir os índices de criminalidade. Ao contrário: a Política Criminal não só pode, como deve estar voltada a cumprir sua missão primordial de concretizar direitos. Mais do que isso, a construção de uma Política Criminal deve perpassar o filtro do princípio do Estado Democrático de Direito, baseado, por sua vez, nos Direitos Humanos e Fundamentais, notadamente naqueles que incidem, de maneira específica, no contexto do Direito Penal.

Desse modo, a Política Criminal existe para o fim de perseguir, direta ou indiretamente, os Direitos e as Garantis Fundamentais, devendo sua atuação, portanto, encontrar limite no respeito a tais direitos e na garantia de sua não violação. Fora dessa baliza não há Política Criminal; mas suspensão do Estado de Direito (NICOLITT; NEVES, 2017, p. 50).

Além disso, a Política Criminal tem nas demandas sociais um elemento indispensável, de maneira a dever ser capaz de encontrar um equilíbrio necessário entre os Direitos Fundamentais em abstrato e a realidade dos fatos apresentada, sobretudo, pela Criminologia.

Mais do que isso, ao contaminar a Política Criminal, o Populismo Penal faz recrudescer o sistema punitivo, em detrimento da necessidade de aprimoramento de outras políticas públicas. Em razão disso, a Política Criminal deve, ao ser concebida e, depois, executada, levar em consideração, tanto em sua construção, quanto em sua concretização, fatores outros (CALLIL; SANTOS, 2018, p. 43-44).

Não bastasse, a Política Criminal não pode restringir-se ao âmbito material, tendo em vista que deve ser capaz, ainda, de aprimorar os institutos de Direito Processual Penal, notadamente no que concerne à concretização dos Direitos Fundamentais Processuais, sob pena de, em não o fazendo, descolar-se da realidade fática.

3.2 Política Criminal e a máxima efetividade dos Direitos Fundamentais processuais

Deve a Política Criminal ser entendida como um instrumento voltado à concretização dos Direitos Humanos e Fundamentais; devendo sê-lo, entretanto, de maneira mais próxima possível do ideal, até porque o *princípio da máxima efetividade* opera em relação a todas as normas constitucionais.

Embora a origem de referido princípio esteja ligada à "tese da atualidade das normas programáticas", atualmente é invocado, especialmente, no campo dos Direitos Fundamentais. Assim, "no caso de dúvidas, deve preferir-se a interpretação que reconheça maior eficácia aos Direitos Fundamentais" (CANOTILHO, 1996, p. 227).

A efetividade máxima, entretanto, não é possível de ser alcançada somente por intermédio da construção e da reconstrução das normas materiais, até porque o Direito Penal termina por ser concretizado, tanto em relação às suas garantias quanto em relação ao *jus puniendi*, no âmbito jurisdicional. Por isso mesmo é que uma política de prevenção da criminalidade e o Direito Penal não são capazes de substituir uma política integral de Direitos. Ao contrário: são eficazes e legítimos somente se funcionarem como componentes parciais e subsidiários da proteção e da satisfação de Direitos Humanos e Fundamentais (BARATTA, 2004, p. 160).

Dessa forma, a agenda da Política Criminal deve-se dirigir tanto para o Direito Penal Material quanto para o Direito Penal Processual, levando em conta os Direitos Humanos e Fundamentais, notadamente aqueles dirigidos à contenção do poder punitivo do Estado.

Para que uma Política Criminal, no entanto, seja capaz de dar concretude tanto aos direitos individuais dos acusados quanto à própria segurança pública, por intermédio da proteção de bens jurídico-penais, faz-se necessário que se atenha à realidade que terminará por influenciá-los. No Brasil, portanto, deve-se estar atento ao Processo Penal.

A abreviação da persecução criminal pode ser favorável ao exercício do poder punitivo, diante da prática de infrações penais mais graves. Ocorre que "não pode a Política Criminal cindir a persecução criminal e somente entabular propostas legislativas de tramitação prioritária para o processo judicial" (SUXBERGER; LIMA, 2017, p. 284).

Nesse sentido, é imperioso que seja incorporado o verdadeiro conceito de "duração razoável do processo" (SUXBERGER, 2017, p. 284), sob pena de, em caso negativo, não lhe ser possível retirar a tisna inquisitória, dado que a excessiva duração do processo, com a ausência de celeridade processual, é capaz de abalroar uma série de Direitos Fundamentais, atropelando sua efetividade.

O desafio, dessa maneira, é o de conciliar tudo em uma Política Criminal que não se limite à legislação penal, que é o mais significativo instrumento de seu exercício e de sua implementação. No Processo Penal é necessária a formação de uma pauta de aplicação dos princípios fundamentais para cada parte dessa área jurídica (MORAES, 2006, p. 427). Tal pauta deve, além de fixar limites, determinar pressupostos, ademais deve fornecer segurança às necessárias mutabilidades e adaptações de uma Política Criminal específica para a área processual penal. Precisa, portanto, dispor de uma base imutável e sólida de princípios e regras orientadoras de uma nova legislação (MORAES, 2006, p. 427).

No ordenamento nacional, o pórtico jurídico mais seguro são as "cláusulas pétreas", especificamente aquelas dirigidas ao Processo Penal. Sem observar esse primeiro passo, não é possível, de forma racional, técnica, pacífica e legítima, começar a demonstrar a insatisfação com a condução da produção legislativa para a área criminal (MORAES, 2006, p. 428).

Dessa forma, qualquer instituto jurídico-processual que seja eventualmente criado pela legislação deve ser compatível com a agenda da Política Criminal, cuja pauta inexorável deve ser concretizar os Direitos Humanos e Fundamentais, consubstanciados, no Brasil, como cláusulas pétreas.

A Justiça Penal, no Estado Democrático de Direito, deve ser capaz de assegurar as garantias processuais do investigado e do acusado, alicerçadas em Política Criminal dirigida à sua máxima efetividade sem, contudo, prejudicar a persecução penal. Somente assim é que seria possível conferir algum sentido lógico e verdadeiro à pretensão da razoável duração do processo. Essenciais ao Processo Penal são seu melhor trato e a sujeição a princípios constitucionais predispostos a assegurarem Direitos Individuais Fundamentais da pessoa submetida à investigação criminal (SUXBERGER; LIMA, 2017, p. 283).

Não se podem ignorar, contudo, "a morosidade do aparelho policial do Estado e a completa falta de regulamentação normativa dessa atividade, de modo a torná-la mais célere e eficiente"; nem se pode ignorar "a possibilidade de se dispor de ritos processuais mais objetivos e céleres" para, por meio de sua adoção, "reduzir o tempo de persecução" penal (SUXBERGER, 2017, p. 284).

Nesse mesmo sentido é que se encontra o instituto do Juiz das Garantias que, por sua vez, propõe e determina a separação da atividade judicial antecedente ao processo judicial, correspondente à etapa investigativa preliminar, criando, dessarte, nova etapa procedimental. Assim, é de se imaginar que, apesar de destinar-se à tentativa de reforçar as garantias do acusado, seja este instituto jurídico capaz de, ainda que de maneira colateral, portanto, sem que seja esse o desejo do legislador, ocasionar o comprometimento da razoabilidade da duração do processo, ao prolongá-lo com essa nova fase do procedimento a que ele obriga.

Logo, a proposição acerca do Juiz de Garantias que, em um primeiro momento, pode-se dizer resultante daquela aspiração da doutrina nacional por revisar a atuação do Juiz na fase investigatória, advém, igualmente, do instituto da prevenção, porém, acaba por redimensionar a atividade judicial, desse modo, prolongando-a (ANDRADE, 2009, p. 179-180). Isso porque inclui mais fase procedimental adicional naquilo que concerne a persecução penal primária, obrigando, entretanto, à discussão, *infra*, da compatibilidade do Juiz das Garantias com a proteção dos Direitos Humanos e Fundamentais e, não menos importante, com a garantia da duração razoável do processo penal (ANDRADE, 2009, p. 179-180).

Portanto, a Sistemática do Juiz de Garantias, se de um lado corrobora uma Política Criminal concretizadora dos Direitos Fundamentais Processuais do réu, não pode, contudo, vir a prejudicar o potencial protetivo dos bens jurídico-penais eleitos como dignos de serem protegidos. Necessário, portanto, aferir se o Juiz das Garantias prejudica, ou não, a celeridade processual.

A necessidade de separar as funções de investigar, de acusar e de julgar passou a ser ainda mais imperiosa no ordenamento jurídico-processual penal brasileiro em decorrência da inserção do instituto do Juiz das Garantias na Lei nº 13.964/2019 (BRASIL, 2019). A velocidade da atuação estatal equivale, na realidade fática, à maior ou à menor dignidade atribuída ao bem jurídico objeto da tutela jurisdicional. Como resultado, no arcabouço das políticas públicas, a presença de vários elementos pode acabar por impor o surgimento de possíveis conflitos entre eles e as normas substantivas e processuais penais (SUXBERGER; LIMA, 2017, p. 285-286).

No Sistema do Juiz de Garantias, o magistrado seria competente para garantir os Direitos Fundamentais do investigado, de maneira que "a atuação na fase de investigação passaria a ser um critério de exclusão desse mesmo Juiz, em relação à futura fase processual"; não, "um critério de atração, que [...] leva à existência do instituto da prevenção" (ANDRADE, 2009, p. 180).

Referida proposição encontra-se fundamentada, basicamente, na afirmação de que, em momento algum o Juiz que tenha atuado na fase pré-processual poderá ser o mesmo julgador que instruirá e julgará o processo, tendo em vista que o Juiz prevento é, nesse Sistema, tido por Juiz contaminado (LOPES JÚNIOR, 2001 *apud* ANDRADE, 2009, p. 180).

Naquilo que se relaciona ao Juiz das Garantias, entretanto, é preciso determinar se existiria alguma compatibilidade possível entre a necessária celeridade na solução do litígio, os Direitos Fundamentais Processuais do acusado e, finamente, a proteção de bens jurídico-penais dignos de valor, aos olhos do Estado. A adoção do Sistema do Juiz de Garantias teria em vista a obtenção das vantagens decorrentes da instituição e da especialização de um magistrado que atuasse, de maneira exclusiva, na seara da investigação, tendo em vista que a imposição de "uma rotina específica de trabalho tende a gerar, com o tempo, [os benefícios da] *expertise*, eficiência e agilidade", além da celeridade para o magistrado (SILVEIRA, 2009, p. 89).

Exemplo disso foi o bom resultado colhido a partir da experiência de criação das varas judiciais especializadas em inquéritos policiais em algumas das capitais estaduais brasileiras, como no caso do Estado de São Paulo/SP, na Capital bandeirante, na Comarca de São Paulo, assim como na experiência, outrossim, constatável no Estado do Paraná/PR, na Capital paranaense, Curitiba (SILVEIRA, 2009, p. 89).

Demonstra-se, portanto, que a superveniência do instituto do Juiz das Garantias no ordenamento jurídico brasileiro provocaria reflexos, ademais, em outras searas do Direito, pois a separação entre o Juiz das Garantias e o Juiz do Processo Judicial demandaria, especialmente, uma revisão da atividade do *parquet*, na seara criminal.

3.3 Política Criminal e princípios do Processo Penal: o sistema do Juiz das Garantias e a imparcialidade

Uma das principais razões para a criação do instituto do Juiz das Garantias no Processo Penal brasileiro foi, justamente, a necessidade de ser garantida, de forma ainda mais potencializada e eficiente, a imparcialidade dos julgadores. Imparcialidade não se confunde com neutralidade, que é um mito da modernidade, superado pela base teórica anticartesiana. O *Juiz-no-mundo* não é neutro, mas deve ser imparcial. A imparcialidade é construção técnica (e daí artificial, ou ficcional, como se queira) do Direito Processual (LOPES JÚNIOR; RITTER, 2016, p. 424).

Estabelece ela a existência de um terceiro, "com estranhamento e em posição de alheamento em relação ao caso penal (*terzietà*), que estruturalmente é afastado". Trata-se, pois, de concepção objetiva de afastamento "estrutural do processo e estruturante da posição do Juiz" (LOPES JÚNIOR; RITTER, 2016, p. 424-425).

Nesse sentido, encontra-se a concepção do Sistema Acusatório, a partir da *gestão da prova*; pois não basta a separação inicial das funções de acusar e de julgar: é necessário manter o Juiz afastado da arena das partes e é necessário, ainda, atribuir a iniciativa e a gestão da prova às partes; nunca, ao Juiz (LOPES JÚNIOR; RITTER, 2016, p. 425).

Assim, sob a ótica daquele que, efetivamente, gerencia a produção das provas, não pode ele se imiscuir nas funções probatórias das partes, seja na acusação, seja na defesa, porque não pode contaminar seu entendimento, antes que tal conteúdo alcance o processo. A imparcialidade do Juiz, mais que simples atributo da função jurisdicional, tem caráter essencial, sendo o princípio do Juiz natural o núcleo essencial do exercício da função. Para além de um direito subjetivo da parte e do conteúdo individual dos direitos processuais, equivale à garantia da própria jurisdição, configurando seu elemento essencial (GRINOVER; FERNANDES; GOMES FILHO, 2011, p. 97).

Trata-se de um conceito que guarda relações diretas com determinações constitucionais e legais expressas, de maneira que se faz impossível considerar que a imparcialidade se relaciona somente com a consciência do julgador ou com a ausência de isonomia, imparcialidade ou objetividade naquilo que se relaciona ao seu julgamento.

Em sentido objetivo, a imparcialidade do magistrado deriva não apenas da relação entre o Juiz e as partes, como também de sua prévia relação com o objeto do processo. Por exemplo, no contexto da decretação da prisão preventiva, os modelos de constatação são distintos, quanto à existência do crime e naquilo que se relaciona à autoria delitiva (BADARÓ, 2011, p. 345-346).

Apesar de sua faceta objetiva, é impossível negar que a cognição do julgador pode, em uma infinidade de casos, restar contaminada por subjetivismos, assim como pode restar contaminada de perspectivas fenomenológicas capazes de desafiar seu comprometimento com os próprios objetivos intrínsecos e extrínsecos do processo penal.

Em decorrência disso é que a imparcialidade deve ser examinada nos casos das denominadas "contaminações psicológicas". Dessa forma, encontrar-se-ia contaminada a cognição do Juiz que desentranha uma prova ilícita da qual já tomou conhecimento (GRECO, 2002, p. 6). Da mesma forma encontra-se a mente do magistrado que julgou o autor carecedor de ação e teve sua decisão reformada, sendo obrigado a julgar o mérito contra sua convicção. Além disso, o Juiz que concedeu medida liminar e fica vinculado ao julgamento da ação e, especialmente, o Juiz que investigou o crime, não deve julgá-lo (GRECO, 2002, p. 6).

Referidas distorções fenomenológicas, que adentram, de maneira irremediável, a mente de qualquer ser humano, inclusive dos magistrados, foram registradas e estudadas por diversos estudiosos, porém, de maneira especialmente aprofundada pela chamada *Teoria da Dissonância Cognitiva*. A premissa da referida teoria é, no limite, a própria cognição, correspondente, por sua vez, a qualquer dos diversos elementos formadores de conhecimento, opinião ou crença acerca do meio ambiente, de si mesmo ou do próprio comportamento (DAMACENA; MROSS;

ANTONI, 2017, p. 34). Diferentes cognições podem manter, reciprocamente, três tipos de relações: dissonância; consonância; ou neutralidade. Assim, duas cognições são *dissonantes* se não tiverem relação; *consonantes* se tiverem relação; ou *neutras*, se não têm nenhuma relação (DAMACENA; MROSS; ANTONI, 2017, p. 46).

Há três maneiras pelas quais os indivíduos podem reduzir a dissonância cognitiva: substituir uma ou mais crenças, comportamentos ou atitudes que a geram; adquirir novas informações que aumentem a concordância, reduzindo a dissonância; e tentar esquecer ou não dar importância às cognições que façam com que ocorra a dissonância (DAMACENA; MROSS; ANTONI, 2017, p. 46). As percepções, após devidamente entronizadas em suas mentes, tendem a fazer com que as pessoas busquem encontrar coerência entre elas, ao mesmo tempo em que procuram torná-las menos dissonantes entre si, fazendo com que uma perspectiva meramente fenomenológica se aproxime, cada vez mais, de uma realidade individual.

Nesse contexto, o indivíduo se esforça por realizar um estado de coerência consigo mesmo. A mesma espécie de coerência existe entre o que uma pessoa sabe ou crê e o que faz. Já a existência de dissonância, por ser psicologicamente incômoda, motiva a pessoa a tentar reduzi-la (FESTINGER, 1975, p. 24).

Realiza-se, nesse contexto, a *consonância* e, consequentemente, evitando ativamente situações e informações suscetíveis de aumentar a dissonância. A dissonância cognitiva é uma condição antecedente, que conduz à atividade orientada para a sua redução. Trata-se de um processo básico nos seres humanos, de maneira que suas manifestações podem ser observadas em grande variedade de contextos. Uma vez criada, entretanto, tende a persistir, não existindo garantia de que a pessoa possa reduzi-la ou removê-la (FESTINGER, 1975, p. 25).

Desse modo é que se faz imperioso, sob pena de se contaminar, de forma inescapável, a cognição do julgador, separar hermeticamente o seu conhecimento probatório relacionado à etapa preliminar e aquele seu conhecimento relacionado ao processo judicial, efetivamente processual e, portanto, caracterizada pelo contraditório. A investigação é, nesse sentido, uma etapa essencial no que se relaciona à formação da *opinio delicti* do órgão acusador, correspondente, no Brasil, ao Ministério Público ou, excepcionalmente, à vítima. De tal forma, não é possível afirmar que, na referida fase, não seria necessário preservar os Direitos Fundamentais do acusado.

Investigação e processo não são apenas pontos situados em lugares diversos na linha do tempo, mas sim "fenômenos jurídicos regidos por racionalidades distintas": aquele é unilateral e sigiloso; este é caracterizado pelo contraditório, pela ampla defesa e pela publicidade (SILVEIRA, 2011, p. 249).

Ocorre que nem mesmo a atribuição da direção de cada uma das etapas a um Juiz diferente seria capaz de imunizar o julgador quanto à imparcialidade, tendo em vista o risco que parte da doutrina identifica em relação à possibilidade de contaminação "geral" de seu entendimento. Nesse diapasão, é de se temer que, especialmente em comarcas médias e pequenas, com duas ou mais varas judiciais com atribuição criminal, que o Juiz das Garantias venha, em decorrência do contato único e contínuo com a Polícia Judiciária e com o próprio Ministério Público, a criar determinados laços de convivência (REALE JÚNIOR, 2011, p. 110).

Estes, em teoria, poderiam conduzi-lo a atender, de maneira mais fácil e célere, a determinados pedidos da acusação, a exemplo daquele que requer a decretação da prisão temporária. Decretada a medida cautelar, o prejuízo causado ao indiciado já terá ocorrido, por força de este vir a sofrer o peso do aparato estatal (REALE JÚNIOR, 2011, p. 110).

Apesar da unilateralidade do procedimento investigatório e de suas características próximas àquelas do Sistema Inquisitório, não é possível dispensar a imparcialidade do Juiz, nem mesmo nessa etapa, sob pena de se impossibilitar a concretização do devido processo legal. A necessidade de preservação da imparcialidade do julgador em relação não apenas aos fatos, como também ao que concerne à própria pessoa do acusado, é essencial, tanto no contexto do processo judicial quanto na própria etapa investigatória que o antecede.

Há determinados autores, a exemplo de Claus Roxin (2003) que classificam a atuação do Juiz de Instrução como atividade administrativa. Isso porque o magistrado não poderia ser capaz de apreciar a utilidade da medida proposta pelo *parquet*, de forma que não existiria violação da independência do Juiz em relação às opções do Ministério Público, uma vez que não haveria, aí, qualquer exercício de jurisdição (MATA-MOUROS, 2011, p. 52).

Tal situação poderia ser amenizada no caso de o Juiz ser responsável, exclusivamente, pela apreciação de pedidos preliminares ou especificamente relacionados à investigação criminal, desde que restem incólumes os direitos e garantias fundamentais dos acusados.

Nesse contexto é que, de acordo com o próprio Roxin (2003, p. 334), o arguido deve ser informado o mais rapidamente possível acerca das investigações e razões de suspeita que existem contra ele. Mais do que isso, tanto o acusado quanto o advogado de defesa devem ter o direito de estarem presentes em todas as declarações feitas no procedimento de investigação.

O direito do defensor de examinar os arquivos durante o procedimento de investigação deve ser pleno. Os pedidos de investigação do arguido e do seu advogado de defesa somente podem ser indeferidos, na fase preliminar, por determinados motivos que devem se encontrar mencionados na lei. Mais do que isso é necessária verificação posterior pelo Juiz da investigação (ROXIN, 2003, p. 334). De tal maneira, em conformidade com o pensamento de autores como Roxin (2003), faz-se necessária a proteção e a concretização máximas dos direitos e garantias processuais penais dos acusados no sistema do Juizado de instrução, ainda que se trate de atividade que, em conformidade com o referido estudioso, tenha natureza jurídico-administrativa.

Há divergência acerca da possibilidade de se definir a reserva do Juiz como algo diverso da tutela jurisdicional, pois se trataria de entendimento caracterizado por metodologia duvidosa. Além disso, a noção da primeira e da última palavras não delimitam a "reserva de Juiz" (MATA-MOUROS, 2011, p. 52-53).

Isso assim o é porque, diante das providências cautelares, a tutela jurisdicional não consiste na última palavra. Além disso, definir a tutela jurisdicional a partir dessas duas palavras, a primeira e a última, não compreende todos os tipos de reserva judicial. De tal modo, no momento em que o Juiz passar a atuar em um inquérito, a polícia já terá dado início ao procedimento (MATA-MOUROS, 2011, p. 53).

É impossível pretender que o Juiz que tome contato prematuro com o conteúdo probatório, especialmente por intermédio da Polícia Judiciária ou do Ministério Público, seja capaz de apagar de sua mente os argumentos que lhes houver sido apresentados, sem antes haver tais argumentos passados pelo crivo do contraditório.

Falando realisticamente, o Juiz que é instado a manifestar-se sobre medidas cautelares ou probatórias começa, pouco a pouco, a já formar o seu convencimento sobre a causa. Impera, aí, o devido processo legal, e não a visão unilateral dos órgãos de persecução penal (SILVEIRA, 2011, p. 250).

Tanto melhor seria então, que, de modo a evitar essa contaminação, o Juiz que houvesse acompanhado a produção preliminar das provas e julgado pedidos cautelares, principalmente aqueles pleitos relacionados a restrições à liberdade do acusado, não fosse o mesmo magistrado a proceder ao juízo da formação da culpa. De maneira a aproximar a configuração do Processo Penal relativamente à separação das funções de investigar e de acusar, o Sistema do Juiz das Garantias determina que um magistrado será competente para atuar na fase preliminar e que outro magistrado irá presidir e conduzir a etapa judicial do processamento do feito.

O Ministério Público oferecerá a denúncia, a partir do meio de prova autorizado pelo magistrado, que exercerá o juízo de prelibação da ação penal, com base nas provas, cuja produção o próprio magistrado haja autorizado. Com o fulcro de preservar o máximo de imparcialidade do órgão jurisdicional é que se concebeu o Juiz de Garantias, que atua na fase do inquérito tão somente para analisar pedidos de Medida Cautelar, seja esta real ou pessoal, e que deve ser diverso do julgador que, eventualmente, venha a exercer o juízo de admissibilidade da pretensão acusatória, restringindo sua atuação, portanto, somente à fase da investigação (RANGEL, 2019, p. 139-140).

A prevenção que ocorre antes do oferecimento da petição inicial deve ser relida à luz do Sistema Acusatório, de modo a manter longe da persecução penal o Juiz e de modo, ainda, a garantir sua imparcialidade, "para que o deslinde da questão possa se dar de forma justa e garantista" (RANGEL, 2019, p. 140).

Caso antes do oferecimento da denúncia o Juiz se manifeste no sentido de deferir uma medida cautelar preparatória da ação penal, e caso tal oferecimento eventualmente ocorra, a ação penal não poderá ser distribuída para o juízo que a prolatou, pois a ação penal será proposta com base nas provas autorizadas pelo mesmo julgador (RANGEL, 2019, p. 139).

Observa-se, portanto, que o Sistema do Juiz das Garantias dirige-se à preservação da imparcialidade do Juiz do processo, cuja cognição, de caráter exauriente, dever-se-á fundamentar no conteúdo probatório produzido durante a etapa judicial, salvo nas hipóteses excepcionais previstas em lei, como naquela das provas irrepetíveis. Até porque o momento correto para que o magistrado forme seu convencimento é o próprio processo, que se dá "sob o fogo cruzado do contraditório e [da] ampla defesa". Ocorre que a tomada de certas decisões na fase de investigação pode ser capaz de propiciar "a formação prematura do convencimento sobre a causa" (SILVEIRA, 2011, p. 249-250).

Em decorrência disso, a mais relevante característica do Juiz das Garantias é, justamente, a possibilidade de isolar a cognição do Juiz que presidirá o processo jurisdicional, colaborando, assim, para a consolidação do Sistema Acusatório no Processo Penal Brasileiro.

3.4 O entendimento do Supremo Tribunal Federal e do Conselho Nacional de Justiça acerca da instalação do Juiz das Garantias no Brasil

Identificam-se entendimentos, do Supremo Tribunal Federal e do Conselho Nacional de Justiça, acerca da instalação do Juiz das Garantias no Brasil, a partir da controvérsia levantada pelo ajuizamento, no último mês do ano de 2019 e no primeiro do ano seguinte, de 2020, de uma série composta por quatro Ações Diretas de Inconstitucionalidade. Todas se originaram do Distrito Federal após a publicação da Lei nº 13.964/2019 e seguem a seguinte numeração: a Ação Direta de Inconstitucionalidade nº 6.298 (ADI nº 6.298/DF), a nº 6.299 (ADI nº 6.299/DF); a nº 6.300 (ADI nº 6.300/DF), e a nº 6.305 (ADI nº 6.305/DF) (BRASIL, 2022c; 2022d; 2022e; 2022f).

As referidas ações de constitucionalidade continham pedidos liminares de Medida Cautelar, em desfavor dos dispositivos da Lei Anticrime que haviam alterado a legislação penal e processual penal pátria e haviam criado o instituto jurídico do Juiz das Garantias. Tais Ações Diretas de Inconstitucionalidade foram promovidas por diversas entidades. A nº 6.298/DF foi ajuizada pela Associação dos Magistrados Brasileiros (AMB) e pela Associação dos Juízes Federais do Brasil (Ajufe). Já a nº 6.299/DF, pelos Partidos Políticos PODEMOS e CIDADANIA. A Ação Direta de Inconstitucionalidade nº 6.300/DF, por sua vez, foi proposta pelo Diretório Nacional do Partido Social Liberal (PSL), enquanto a nº 6.305/DF foi pela Associação Nacional dos Membros do Ministério Público (CONAMP) (BRASIL, 2000e; 2022f).

Os autores das referidas ações alegaram a inconstitucionalidade da Lei nº 13.964/2019, tanto em sentido formal, em decorrência de vícios havidos no processo legislativo respectivo, quanto em sentido material, por violação ao conteúdo de vários dos dispositivos constitucionais, inclusive de alguns daqueles consagradores de Direitos Fundamentais.[84]

No dia 15 de janeiro de 2020, no exercício do plantão judicial, o Ministro Dias Toffoli, parcialmente, concedeu Medidas Cautelares requeridas, durante o recesso judiciário, em três Ações Diretas de Inconstitucionalidade, (nº 6.298/DF, nº 6.299/DF e nº 6.300/DF), todas no mesmo sentido decisório (BRASIL, 2022c; 2022d; 2022e). O Ministro suspendeu a eficácia do artigo 3º-D, parágrafo único, e do artigo 157, §5º, todos do Código de Processo Penal, os quais haviam sido incluídos pela Lei nº 13.964/2019, bem como do art. 3º-B; do art. 3º-C; do art. 3º-D, *caput*, do art. 3º-E e do art. 3º-F, todos do Decreto-Lei nº 3.689/1941, inseridos pela Lei nº 13.964/2019, até a efetiva implementação do Juiz das Garantias, que deveria ter ocorrido dentro do prazo máximo de 180 dias, contados da publicação da decisão.[85]

Além disso, conferiu interpretação conforme às normas relativas ao Juiz das Garantias, de modo a esclarecer que não se aplicam a determinadas situações, sendo hipóteses de inaplicabilidade do procedimento os processos de competência originária do Superior Tribunal de Justiça e do Supremo Tribunal Federal regidos pela Lei nº 8.038, de 28 de maio de 1990 (BRASIL, 1990); os processos de competência do Tribunal do Júri; os processos relativos à violência doméstica e familiar; e os processos de competência da Justiça Eleitoral.[86]

Também restaram fixadas *regras de transição*, no sentido de que, naquilo que se refere às ações penais já instauradas, quando da

---

[84] Na ADI nº 6.298/DF, ajuizada pela Associação dos Magistrados Brasileiros e pela Associação dos Juízes Federais do Brasil, seus autores impugnaram os artigos 3º-A, 3º-B, 3º-C, 3º-D, 3º-E e 3º-F do Decreto-Lei nº 3.689/1941 (CPP/1941, arts. 3º-A a 3º-F), inseridos pela Lei nº 13.964/2019, bem como o artigo 20 desta Lei (L. nº 13.964/2019, art. 20), o qual fixava o início da vigência do diploma legal; ao passo que, na ADI nº 6.299/DF, ajuizada pelos Partidos Políticos PODEMOS e CIDADANIA foi impugnado, além dos artigos de lei do Código de Processo Penal brasileiro em vigor apenas mencionados (CPP/1941, arts. 3º-A a 3º-F), o parágrafo 5º do artigo 157 (CPP/1941, art. 157, §5º), inserido pela Lei Anticrime. Já na ADI nº 6.300/DF, ajuizada pelo Diretório Nacional do Partido Social Liberal (PSL), os autores impugnaram, igualmente, os preceitos legais dos artigos de 3º-A a 3º-F (CPP/1941, arts. 3º-A a 3º-F) já referidos, ao passo que, na ADI nº 6.305/DF, ajuizada pela Associação Nacional dos Membros do Ministério Público (CONAMP), foram impugnados o artigo 3º-A; os incisos IV, VIII, IX, X e XI do artigo 3º-B; o parágrafo único do artigo 3º-D; a cabeça do artigo 28; os incisos III e IV e os parágrafos quinto, sétimo e oitavo do artigo 28-A, e, finalmente, o parágrafo quarto do artigo 310 do Código de Processo Penal (DL nº 3.689/1941, arts. 3º-A; 3º-B, incs. IV, VIII, IX, X e XI; 3º-D, par. único; 28, *caput*; 28-A, incs. III e IV, e §§5º, 7º e 8º, e 310, §4º) (BRASIL, 2020f; 2020g; 2020h; 2020k).

[85] ADI nº 6.298/DF, ADI nº 6.299/DF e ADI nº 6.300/DF.

[86] ADI nº 6.298/DF, ADI nº 6.299/DF, ADI nº 6.300/DF, ADI nº 6.298/DF e ADI nº 6.299/DF.

implementação do Juiz das Garantias ou quando esgotado o prazo máximo dessa implementação, a eficácia superveniente da lei não modificará a competência do julgador, nem o fato de o Juiz da causa ter atuado na fase investigativa implicará seu impedimento.[87]

Mais do que isso, restou decidido que, no contexto das investigações em curso, quando da referida implementação ou do potencial esgotamento do prazo fixado para tanto, "o Juiz da investigação tornar-se-á o Juiz das Garantias do caso específico".[88] Complementando, após cessar a competência do Juiz das Garantias, em decorrência do recebimento da denúncia ou da queixa, o processo deverá ser enviado ao Juiz competente para proceder à etapa correspondente à instrução e julgamento.[89]

Todavia, atuando como plantonista, o Ministro Dias Toffoli, em sede liminar, julgou o pedido, dando-lhe uma solução que, eventualmente, poderia vir a ser cassada ou, então, modificada pela Presidência do Supremo Tribunal Federal – situação que efetivamente ocorreu, com a revogação da decisão monocrática do Ministro Dias Toffoli, constante fosse da ADI nº 6.298/DF, fosse da ADI nº 6.299/DF e fosse, ainda, da ADI nº 6.300/DF (BRASIL, 2022c; 2022d; 2022e).

Após a efetiva distribuição dos feitos, a Relatoria de referidas Ações Diretas de Inconstitucionalidade nº 6.298/DF, nº 6.299/DF, nº 6.300/DF e nº 6.305/DF, atribuiu-se ao Ministro Luiz Fux que, por sua vez, em 22 de janeiro de 2020, reexaminou os pedidos cautelares nelas formulados (BRASIL, 2022c; 2022d; 2022e; 2022f). Foram revogadas as decisões proferidas, monocraticamente, pelo Ministro Dias Toffoli, nos três primeiros casos aludidos. Além disso, o Ministro Fux concedeu, em decisão monocrática, agora de sua própria lavra, a cautelar requerida nos autos da ADI nº 6.305/DF (BRASIL, 2022f).

Ato contínuo, no entanto, suspendeu, *sine die*, a eficácia da implantação do Juiz das Garantias e de seus consectários, bem como naquilo que concerne a alteração do Juiz sentenciante que haja conhecido de prova declarada inadmissível.[90] Entendeu o Ministro Luiz Fux que a criação do Juiz das Garantias "refunda o Processo Penal brasileiro", assim como "altera direta e estruturalmente o funcionamento

---

[87] "Acompanhamento processual", ADI nº 6.298/DF.
[88] ADI nº 6.298/DF, ADI nº 6.299/DF e ADI nº 6.300/DF 2022.
[89] "Acompanhamento processual", ADI nº 6.298/DF, ADI nº 6.299/DF, ADI nº 6.300/DF.
[90] "Acompanhamento processual", ADI nº 6.298/DF, ADI nº 6.299/DF ADI nº 6.300/DF ADI nº 6.305/DF.

de qualquer unidade judiciária criminal do país". Da mesma forma, compreendeu que "os dispositivos questionados têm natureza materialmente híbrida".[91]

Sua decisão foi baseada na afirmação de que os dispositivos criadores do sistema do Juiz das Garantias são, simultaneamente, "norma geral processual e norma de organização judiciária". Ao determinar a necessidade de os tribunais criarem um sistema de rodízio de magistrados, o art. 3º-D, parágrafo único, "parece veicular a violação mais explícita ao artigo 96 da Constituição" Federal de 1988.[92]

Ademais, entendeu que os *dados da vida real*, "essenciais para a análise da inconstitucionalidade formal dos dispositivos atacados", demonstram que "a instituição do Juiz de Garantias altera materialmente a divisão e a organização de serviços judiciários", demandando uma completa reorganização da Justiça Criminal.[93] Cada Tribunal, portanto, tem a prerrogativa de decidir como tal reorganização será feita. Assim, de forma presumida, os arts. 3º-A a 3º-F consistem, preponderantemente, em normas de organização judiciária impostas aos Estados, violando, portanto, a alínea "d" do inciso I e as alíneas "b" e "d" do inciso II do art. 96 da Constituição Federal de 1988 (CF/1988, art. 96, inc. I, "d", e inc. II, "b" e "d"[94]).[95]

Imprescindível notar que, apesar de o mérito das alegações de inconstitucionalidade ainda não ter sido efetivamente julgado, o Ministro Luiz Fux, em sua decisão, considerou de maneira expressa a existência de fragilidades estruturais no Poder Judiciário, notadamente no que se relaciona à questão orçamentária.

O Ministro Dias Toffoli, quando Presidente do Conselho Nacional de Justiça, determinou, em 26 de dezembro de 2019, por meio da Portaria

---

[91] "Acompanhamento processual", ADI nº 6.298/DF, ADI nº 6.299/DF ADI nº 6.300/DF ADI nº 6.305/DF.
[92] "Acompanhamento processual", ADI nº 6.298/DF, ADI nº 6.299/DF ADI nº 6.300/DF ADI nº 6.305/DF.
[93] "Acompanhamento processual", ADI nº 6.298/DF, ADI nº 6.299/DF ADI nº 6.300/DF ADI nº 6.305/DF.
[94] "Art. 96. Compete privativamente: I – aos tribunais: [...]; d) propor a criação de novas varas judiciárias; [...]; II – ao Supremo Tribunal Federal, aos Tribunais Superiores e aos Tribunais de Justiça propor ao Poder Legislativo respectivo, observado o disposto no artigo 169: [...]; b) a criação e a extinção de cargos e a remuneração dos seus serviços auxiliares e dos juízos que lhes forem vinculados, bem como a fixação do subsídio de seus membros e dos juízes, inclusive dos tribunais inferiores, onde houver; [...]; d) a alteração da organização e da divisão judiciárias; [...]."
[95] "Acompanhamento processual", ADI nº 6.298/DF, ADI nº 6.299/DF, ADI nº 6.300/DF ADI nº 6.305/DF.

CNJ nº 214, a instituição de Grupo de Trabalho, para estudar os efeitos e os impactos da Lei nº 13.964/2019, sobre o Poder Judiciário (BRASIL, 2019h). Como resultado dos referidos estudos, o Conselho Nacional de Justiça elaborou uma Minuta de Resolução acerca da implantação do Juiz de Garantias, voltada a regulamentar, no contexto jurisdicional, sua instalação e operacionalização, inclusive naquilo que concerne sua relação com o Ministério Público (BRASIL, 2020a).

Mais do que isso, o art. 11, inciso I, primeira parte, de referida Minuta, determina que o Sistema Judicial deva assegurar, dentre suas funcionalidades, o registro e a tramitação de procedimentos decorrentes do recebimento de comunicações de autoridades policiais e do Ministério Público (art. 11, inc. I, *ab initio*).[96] Dentre as referidas funcionalidades, elencadas expressamente nas alíneas do art. 11, inciso I, a serem asseguradas pelo Sistema Judicial, encontram-se o recebimento da comunicação imediata da prisão (art. 11, inc. I, "a"); o recebimento do auto da prisão em flagrante, dirigido ao controle da legalidade do ato que determinou a prisão (art. 11, inc. I, "b"); o recebimento de informação acerca da instauração de investigação criminal (art. 11, inc. I, "c") e, ainda, o recebimento de representação do Ministério Público, para a aplicação de medidas cautelares (art. 11, inc. I, "d", *ab initio*).[97]

Além disso, tal art. 11 prevê o registro e a tramitação de procedimentos decorrentes de inquérito policial ou de investigação pelo Ministério Público (art. 11, inc. IV), a exemplo dos pedidos de prorrogação de prazo para sua conclusão (art. 11, inc. IV, "a"), bem como a funcionalidade da emissão de alertas acerca desses prazos (art. 11, par. único).[98] Notável, portanto, que o Conselho Nacional de Justiça se embasou naquilo que concerne a formulação da referida Minuta, no já

---

[96] "Art. 11. O Sistema deverá assegurar as seguintes funcionalidades: I – registro e tramitação de procedimentos decorrentes do recebimento de comunicações de autoridades policiais e do Ministério Público [...]."

[97] "Art. 11. [...]: I – [...]: a) recebimento de comunicação imediata de prisão; b) recebimento do auto da prisão em flagrante para o controle da legalidade da prisão, observada a realização da audiência de custódia no prazo legal; c) recebimento de informação sobre a instauração de qualquer investigação criminal; d) recebimento de representação da autoridade policial ou do Ministério Público, para a aplicação de medidas cautelares [...]."

[98] "Art. 11. [...]: IV – registro e tramitação de procedimentos decorrentes do inquérito policial ou de investigação pelo Ministério Público: a) pedido de prorrogação de prazo para a conclusão do inquérito policial ou de investigação pelo Ministério Público [...]. Parágrafo único. O sistema conterá ainda a funcionalidade de emissão de alertas quanto aos prazos previstos na legislação processual penal, especialmente quanto à conclusão do inquérito policial ou da investigação conduzida pelo Ministério Público, prisão temporária, prisão preventiva, interceptação telefônica e oferecimento de denúncia."

consolidado entendimento do Superior Tribunal de Justiça, do Supremo Tribunal Federal e do próprio Conselho Nacional do Ministério Público, quanto à possibilidade de investigação autônoma pelo *parquet*.

Dessa forma, independentemente daquilo que ocorrerá em relação à determinação liminar exarada pelo Ministro Fux, a demora ou o embaraço naquilo que se relaciona à instalação do sistema do Juiz das Garantias e, especialmente, a falta de sua concretização, representariam claro retrocesso naquilo que se relaciona aos direitos e garantias fundamentais processuais. E mais, o Ministério Público de garantias pode existir, independentemente da aludida lei, em face de seu formato constitucional.

3.5 A Súmula nº 234 do Superior Tribunal de Justiça, o Tema nº 184 de Repercussão Geral do Supremo Tribunal Federal e a Resolução nº 181/2017 do Conselho Nacional do Ministério Público: entendimentos e repercussões

Desde a entrada em vigor da Constituição da República Federativa do Brasil, de 5 de outubro de 1988, surgiu a possibilidade de o Ministério Público presidir a investigação criminal ou de a ela proceder, de maneira autônoma para com aquela conduzida pela Polícia Judiciária, o que se constituiu em controvérsia, ao menos até o ano de 1999, quando se verificou a superveniência da Súmula nº 234 do Superior Tribunal de Justiça. Mais do que isso, o Superior Tribunal de Justiça cristalizou posicionamento acerca da temática, por intermédio do referido Enunciado nº 234 que, por sua vez, determina que "a participação de membro do Ministério Público na fase investigatória criminal não acarreta o seu impedimento ou suspeição para o oferecimento da denúncia" (BRASIL, 2022a). *Notável, portanto, que referido entendimento pr*essuponha a imparcialidade do membro do Ministério Público, ainda que este haja participado da investigação sem, entretanto, determinar de maneira expressa a possibilidade de o representante do *parquet* proceder, autonomamente, ao oferecimento da denúncia.

Na apreciação do Recurso Especial (REsp) nº 1.563.962, proveniente do Estado do Rio Grande do Norte (RN), julgado em 08 de novembro de 2016, o Superior Tribunal de Justiça afirmou inexistir razão para condicionar-se a investigação de autoridade com foro fixado por prerrogativa de função à prévia autorização judicial (BRASIL, 2016). Determinou somente a obediência ao Código de Processo Penal, quanto a prazos.[99]

Referida decisão deixa claro o entendimento do Tribunal da Cidadania acerca da autonomia do Ministério Público, em relação à investigação, de maneira que sua atribuição não se subordina ao grau

---

[99] "Ementa. Penal e Processo Penal. Recurso Especial. 1. Violação ao artigo 5º, inciso II, do [Código de Processo Penal] CPP. Procedimento investigatório criminal. Poderes de investigação do [Ministério Público] MP. [Recurso Extraordinário] RE [n.º] 593.727/MG. 2. Investigado com foro por prerrogativa de função. Prévia autorização do [Poder] Judiciário. Ausência de norma constitucional ou infraconstitucional. Precedentes. 3. Controle prévio das investigações. Violação ao Sistema Acusatório. Precedente do [Supremo Tribunal Federal] STF. 4. Previsão de controle judicial de prazos. Art. 10, §3º, do [Código de Processo Penal] CPP. Juízo competente para o processo. 5. Recurso Especial Provido. 1. O Pleno do Supremo Tribunal Federal, no julgamento do Recurso Extraordinário nº 593.727/MG, assentou que "os artigos 5º, incisos LIV e LV, 129, incisos III e VIII, e 144, inciso IV, §4º, da Constituição Federal, não tornam a investigação criminal exclusividade da Polícia, nem afastam os poderes de investigação do Ministério Público". Desarte, não há dúvidas sobre a constitucionalidade do procedimento investigatório criminal, que tem previsão no artigo 8º da Lei Complementar nº 75/1993 e no artigo 26 da Lei nº 8.625/1993, sendo disciplinado pela Resolução nº 13/2006 do Conselho Nacional do Ministério Público. 2. No que concerne às investigações relativas a pessoas com foro por prerrogativa de função, tem-se que, embora possuam a prerrogativa de serem processados perante o Tribunal, a lei não excepciona a forma como se procederá à investigação, devendo ser aplicada, assim, a regra geral trazida no artigo 5º, inciso II, do Código de Processo Penal, a qual não requer prévia autorização do Judiciário. "A prerrogativa de foro do autor do fato delituoso é critério atinente, de modo exclusivo, à determinação da competência jurisdicional originária do tribunal respectivo, quando do oferecimento da denúncia ou, eventualmente, antes dela, se se fizer necessária diligência sujeita à prévia autorização judicial". (Pet 3825 QO, Rel. p/ o ac. Min. Gilmar Mendes, Superior Tribunal de Justiça Pleno, julgado em 10 de outubro de 2007). Precedentes do STF e do STJ. 3. *A ausência de norma condicionando a instauração de inquérito policial à prévia autorização do [Poder] Judiciário revela a observância ao Sistema Acusatório, adotado pelo Brasil, o qual prima pela distribuição das funções de acusar, [de] defender e [de] julgar a órgãos distintos. Conforme orientação do Supremo Tribunal Federal, no julgamento de [Medida Cautelar] MC na [Ação Direta de Inconstitucionalidade] ADI nº 5.104/DF, condicionar a instauração de inquérito policial a uma autorização do Poder Judiciário, "institui modalidade de controle judicial prévio sobre a condução das investigações, em aparente violação ao núcleo essencial do princípio acusatório". 4. Não há razão jurídica para condicionar a investigação de autoridade com foro por prerrogativa de função à prévia autorização judicial. Note-se que a remessa dos autos ao órgão competente para o julgamento do processo não tem relação com a necessidade de prévia autorização para investigar, mas, antes, diz respeito ao controle judicial exercido nos termos do artigo 10, §3º, do Código de Processo Penal. De fato, o Código de Ritos prevê prazos para que a investigação se encerre, sendo possível sua prorrogação pelo Magistrado. Contudo, não se pode confundir referida formalidade com a autorização para se investigar, ainda que se cuide de pessoa com foro por prerrogativa de função. Com efeito, na hipótese, a única particularidade se deve ao fato de que o controle dos prazos do inquérito será exercido pelo foro por prerrogativa de função e não, pelo Magistrado a quo. 5. Recurso Especial provido, para reconhecer violação ao artigo 5º, inciso II, do Código de Processo Penal, haja vista a desnecessidade de prévia autorização do Judiciário para investigar autoridade com foro por prerrogativa de função e não, pelo Magistrado* a quo. 5. Recurso Especial provido, para reconhecer violação ao artigo 5º, inciso II, do Código de Processo Penal, haja vista a desnecessidade de prévia autorização do Judiciário para investigar autoridade com foro por prerrogativa de função" (BRASIL, 2016, p. 1-2 [grifo não presente no original]).

de jurisdição ou ao Tribunal cuja competência é fixada por prerrogativa de função.[100]

No julgamento, em 16 de novembro de 2016, do Recurso Especial nº 4.387, proveniente do Estado do Rio Grande do Norte, o Superior Tribunal de Justiça afirmou não pairar dúvida sobre a constitucionalidade do procedimento investigatório criminal presidido pelo Ministério Público e previsto na Lei Complementar nº 75, de 20 de maio de 1993, na Lei nº 8.625, de 12 de fevereiro de 1993 e, à época, também na Resolução nº 13, de 2 de outubro de 2006, do Conselho Nacional do Ministério Público (BRASIL, 1993; 2006). Assim, referida Corte firmou entendimento acerca da possibilidade de o membro do Ministério Público presidir investigação criminal, desde que siga a regulamentação legal, tanto no âmbito legal *stricto sensu* quanto naquele relacionado à sua regulamentação específica.

Além disso, no julgamento, em 18 de fevereiro de 2020, do Agravo Regimental no Recurso em Mandado de Segurança nº 61.748, proveniente do Estado de São Paulo (AgRg no Recurso em MS nº 61.748/SP) (BRASIL, 2020c), a Sexta Turma do Superior Tribunal de Justiça entendeu que a própria Constituição Federal em vigor determina ao Ministério Público o poder-dever de, diretamente, diligenciar, no sentido da produção de provas e da obtenção de informações voltadas ao cumprimento de suas atribuições institucionais, como se depreende da leitura do voto do Relator do caso, Ministro Nefi Cordeiro.[101]

Desse modo, a Corte não apenas entende pela possibilidade da investigação direta ou presidida por membro do Ministério Público, como ainda aponta sua obrigatoriedade, eis que parte significativa e indispensável das atribuições processuais penais do *parquet*. Não bastasse, no próprio Supremo Tribunal Federal há muito é discutida a temática da investigação autônoma pelo membro do Ministério Público ou por este presidida, sobretudo no que concerne à sua competência originária, fixada por prerrogativa de função.

---

[100] *Vide* Nota de Rodapé imediatamente anterior a esta, *supra*.
[101] "Ementa. Agravo Regimental. Processo Penal. Erro material no Relatório. Existente. Requisição de certidão de antecedentes criminais pelo juízo de 1º grau. Inexistência de ônus exclusivo. Possibilidade do Ministério [Público de] diligenciar para a produção da prova. Agravo Regimental improvido. [...]. 2. Entende este Superior Tribunal que, em razão de preceito constitucional, o Ministério Público possui o poder-dever de, diretamente, diligenciar para a produção de provas e a obtenção de quaisquer informações que visem ao cumprimento de suas atribuições institucionais, como a obtenção de certidão de antecedentes criminais" (BRASIL, 2020c, p. 1).

Por ocasião da Petição (Pet.) nº 3.825-QO, o Supremo Tribunal Federal decidiu que a prerrogativa de foro somente determina a competência jurisdicional originária do Tribunal respectivo, quando do oferecimento da denúncia ou antes, se for necessária diligência sujeita à autorização judicial (BRASIL, 2008). Desse modo, confirmou-se o entendimento do Superior Tribunal de Justiça quanto à autonomia do Ministério Público em relação ao Poder Judiciário, de maneira que a investigação pelo *parquet* independe da competência criminal originária.

Firmou-se o Tema nº 184 de Repercussão Geral, no Recurso Extraordinário (RE) nº 593.727, proveniente do Estado de Minas Gerais (MG), em 14 de maio de 2015 (BRASIL, 2015a). Entendeu o Supremo Tribunal Federal que o Ministério Público é competente para promover, por autoridade própria e em prazo razoável, investigação de natureza penal.[102] Deve, entretanto, respeitar direitos e garantias relacionados à investigação, notadamente a reserva constitucional e as prerrogativas profissionais dos advogados. No mesmo sentido, deve-se submeter ao controle jurisdicional dos atos e à sua documentação.[103]

---

[102] "Repercussão Geral. Recurso Extraordinário representativo da controvérsia. Constitucional. Separação dos poderes. Penal e Processual Penal. Poderes de investigação do Ministério Público. 2. Questão de ordem arguida pelo réu, ora recorrente. Adiamento do julgamento para colheita de parecer do Procurador-Geral da República. Substituição do parecer por sustentação oral, com a concordância do Ministério Público. Indeferimento. Maioria. 3. Questão de ordem levantada pelo Procurador-Geral da República. Possibilidade de o Ministério Público de Estado-Membro promover sustentação oral no Supremo [Tribunal Federal]. O Procurador-Geral da República não dispõe de poder de ingerência na esfera orgânica do *parquet* estadual, pois lhe incumbe, unicamente, por expressa definição constitucional ([CF/1988,] art. 128, §1º), a Chefia do Ministério Público da União. O Ministério Público de Estado-Membro não está vinculado, nem subordinado, no plano processual, administrativo e/ou institucional, à Chefia do Ministério Público da União, o que lhe confere ampla possibilidade de postular, autonomamente, perante o Supremo Tribunal Federal, em recursos e processos nos quais o próprio Ministério Público estadual seja um dos sujeitos da relação processual. Questão de ordem resolvida, no sentido de assegurar ao Ministério Público estadual a prerrogativa de sustentar suas razões da tribuna. Maioria. [...]." (BRASIL, 2015, p. 1-2).

[103] "4. Questão constitucional com Repercussão Geral. Poderes de investigação do Ministério Público. Os artigos 5º, incisos LIV e LV; 129, incisos III e VIII, e 144, inciso IV, §4º, da Constituição Federal, não tornam a investigação criminal exclusividade da Polícia, nem afastam os poderes de investigação do Ministério Público. Fixada, em Repercussão Geral, tese assim sumulada: 'O Ministério Público dispõe de competência para promover, por autoridade própria, e por prazo razoável, investigações de natureza penal, desde que respeitados os direitos e [as] garantias que assistem a qualquer indiciado ou a qualquer pessoa sob investigação do Estado, observadas, sempre, por seus agentes, as hipóteses de reserva constitucional de jurisdição e, também, as prerrogativas profissionais de que se acham investidos, em nosso País, os advogados (Lei [n.º] 8.906/94, artigo 7º, notadamente os incisos I, II, III, XI, XIII, XIV e XIX), sem prejuízo da possibilidade – sempre presente no Estado Democrático de Direito – do permanente controle jurisdicional dos atos, necessariamente

Desse modo, a Suprema Corte não apenas corroborou a possibilidade de membro do Ministério Público investigar de maneira autônoma, não se subordinando ao Poder Judiciário, como determinou também a necessidade de que o *parquet*, ao atuar, observe a legislação processual.

O Supremo Tribunal Federal, no *segundo Agravo Regimental no Recurso Especial com Agravo nº 1.126.701, proveniente do Estado do Rio Grande do Sul/RS (BRASIL, 2018), julgado em 28 de setembro de 2018*, entendeu que os elementos de prova colhidos pelo Ministério Público devem ser submetidos ao crivo do contraditório no curso da ação penal.[104] Assim, em 2018, o Excelso Pretório aplicou o mesmo entendimento do Tema nº 184 de Repercussão Geral, da mesma forma que, naquela ocasião, confirmou a necessidade de respeito aos Direitos Fundamentais Processuais do acusado, especialmente na fase judicial.

No julgamento, em 1º de agosto de 2018, da Ação Direta de Inconstitucionalidade nº 4.618, proveniente do Estado de Santa Catarina/SC (BRASIL, 2018a), cujo acórdão foi publicado em 19 de fevereiro de 2019, o Tribunal Pleno do Supremo Tribunal Federal ratificou a afirmação de que não há exclusividade do desempenho de atividades investigativas pela Polícia Civil, conferindo interpretação conforme à Lei Complementar Estadual de Santa Catarina, que determinava tratar-se de atividade privativa dos delegados da Polícia Civil.[105] Nesse caso, para além

---

documentados (Súmula Vinculante 14), praticados pelos membros dessa instituição'" (BRASIL, 2015, p. 2).

[104] "Ementa. Direito Penal e Processual Penal. Pedido de suspensão do processo e do prazo prescricional. Impossibilidade. Ausência de determinação de suspensão dos feitos pelo Relator do processo-paradigma. 1. O Supremo Tribunal Federal, ao julgar o Recurso Extraordinário 966.177 RG-QO, entendeu que "a suspensão do processamento prevista no parágrafo 5º do artigo 1.035 do Código de Processo Civil não é consequência automática e necessária do reconhecimento da Repercussão Geral realizada com fulcro no *caput* do mesmo dispositivo, sendo da discricionariedade do Relator do Recurso Extraordinário-Paradigma determiná-la ou modulá-la". 2. No caso, todos os elementos de provas colhidos pelo Ministério Público foram submetidos ao crivo do contraditório no curso da ação penal. Não há, portanto, nulidade a ser declarada. 3. Agravo interno a que se nega provimento" (BRASIL, 2018, p. 1).

[105] "Ementa. Ação Direta de Inconstitucionalidade. Expressão 'com exclusividade' do art. 4º da Lei Complementar catarinense nº 453/2009. Atribuições de delegado da Polícia Civil. Precedentes. Ação julgada parcialmente procedente. 1. Inocorrência de inconstitucionalidade formal da Lei Complementar catarinense nº 453/2009. As normas relativas ao reconhecimento de atribuições do cargo de delegado de Polícia, de Polícia Judiciária e de apuração de infrações penais não versam sobre matéria processual penal. A circunstância de as atividades, em tese, conduzirem à futura instauração de inquérito penal não altera a natureza administrativa da matéria tratada na norma impugnada. 2. Jurisprudência do Supremo Tribunal Federal: não exclusividade do desempenho das atividades investigativas pela polícia civil. Recurso Extraordinário n. 593.727-RG/MG. 3. Ação julgada parcialmente procedente para dar interpretação conforme ao artigo 4º da Lei Complementar nº 453/2009 de Santa Catarina,

de aplicar o mesmo entendimento consagrado pelo Tema nº 184 de Repercussão Geral, expressou que a lei não pode retirar do Ministério Público a sua atribuição investigatória, sob pena de descumprir a própria Constituição de 1988.

Conforme restou demonstrado acima, tanto o Superior Tribunal de Justiça quanto o Supremo Tribunal Federal consagraram entendimento acerca da possibilidade de investigação autônoma pelo Ministério Público ou de sua presidência pelo *parquet*.

Ainda não há, entretanto, um procedimento legalmente estabelecido para as investigações do Ministério Público. Esta situação seria capaz de inviabilizar a atividade. Nada impediria a atribuição de poderes investigatórios ao *parquet*, desde que o fosse, por meio de lei (DUCLERC, 2016, p. 136-137).

Apesar da elaboração e da tramitação de projetos de lei relacionados à temática, inclusive dirigidos ao regramento procedimental das investigações criminais pelo Ministério Público, sua regulamentação permanece dependente da Resolução nº 181, do Conselho Nacional do Ministério Público, datada de 7 de agosto de 2017 e modificada sucessivas vezes. O art. 1º de tal Resolução define o procedimento investigatório criminal como instrumento sumário e desburocratizado, de natureza administrativa e investigatória, instaurado e presidido pelo membro do Ministério Público com atribuição criminal para apurar infrações penais de iniciativa pública (Res. CNMP nº 181/2017, art. 1º).[106] Já seu art. 2º determina quais atos podem ser praticados pelo membro do Ministério Público de posse das peças de informação. O inciso I deste artigo permite que o mesmo promotor ou procurador promova a cabível ação penal (Res. CNMP nº 181/2017, art. 2º).[107] Justamente nesse ponto é que a Resolução nº 181 do Conselho Nacional do Ministério

---

assentando-se haver exclusividade da atuação dos delegados de Polícia Civil apenas quanto às atribuições de Polícia Judiciária. As infrações penais, todavia, podem ser apuradas pelas demais instituições constitucionalmente responsáveis pela garantia da segurança pública, da ordem jurídica e do regime democrático" (BRASIL, 2019, p. 1).

[106] "Art. 1º. O procedimento investigatório criminal é instrumento sumário e desburocratizado de natureza administrativa e investigatória, instaurado e presidido pelo membro do Ministério Público com atribuição criminal, e terá como finalidade apurar a ocorrência de infrações penais de iniciativa pública, servindo como preparação e embasamento para o juízo de propositura, ou não, da respectiva ação penal."

[107] "Art. 2º. Em poder de quaisquer peças de informação, o membro do Ministério Público poderá: I – promover a ação penal cabível; II – instaurar procedimento investigatório criminal; III – encaminhar as peças para o Juizado Especial Criminal, caso a infração seja de menor potencial ofensivo; IV – promover fundamentadamente o respectivo arquivamento; V – requisitar a instauração de inquérito policial, indicando, sempre que possível, as diligências

Público mostra-se incompatível com a sistemática do Juiz das Garantias, devendo-se, à luz de referido instituto jurídico, reinterpretá-la; e mais, devendo-se fazê-lo, ainda, de maneira perfeitamente compatível com o disposto na Constituição Federal de 1988.

Conforme o estudo anteriormente realizado, o Excelso Pretório determinou a suspensão da eficácia do denominado "Pacote Anticrime" naquilo que se relaciona ao Sistema do Juiz das Garantias. No mesmo sentido, a superveniência de referido instituto parece não ter alterado seu entendimento acerca das atribuições investigativas do *Parquet*.

Ao apreciar a *Medida Cautelar na Arguição de Descumprimento de Preceito Fundamental nº 635, proveniente do Estado do Rio de Janeiro/ RJ (BRASIL, 2020n), de 2020, o Supremo Tribunal Federal demon*strou a extensão *do*s poderes investigativos do Ministério Público, determinando a possibilidade de este ter acesso a documentos específicos, a exemplo de estatísticas criminológicas.[108] Desse modo, a Suprema Corte

---

necessárias à elucidação dos fatos, sem prejuízo daquelas que vierem a ser realizadas por iniciativa da autoridade policial competente."

[108] "6. A investigação criminal a ser conduzida de forma independente é garantia de acesso à Justiça, que pode ser depreendida, particularmente, do artigo 5º, inciso LIX, da Constituição da República Federativa do Brasil, no que admite ação [penal] privada nos crimes de ação [penal] pública, se ela não for intentada no prazo legal. Como os crimes contra a vida são, via de regra, investigados por meio de perícias oficiais (Código de Processo Penal, art. 159), tendo em vista que as provas tendem a se desfazer com o tempo, a falta de auditabilidade dos trabalhos dos peritos não apenas compromete a efetiva elucidação dos fatos pela Polícia, como também inviabiliza a própria fiscalização cidadã, direito constitucionalmente assegurado. 7. Um relatório detalhado produzido ao término de cada operação dos agentes de segurança pública é exigência de *accountability* da atuação estatal. A forma pela qual essa exigência é atendida se dá por um duplo controle: o administrativo e o judicial. Em caso de incidentes nessas operações, não basta apenas o envio de informações ao órgão policial, mas também é necessário o envio ao órgão judicial independente encarregado da realização do controle externo da atividade policial, nos termos do artigo 129, inciso VII, da Constituição da República Federativa do Brasil de 1988. O controle duplo garante não apenas a responsabilização disciplinar do agente de Estado, mas também a criminal, porquanto a omissão no fornecimento de tais informações configura, em tese, o tipo previsto no artigo 23, inciso II, da Lei nº 13.869, de 2019. Sendo as informações destinadas ao Ministério Público, a ele compete o detalhamento dos dados que serão requisitados. 8. Impedir, em prazos alongados, que as crianças frequentem aulas em virtude de intervenções policiais é uma gravíssima violação de direito humanos e é símbolo da falência do Estado em assegurar, com absoluta prioridade, os direitos das crianças. 9. O reconhecimento da competência investigatória do Ministério Público, tal como fez este Tribunal quando do julgamento do RE 593.727, deflui da competência material direta do Ministério Público, consoante disposto no artigo 129, incisos I e IX, da Constituição Federal. O sentido da atribuição dada ao Ministério Público no texto constitucional coincide com o papel que se exige de uma instituição independente para a realização das atividades de responsabilização penal prevista nos Princípios das Nações Unidas sobre o Uso da Força e Armas de Fogo. O reconhecimento do poder do Ministério Público de realizar essa atividade não pode ser visto como faculdade, pois quem detém a competência para investigar não pode agir com

ampliou, no âmbito criminal, a extensão dos poderes investigativos do Ministério Público, que podem ir além da ocorrência de fatos e de suas circunstâncias concretas, alcançando relatórios concernentes às atividades públicas.

No *Agravo Regimental no Recurso Extraordinário com Agravo nº 1.305.501, proveniente do Distrito Federal/DF (BRASIL, 2021)*, o Supremo Tribunal Federal ratificou a competência investigativa do Ministério Público, bem como afirmou que a inviolabilidade do advogado não é absoluta.[109] O Excelso Pretório determinou, portanto, que o Ministério Público dispõe, até mesmo, do poder de investigar advogados, inclusive do poder de demandar a produção de provas em seu desfavor, ampliando, desse modo, as possibilidades de formação de sua *opinio delicti*.

3.6 O papel do Juiz no Processo Penal Constitucional

De maneira a adaptar a atuação do Ministério Público ao Sistema do Juiz das Garantias, inicialmente, é mister alcançar sua dimensão no âmbito do Processo Penal Constitucional, interpretando-o, portanto, de conformidade com a Constituição da República Federativa do Brasil de

---

discricionariedade sobre ela, sob pena de compactuar com a irregularidade que deveria ser cuidadosamente apurada. Ademais, não se pode alegar que a competência dos delegados de polícia para a realização de investigações de infrações que envolvam os seus próprios agentes atenda à exigência de imparcialidade, reclamada pelos tratados internacionais de Direitos Humanos. Sempre que houver suspeita de envolvimento de agentes dos órgãos de segurança pública na prática de infração penal, a investigação será atribuição do órgão do Ministério Público competente. O exercício dessa atribuição deve ser *ex officio* e prontamente desencadeada, o que em nada diminui os deveres da Polícia de enviar os relatórios sobre a operação ao *parquet* e de investigar, no âmbito interno, eventuais violações. 10. Um Estado que apresenta altos índices de letalidade decorrente das intervenções policiais deve buscar engajar todo o seu quadro de servidores; por isso, a exclusão dos indicadores de redução de homicídios decorrentes de oposição à intervenção policial do cálculo das gratificações dos integrantes de batalhões e delegacias vai de encontro às obrigações e aos deveres constitucionais. 11. Medida cautelar parcialmente deferida" (BRASIL, 2020n, s/p).

[109] "2. O Supremo Tribunal Federal, após reconhecer a Repercussão Geral da matéria, decidiu que o Ministério Público dispõe de competência para promover investigações por autoridade própria (RE 593.727-RG/Tema 184). 3. O Supremo Tribunal Federal já fixou o entendimento de que "não é absoluta a inviolabilidade do advogado, por seus atos e manifestações, o que não infirma a abrangência que a Magna Carta conferiu ao instituto (HC 69.085, da Relatoria do Ministro Celso de Mello)" (AI 747.807-AgR, Rel. Min. Ayres Britto). 4. Para chegar à conclusão diversa do acórdão proferido pelo Tribunal de origem, imprescindíveis seriam a análise da legislação infraconstitucional pertinente e uma nova apreciação dos fatos e do material probatório constante dos autos, o que não é possível nesta fase processual (Súmula 279 do STF). Precedente. 5. Agravo Interno a que se nega provimento" (BRASIL, 2021, s/p).

1988. Em razão disso, faz-se imperioso enxergar o Direito e o Processo Penal sob o prisma constitucional hodierno, que concede ampla força normativa à *persecutio criminis*, possibilitando, entretanto, o acesso à Justiça, por intermédio da efetivação dos direitos e garantias fundamentais, a resultar em um processo penal substantivo (LIMA, 2017, p. 463).

Neste fulcro, é indispensável a percepção de que não somente a dimensão formal dos Direitos Fundamentais Processuais deva ser alcançada, como também que se deva efetuar sua aplicação substancial, sob pena de não se lograr obter, nos casos concretos, o devido processo legal.

Evidencia-se que o "espírito político-constitucional" de um ordenamento é mais pulsante no âmbito do Processo Penal do que em qualquer outro assento. A definição de um campo político acerca do conteúdo processual em paralelo àquele da técnica jurídico-legislativa é imperiosa, pois ambas mantêm, entre si, pontos tangentes (DIVAN, 2015, p. 117).

Trata-se, conforme já estudado anteriormente, do ponto crucial de qualquer Política Criminal no contexto de um Estado Democrático de Direito, inclusive naquilo que se relaciona ao Processo Penal, o qual, no Brasil, para que seja considerado devido processo legal, precisa ser caracterizado pelo contraditório e pela ampla defesa. Sob a égide do Estado Democrático de Direito, é indispensável a concretização do devido processo legal. No Brasil, são seus corolários expressos, para além da duração razoável do processo, o contraditório, em sentido formal e em sentido material, e a ampla defesa. No processo contraditório, caracterizado pela especificidade das funções atribuídas às partes no procedimento e na produção de provas, a atuação do Juiz que antecede o julgamento não acrescenta força contra ele; ao contrário, compensa todas as diferenças e desequilíbrios relativos à pessoa e aos órgãos do Sistema Penal (SANT'ANA-LANFREDI, 2017, p. 204).

Dessa forma, no contexto do Processo Penal o Juiz é o principal responsável pela concretização do contraditório e, via de consequência, pela efetivação do devido processo legal. Daí, é imperioso que se atente à necessária interpretação ampliativa dos Direitos Fundamentais Processuais. Para isso, o Juiz deve ostentar postura de defesa e de amplitude de garantias do acusado, de forma a lhe maximizar a tentativa de manutenção do estado de inocência sem, entanto, vedar ou obstaculizar a pretensão acusatória, nem deixar de subsidiar a pretensão punitiva confirmada pela condenação transitada em julgado (DIVAN, 2015, p. 119-120).

A Constituição Federal de 1988 é dotada de preceitos a imporem "limites éticos à persecução penal e à violação do estado de inocência do acusado". Eis, aí, "os contornos que politicamente foram dados ao Processo Penal pátrio nessa quadra histórica" (DIVAN, 2015, p. 119-120). Assim, uma Política Criminal concretizadora de Direitos Humanos e Fundamentais, aplicada ao Processo Penal, deve-se preocupar em aplicar os princípios processuais basilares, tanto em relação ao procedimento e a seu desenvolvimento, quanto à própria figura do acusado.

A ideia de imparcialidade judicial seria inócua sem que o Juiz atentasse à garantia fundamental da presunção de inocência, que assegura que o acusado não possa ser considerado, nem sequer tratado, até o trânsito em julgado da sentença condenatória, como se culpado fosse.

Da mesma forma que, anteriormente à promulgação da Constituição Federal de 1988, ainda hoje há aplicadores da lei influenciados pelo arcaísmo do Código de Processo Penal, que sofreu influência da legislação italiana de Alfredo Rocco (1875-1935) (LIMA, 2017, p. 463). Dessa mesma forma, a imparcialidade do Juiz depende de sua observância do Texto Constitucional, sem a qual se corre o risco de se observar um processo indevido, muito distante do devido processo legal e, ao contrário, muito próximo de corroborar os paradigmas fascistas que inspiraram a construção do Diploma Adjetivo Penal de 1941.

A normatividade constitucional é o direcionamento político do Processo Penal e demanda que seja dotado de uma postura específica, adotada por intermédio de escolhas e do arcabouço de princípios democráticos. O Processo Penal Constitucional defende a *excepcionalidade do estado de culpa* (DIVAN, 2015, p. 119). Assim, não há processo devido sem que o julgador entronize o estado de inocência presumida do acusado, expressamente determinado na Constituição Federal de 1988. Para tanto, é indispensável que o Juiz forme sua convicção acerca da culpa ou da inocência do acusado, a partir das provas carreadas, pelas partes, aos autos.

Nesse mesmo contexto é que o Sistema do Juiz das Garantias pode ser um instrumental apto a colaborar para a consolidação, no Brasil, de uma Política Criminal concretizadora dos Direitos Humanos e Fundamentais no âmbito do Processo Penal, desde que a atuação do julgador siga os preceitos constitucionais aplicáveis. O Juiz é dotado de atributos especiais e só deve desenvolver papéis jurisdicionais que componham os fenômenos de interação de fatos e de pessoas dentro do processo. Longe de gerir atividades inquisitoriais, a tarefa do Juiz, nesta fase, é operar garantias e fiscalizar a legalidade das ações e ingerências dos demais órgãos (SANT'ANA-LANFREDI, 2017, p. 205).

Deve o magistrado retomar a forma mais específica e legítima de exercer a função que a Constituição de 1988 lhe atribui, impedindo que a jurisdição, nesse momento do Processo Penal, "se desfaça", em uma aparência de controle que traia a atividade primordial de proteção dos criminosos, tarefa que é seu objetivo fundamental (SANT'ANA-LANFREDI, 2017, p. 206).

O Juiz das Garantias consiste em tradição jurídico-processual que encontra similares em outros Estados Democráticos de Direito, especialmente nos países europeus e, sob a influência destes, em países latino-americanos, notadamente naqueles que superaram experiências ditatoriais. Não há razão para ignorar as experiências de outros países latino-americanos. Na América Latina, em momento histórico posterior ao da transição para regimes democráticos, o processo de renovação da Justiça Criminal buscou investigar problemas de seu funcionamento intrínseco, de modo a superar a tradição inquisitória (POSTIGO, 2018, p. 9).

No Brasil, a adaptabilidade do Sistema do Juiz das Garantias ao regime constitucional nacional decorre, especialmente, de sua sistemática procedimental, que determina, por sua vez, que o magistrado que tenha atuado no âmbito da investigação preliminar não possa ser o mesmo a presidir a fase judicial do Processo Penal.

3.7 A divisão das funções judiciais a partir do Juiz das Garantias

O Juiz é responsável pela cognição judicial, em sentido sumário ou exauriente, tornando-se inevitável que o conhecimento acerca de determinado fato seja automaticamente incorporado ao seu, não podendo ser totalmente esquecido ou abstraído. Por isso, a imparcialidade deve equivaler a colocar entre parênteses as considerações subjetivas do agente. Por conseguinte, é, "na esfera emocional, o que a objetividade é na órbita intelectual" (LOPES JÚNIOR; GLOECKNER, 2014, p. 153). Tal operação mental, entretanto, deve passar pelo crivo do contraditório.

Em um processo no qual há um Juiz com maior afinidade com uma parte do que de outra, impera a parcialidade, imanente ao Sistema Inquisitório, inexistindo, em decorrência disso, processo e decisão justos.

Assim, em não havendo imparcialidade do julgador, não há de se falar no equilíbrio processual entre as partes no processo (FAZZALARI, 1996, p. 75).

A *paridade de armas*, no referido contexto, equivale ao tratamento igualitário entre as partes, vedado qualquer discrímen, salvo aqueles determinados em lei. Por isso, pressupõe a imparcialidade do Juiz, de maneira que, ausente esta, inexista aquela (FAZZALARI, 1996, p. 75).

Desse modo, o processo devido pressupõe que as partes, na máxima medida possível, atuem em grau de paridade. Referido direito deve ser interpretado no sentido de conferir possibilidade similar de influenciar a decisão, corroborando, portanto, o contraditório em sentido material.

De conformidade com aquilo sobre que se tratou até aqui, restou demonstrado ser humanamente impossível ao magistrado atuar, no Processo Penal, de forma absolutamente neutra. Em razão disso, o contato do Juiz com as provas produzidas no decorrer da investigação é capaz, por si só, de impulsionar a formação precoce de sua convicção a respeito do caso concreto.

Daí que, em não havendo *equilíbrio processual*, não há falar-se em regular observância do contraditório e da ampla defesa, eis que ambos esses princípios são orientadores do Processo Penal justo, dialético e que observe a informação dos atos às partes e a possibilidade de estas àqueles reagirem (FAZZALARI, 1996, p. 75).

A essência do processo encontra-se na paridade da participação dos interessados, reforçando o papel das partes e do contraditório. Os atos do procedimento estão inter-relacionados, de maneira que a validade do provimento depende daquilo que o antecedeu (FAZZALARI, 1996, p. 75). Em consequência, o Sistema do Juiz das Garantias é capaz de concretizar o ideal do equilíbrio processual, tendo em vista que contempla a separação das funções de cada um dos magistrados entre a investigação e a etapa acusatória sem, entretanto, criar dois procedimentos distintos.

A separação entre as fases procedimentais altera a forma como se prepara o julgamento. Não se trata de simples modificação da personagem que conduz o processo, pois o Juiz do Julgamento receberá só o sumário da primeira fase e não os autos na sua totalidade que, ademais, devem ser acautelados no Sistema do Juiz das Garantias (ROSA, 2021, p. 345-346).

Acaba-se, pois, com o uso manipulado de declarações da fase de investigação. Abandona-se o procedimento inquisitório, em nome da oralidade e da imediação, que deverão presidir os pedidos, em regra, em audiências presenciais ou por videoconferência (ROSA, 2021, p. 346).

Apesar do aprimoramento passível de se obter em decorrência da adoção do Sistema do Juiz das Garantias, sua regulamentação pela Lei Anticrime afirma que a inauguração da etapa judicial *stricto sensu* é determinada pelo magistrado que atuou na fase investigativa, questão que pode comprometer a ideia de equilíbrio processual. *A fa*se investigatória tem características do Sistema Inquisitivo, principalmente naquilo que se relaciona à unilateralidade da produção de provas, imposta ao acusado por intermédio de severas restrições à sua participação, assim como pelo fato de, em regra, dar-se tal produção de provas, ademais de unilateral, de maneira secreta.

Ao atribuir ao Juiz das Garantias a competência para realizar a admissibilidade da acusação penal, parece não se desvencilhar "dos mecanismos de seletividade operados pelo Sistema Penal na decisão de quem e do que submeter a controle penal" (SUXBERGER, 2020, p. 100). A opção legiferante de se estabelecer um Sistema Processual Penal caracterizado pela atuação de dois juízes "não encontra óbices na moldura constitucionalmente assegurada ao Processo Penal" (SUXBERGER, 2020, p. 100-101). A aposta em favor do Juiz de Garantias ampara-se na separação física entre os Juízes da Investigação e do Processo, garantindo maior lisura na demanda penal.

O equilíbrio propiciado pelo Sistema do Juiz das Garantias é, em grande parte, devido à necessidade de a produção de provas dever-se realizar diante do Juiz do Julgamento, no âmbito de um procedimento caracterizado pelo contraditório e, por conseguinte, incólume naquilo que se relaciona às influências da etapa investigativa. Trata-se, entretanto, de um percurso evolutivo que tem início na descentralização das funções de julgar e de acusar. Seria, pois, uma evolução em direção à dissociação do Juiz do Processo em face do Juiz da Investigação. Mas esse esforço cai por terra com a atribuição ao Juiz das Garantias da admissibilidade da ação penal (SUXBERGER, 2020, p. 101).

O Juiz das Garantias não é investigador. Nesse ponto, reside o maior problema da inovação legislativa: "a previsão do Juiz das Garantias melhor se dirige justamente à figura do Juiz que supervisiona ou [que] é acionado para dizer sobre medidas relativas a atos investigatórios" (SUXBERGER, 2020, p. 101).

Na sistemática ora tratada, o fato de o Juiz das Garantias ser aquele que recebe ou rejeita a peça acusatória, seja esta a denúncia ou a queixa, representa algo como uma distorção que, entretanto, não é capaz de desmerecer o referido sistema, tendo em vista que as provas deverão ser, em regra, reproduzidas na fase judicial.

O Sistema do Juiz das Garantias propõe uma separação o mais estanque possível entre o magistrado que atua na etapa investigatória e aquele que presidirá a instrução e procederá ao julgamento. Nesse contexto, novos autos serão formados, a partir do recebimento da ação penal.

Já na fase processual, o Sistema Processual Penal é o Acusatório. Há uma divisão de funções: acusação, defesa e julgador. O Ministério Público promove a ação penal, denuncia e acusa. Ao investigar, porém, tende a selecionar elementos probatórios que favoreçam a acusação, pois sua atividade é promover a ação penal (BITENCOURT, 2011, p. 29).

Imperioso ressaltar que até mesmo nos detalhes procedimentais o sistema ora tratado dirija-se a preservar a imparcialidade do Juiz de Julgamento, corroborando o equilíbrio processual, a paridade de armas e, portanto, o devido processo legal. Não mais haverá a lógica atual dos autos do processo, que deixa de ser contínuo, não se transferindo, simplesmente, aos autos, de um para outros juízes, isto é, do Juiz das Garantias para o Juiz de Julgamento. Cindir as duas funções sem uma radical separação de autos transformaria a Reforma do Código de Processo Penal em mera falácia garantista (ROSA, 2021, p. 346-347).

Os autos do Juiz das Garantias ficam acautelados na secretaria, devendo, na audiência de instrução e julgamento, cada uma das partes levar o material probatório a ser apresentado, sem juntada aos autos, rompendo-se com a tradição escrita de tudo se juntar aos autos para deliberação (ROSA, 2021, p. 347). O Sistema do Juiz das Garantias, em que pese sua similaridade relativamente a diversas sistemáticas existentes no Direito Comparado, representa verdadeira revolução no ordenamento jurídico brasileiro. Dessa maneira, é impossível que sua superveniência não tenha influência naquilo que concerne à atuação do *parquet* no Processo Penal.

3.8 A imparcialidade do Ministério Público e sua necessária reinterpretação a partir do Juiz das Garantias

Para o sucesso do sistema do Juiz das Garantias, notadamente no que se relaciona às possibilidades de sua adaptação ao regime de

Direitos Fundamentais previstos na Constituição da República Federativa de 1988, é essencial a participação do Ministério Público. A supressão ou diminuição do poder investigatório do Ministério Público transgride o disposto no artigo 5º, inciso XXXV, da Constituição Federal de 1988, considerada garantia individual a violar uma limitação material expressa, constante do artigo 60, §4º, inciso IV. Configura, assim, "uma limitação material implícita ao poder de reforma da Constituição" (CAMBI; BOLZANI, 2014, p. 49).

De tal modo, a supressão ou redução do poder investigatório do Ministério Público violaria o princípio da proibição de retrocesso social, pois tal poder é indispensável "à promoção adequada e eficiente do direito fundamental à segurança pública" (CAMBI; BOLZANI, 2014, p 49-50). Em decorrência disso é que a atuação do *parquet*, ao invés de ser algo restrito ou de ter sua amplitude diminuída no âmbito do Sistema do Juiz de Garantias, deve, sim, ser adaptada à referida sistemática, em que pese a resistência de parte da doutrina no que tange à admissão da necessidade de imparcialidade do *parquet*.

Conforme tal entendimento, não haveria fundamento jurídico para se creditar mais imparcialidade a membros do Ministério Público ou à Polícia Judiciária. Sua função acusatória permite aferir que o intuito investigatório é o de identificar e de comprovar a autoria e a materialidade (CLÈVE, 2005, p. 167).

De tal modo, "não há uma distância abissal entre Ministério Público e Polícia Judiciária no exercício de suas respectivas atribuições, o que pode ser deduzido já da finalidade precípua de cada qual" (CLÈVE, 2005, p. 168). Tais objetivos convergem para a pacificação social, cuja efetivação demanda a conjugação de esforços.

Exige-se, apenas, o compromisso com a concretização dos ditames da Constituição Federal de 1988, notadamente quanto à sua otimização, de forma inter-relacionada e dinâmica e com base em seus valores, bens, interesses e objetivos. Por isso, não se pode afirmar que a Constituição Federal de 1988 haja conferido à polícia exclusividade nas investigações criminais (CLÈVE, 2005, p. 176). Tal afirmação representa, entretanto, uma contradição em termos, tendo em vista que a concretização do que prega a Constituição Federal de 1988 demanda o permanente aprimoramento da cláusula do devido processo legal. Por isso, faz-se imperiosa a adaptação da atuação do Ministério Público à sistemática do Juiz das Garantias.

A criminalização de determinados atos da vida em sociedade é parte necessária da estrutura política do Estado, assim como o é a caracterização de seu respectivo Direito Penal, tanto em sentido material quanto em sentido processual, no tocante aos seus aspectos punitivos e garantidores.

O modelo do Processo Penal reflete a organização política estatal. Destarte, o modelo inquisitivo acomodou-se ao Absolutismo, que tinha como base a concentração dos atributos da soberania em um poder central, "cuja autoridade e fundamento não se podiam discutir", sendo inquestionáveis, já que, de conformidade com os conhecidos dizeres do rei francês Luís XIV, cognominado "o Rei Sol", o monarca encarnava o próprio Estado (JUNQUEIRA; VANZOLINI; FULLER; PADRAL, 2020, p. 81).

A perspectiva do Juiz das Garantias inaugura estrutura trifásica de persecução penal: investigação, admissibilidade da acusação e instrução e julgamento. A última fase, aliás, só se iniciará da recepção dos autos pelo Juiz que passa a assumir, a partir daí, a competência para realizar a audiência de instrução e julgamento (JUNQUEIRA; VANZOLINI; FULLER; PADRAL, 2020, p. 145). Desse modo, o Processo Penal brasileiro, ao instituir o Sistema do Juiz das Garantias, reafirma a necessidade da imparcialidade do julgador, confirmando um modelo de organização estatal tendente à concretização dos Direitos Humanos e Fundamentais que, por sua vez, mais do que simplesmente repercute, reflete-se, mesmo, na Política Criminal adotada no país.

O princípio de *imparcialidade* denota relação entre o *motivo* de sua atuação e o *desejo* de dizer a verdade, de atuar com exatidão e de resolver de acordo com a justiça e a legalidade. Assim, não importa se, na esfera objetiva, a atuação é justa e legal, pois basta que o ato inspire o desejo de atuar, em consonância com os ditames da lei e da Justiça (LOPES JÚNIOR; GLOECKNER, 2014, p. 153).

Dessa forma, a imparcialidade demonstra ser um pressuposto objetivo da conduta de todos os atores da Política Criminal, inclusive naquilo que se refere ao representante do Ministério Público, quem passa a dever, no Sistema do Juiz das Garantias, de maneira específica, a incorporá-la. Para além da solução jurisprudencial acerca das funções investigativas do Ministério Público, é possível extrair tal prerrogativa da própria Constituição Federal de 1988, mesmo que o Código de Processo Penal de 1941 haja expressamente rejeitado o Sistema do Juiz das Garantias.

O debate constituinte de que resultou a não adoção do Sistema do Juizado de Instrução não é determinante para solucionar a questão da constitucionalidade da atuação investigativa do Ministério Público que, por sua vez, demanda uma interpretação conforme à Constituição Federal de 1988 (CLÈVE, 2005, p. 165). *Ainda* que se houvesse adotado o referido modelo, não se impediria o surgimento de uma tal controvérsia, "cingida ao binômio acusação/investigação, e não, ao binômio acusação/instrução". Ademais, ela se relaciona à separação entre as funções de acusação e de investigação, a assegurar a imparcialidade dos órgãos respectivos (CLÈVE, 2005, p. 165).

Ao Ministério Público, no Estado moderno, compete o dever de manejar a acusação, porém, na contemporaneidade, após a superveniência da constitucionalização, também cabe ao *parquet* a salvaguarda dos direitos fundamentais, inclusive dos próprios acusados. A origem da função punitiva se vincula, de forma direta, ao próprio fundamento do poder político de acusar. Desde que o direito de castigar surgiu, a partir da própria existência do Estado moderno, à instituição do Ministério Público coube a representação da sociedade (MAIA NETO, 2012, p. 185-186).

O *parquet* se desincumbe desse dever especificamente por intermédio do encargo de promover a Ação Penal, contudo, mediante respeito aos princípios do Juiz natural, da proibição dos tribunais de exceção da imparcialidade e da transparência do Poder de Julgar (MAIA NETO, 2012, p. 186). Desse modo, a separação entre as funções de acusar e de julgar, mais do que uma exigência, é um pressuposto de que, no Estado Democrático de Direito, seja possível haver o devido processo penal – afirmação confirmada pelo próprio Supremo Tribunal Federal.

Nesse sentido, o Excelso Pretório já anulou processo penal em virtude de parcialidade do Juiz que oficiara no procedimento de investigação de paternidade que acabou servindo de base para a posterior denúncia. O Juiz intimou testemunhas, colheu depoimentos, fez relatório e enviou para o Ministério Público, presidindo toda a instrução e vindo a proferir a sentença, atuando, dessarte, como verdadeira autoridade policial (JUNQUEIRA; VANZOLINI; FULLER; PADRAL, 2020, p. 81). Referido pressuposto, agrilhoado ao entendimento da Suprema Corte acerca da separação entre as funções de investigar e de instruir, demonstra, entretanto, a necessidade de, especialmente sob o Sistema do Juiz das Garantias, separarem-se também as funções de investigar e de acusar.

A condução do Processo Penal, no Sistema do Juiz das Garantias, dá-se por, no mínimo, dois magistrados, cada um atuando em uma fase procedimental, enquanto o representante do *parquet* pode ser um único e sempre o mesmo membro, ainda que este membro do Ministério Público não se encontre imune à parcialidade. Quem haja, na fase preliminar, conhecido os autos e, possivelmente, tenha, nessa fase do processo, decretado inclusive medidas de cunho restritivo, não poderá atuar no julgamento de forma imparcial e eis que não poderá "tirar tudo isso da cabeça e magicamente" (GALLARDO-FRÍAS, 2020, p. 8).

É impossível que alguém proceda a algo como a uma "autolobotomia epistêmica" e passe a decidir tão somente com base nas provas produzidas pelas partes, sem acessar, em sua mente, os recônditos mais profundos da prévia cognição das circunstâncias do caso concreto às quais teve acesso, na fase preliminar (GALLARDO-FRÍAS, 2020, p. 8-9). A negação de tal problema, a que fundamentalmente destina-se a solucionar o cerne da concepção do Sistema do Juiz de Garantias, só "pode se sustentar em uma espécie de fé quase religiosa na superioridade epistêmica do Juiz profissional, ou seja, em uma atribuição consciente ou inconsciente ao modo de ser, agir e pensar o Sistema Inquisitorial" (GALLARDO-FRÍAS, 2020, p. 9).

O *parquet* se converteu, de um órgão meramente persecutório no contexto do Estado de Direito, em uma instituição estatal responsável pela concretização da própria ideia de Estado Democrático de Direito. Em decorrência disso, não pode restringir sua atividade ao exercício do *jus puniendi*, nem mesmo no contexto do Processo Penal. Nesse mesmo sentido é que o Supremo Tribunal Federal decidiu pela necessidade de um julgamento imparcial e isento que, por sua vez, deve incluir a concretização do princípio do Promotor ou Procurador Natural, pois a transparência do sistema acusatório democrático exige uma ética estatal de seus agentes e servidores públicos (BRASIL, 1993).

Mais do que isso, o Excelso Pretório entendeu, na mesma ocasião, que qualquer governo, para que possa se definir como efetivamente democrático, deve garantir a existência de um Ministério Público forte, soberano, independente e imparcial (BRASIL, 1993). Em decorrência da imparcialidade que deve caracterizar ambas as funções, de julgar e de acusar, surge a necessidade de separá-las, hermeticamente. Do mesmo modo e pela mesma razão, faz-se indispensável, no âmbito do Sistema do Juiz das Garantias, separar, igualmente, as funções de investigar e de acusar exercidas pelo *parquet*.

O Ministério Público zela pelo direito objetivo, não somente na qualidade de terceiro interveniente imparcial, mas também "como acionante ou autor de ação", na qual atua para que o Juiz eventualmente conceda a tutela de uma instituição, "um segmento temático do direito objetivo" (COSTA, 2020, p. 58). Isso porque a instituição ministerial é uma unidade sistemática, composta por normas jurídicas que regulam entidades, bens, relações, valores, agrupamentos, hábitos ou atividades, cuja preservação estrutural e bom funcionamento são essenciais à existência e à identidade de uma sociedade, e ao bem-estar de seus cidadãos (COSTA, 2020, p. 58).

No contexto penal, instituição e bem jurídico são manifestações do direito objetivo, cuja tutela é parte do próprio ordenamento jurídico. Por isso, deve o Ministério Público ser imparcial. O esforço ministerial é, inclusive, maior, pois nem sempre atua como terceiro naquilo que guarda relação com o conflito de interesses (COSTA, 2020, p. 67).

Evidentemente que, nesse sentido, como sujeito acionante, poderia o representante ministerial se enviesar, de maneira a não se poder exigir do promotor o mesmo grau de imparcialidade do Juiz. Mas, para interromper ou diminuir a contaminação psíquico-cognitiva, é forçoso que "o promotor pré-acionante não seja o promotor acionante" (COSTA, 2020, p. 67).

Desse modo, faz-se necessária a existência de uma divisão funcional de tarefas que permita ao promotor atuar mediante "um padrão mais elevado [do] que [o de] um litigante civil". O esforço pela imparcialidade ministerial no Brasil é imperativo, até porque "a parcialidade comezinha não revoga a imparcialidade ansiada" (COSTA, 2020, p. 67-68).

O *parquet*, no Estado Democrático de Direito, atua precipuamente como fiscal do Direito. Assim, deve perseguir a condenação do culpado, de maneira imparcial, de forma a não poder contaminar-se com as provas produzidas de maneira provisória, na fase investigatória.

É conveniente que seja melhor disciplinada a atuação do promotor criminal em defesa da cidadania, quanto a seus aspectos ligados direta ou indiretamente ao crime, política criminal e de segurança pública, perfeitamente possível ser exercitada. O Ministério Público, no mesmo sentido, deve dar atenção especial aos direitos humanos, buscando a sua divulgação e respeito (SANTIN, 2000, p. 24).

Conclui-se, pois, que com a superveniência do Sistema do Juiz das Garantias, de maneira a adaptar referida sistemática à Constituição da República Federativa do Brasil de 1988, partindo-se do pressuposto de que o princípio da imparcialidade se aplica ao Ministério Público, é imperioso separar, no âmbito do *parquet*, as funções de investigar e de acusar.

Deveras, independentemente do pacote anticrime, com as condições atuais de estrutura do *parquet*, sua definição constitucional, bem como a independência dos membros da instituição, o Ministério Público de garantias deve ser uma realidade no âmbito ministerial, dada sua representação de eticidade, lisura e transparência na fase investigatória e processual penal.

Nesse sentido, demonstra-se indispensável a adaptação da Súmula nº 234 do Superior Tribunal de Justiça, do Tema nº 184 de Repercussão Geral do Supremo Tribunal Federa e do artigo 2º, inciso I, da Resolução 181/2017 do Conselho Nacional do Ministério Público à atual sistemática do Juiz de Garantias, hoje presente no ordenamento jurídico brasileiro.

CONSIDERAÇÕES FINAIS

A dignidade da pessoa humana tem se consolidado como um dos mais importantes princípios da Constituição de 1988, impondo-se como sua base interpretativa. Justamente em decorrência disso é que tem embasado diversas decisões judiciais, especialmente no âmbito de competência do Supremo Tribunal Federal.

Não se trata, porém, de um conceito surgido na modernidade. Apesar disso, sua evolução em Constituições no decorrer do século XX, que resultou em sua consagração expressa nos respectivos textos, aumentou, significativamente, após o ano de 1945, em decorrência da percepção de que a legislação necessitaria ser limitada por preceitos éticos. Apesar de sua relevância, não se trata de um conceito unívoco, situação que faz surgir a necessidade de se expor os possíveis usos interpretativos da expressão no âmbito jurídico, inclusive separando-o de suas possíveis utilizações externas a tal contexto.

Em que pese a possibilidade de separação de sua definição jurídica de outros contextos, reduzindo-se, assim, sua complexidade semântica, tal definição conserva boa parcela de sua abstração e este fator pode comprometer as possibilidades de sua concretização. A dignidade da pessoa humana tem sido utilizada sob um cariz de complexidade incompatível com suas amplas possibilidades, de maneira que o referido conceito precisa se distanciar da matriz retórica por meio da qual tem sido utilizada, dirigindo-se a uma definição que considere seus mais relevantes elementos.

A abstração diretamente relacionada ao conceito de dignidade da pessoa humana, no mesmo sentido da inexistência de uma definição jurídica unívoca acerca da temática, até mesmo em decorrência da impossibilidade de sua definição objetiva fora do caso concreto, permite levantar dúvidas acerca da possibilidade de sua concretude. Mais do que isso, contribui para a abstração do conceito o fato de que a dignidade da pessoa humana não se demonstra uma definição estanque, necessitando, portanto, encontrar-se em permanente evolução, de acordo com as progressivamente maiores exigências da humanidade, em conformidade com cada período temporal.

O fato de a dignidade da pessoa humana progressivamente se consolidar como um pilar interpretativo para todos os direitos fundamentais conduz à necessidade de se esclarecer se se trata de um direito fundamental que se posiciona acima dos demais. Há, entretanto, outra perspectiva conceitual que afirma que a dignidade da pessoa humana é confirmada por uma série de direitos inerentes ao indivíduo, minimamente capazes de assegurar sua autonomia, sendo que, dentre eles, encontra-se o acesso à justiça.

Nesse mesmo contexto, a relevância da dignidade da pessoa humana enquanto pilar hermenêutico do ordenamento jurídico nacional demanda seu reforço institucional para que, ao cidadão, possa ser assegurada a possibilidade de acessar o Estado no sentido de garantir o reforço aos direitos fundamentais que a confirmam. A conexão que se observa entre a dignidade da pessoa humana e o acesso à justiça não somente é apenas uma relação de causa e efeito, mas também de complementação. Isso porque de nada adiantaria o asseguramento da dignidade sem que fossem disponibilizados mecanismos dirigidos especificamente à sua proteção.

Em tal contexto, uma das mais relevantes dimensões da dignidade da pessoa humana é a regra da liberdade que, por sua vez, determina que o aprisionamento é excepcional, somente podendo se dar após o transcorrer de um processo devido, em acordo com os direitos fundamentais. Demanda-se, portanto, a necessidade de um acesso à justiça criminal.

O acesso à justiça, como corolário da própria dignidade da pessoa humana, não equivale apena enquanto à possibilidade de se propor ações judiciais, nem mesmo da possibilitação do exercício de defesa processual técnica, até porque é um conceito em evolução permanente. Mais do que isso, a necessidade de concretização do pleno acesso à justiça, notadamente no âmbito do processo penal, materializa-se no direito individual de ser julgado em um contexto de igualdade com os demais, bem como de se defender de maneira digna em todas as fases do procedimento.

Em decorrência de o acesso à justiça penal ser um corolário direto da dignidade da pessoa humana, o Ministério Público deve se preocupar não apenas com o exercício de seu mister acusatório, mas também com a promoção do acesso à justiça criminal em sua máxima efetividade. No mesmo diapasão, o Direito Penal se dirige, principalmente, à proteção dos bens jurídicos mais importantes à civilização ocidental, muitos dos quais expressamente consagrados pela Constituição de 1988, assim como pelos diversos tratados internacionais incorporados pela República Federativa do Brasil ao ordenamento jurídico nacional.

Mais do que isso, a atuação do Direito Penal quanto à punição de fatos ilícitos depende de sua tipificação por meio de legislação, bem como da cominação abstrata das correspondentes penas, desde que sejam permitidas pela Constituição de 1988, dentro de sua métrica específica. O Direito Penal depende, de forma direta, do Texto Constitucional para que seja possível obter qualquer tipo de legitimidade. Não é suficiente, entretanto, que o legislador tipifique determinado ato como crime ou que imponha uma sanção às referidas práticas.

Além da tipificação de fatos criminosos e da cominação de sanções a essas práticas, faz-se necessário que o legislador seja capaz de estabelecer uma correlação direta entre os tipos penais e as correspondentes penas com os bens jurídicos constitucionalmente consagrados. Caso tais pressupostos não sejam observados, a norma incriminadora deve ser considerada inadequada e, assim, descumpridora do princípio da proporcionalidade. Caso, porém, a tutela penal seja constitucionalmente requerida, referida análise pode ser considerada realizada, tornando-se, dessa maneira, inquestionável.

Assim, a constitucionalidade das normas penais não depende apenas de fatores objetivos, bem como de um controle de sua legitimidade, a partir dos bens jurídico-penais que se encontrem expressa ou implicitamente consagrados pela Constituição de 1988. A objetividade das normas penais incriminadoras, apesar de ser indispensável, não impede a incidência de princípios interpretativos no que concerne sua aplicação a casos concretos, inclusive em decorrência do fato de que a univocidade plena é algo impossível.

O Direito Penal, portanto, deve servir como um dos instrumentos de uma política criminal voltada à consagração de todo o conjunto de direitos fundamentais, preocupando-se não somente com a proteção das vítimas, bem como com as garantias processuais dos acusados. Uma política criminal que se dirija apenas a combater a criminalidade sem, contudo, preocupar-se com as garantias processuais penais dos acusados, é incompatível com a Constituição de 1988, mesmo que eventualmente esteja conforme a uma interpretação objetiva da legislação.

A legitimidade do Direito Penal, apesar de sua relação direta com os bens jurídicos que deve proteger, não pode depender de padrões midiáticos ou expectativas sociais punitivistas, sob pena de se desvencilhar de seus expressos objetivos constitucionais. Faz-se, portanto, necessário garantir aos acusados da prática de infrações criminais todas as garantias processuais consagradas pela Constituição de 1988, sob pena de se retirar a legitimidade do Direito Penal, desnaturando-o naquilo que concerne a proteção de bens jurídicos.

Além disso, a própria legitimidade do Direito Penal é dependente da concretização das garantias processuais dos acusados. Trata-se, de tal forma, de um ponto de equilíbrio que precisa ser buscado por intermédio da atividade persecutória estatal.

Apesar da importância do processo penal no sentido da concretização da Constituição de 1988 e da preservação da ideia de segurança pública como um direito fundamental, existem determinados casos nos quais uma investigação mal conduzida é capaz de ocasionar danos irreparáveis às pessoas, inclusive a inocentes. Observa-se que o processo penal não pode ser encarado somente como procedimento formal. Desconsidera-se, no entanto, a personalidade do acusado que, apesar de ter sobre si a perspectiva de uma reprimenda estatal pela prática de um crime, ainda é titular da dignidade humana e dos direitos fundamentais a ela inerentes.

No âmbito do punitivismo, no entanto, termina-se por soçobrar todos os limites de tolerância. Tal situação acaba por possibilitar que alguns exerçam pressões sobre outros, tornando-se capazes de excluí-los, instrumentalizá-los ou neutralizá-los em proveito de alguém. Ocorre que o mais relevante prejuízo que se demonstra nos casos em que a investigação criminal acaba por não ser conduzida em conformidade com o dever de preservação das garantias processuais do acusado concerne à imagem do indivíduo que, por sua vez, é um direito fundamental consagrado pela Constituição de 1988.

Alguns casos ficaram notadamente famosos, especialmente em decorrência de sua capacidade de destruir completa e permanentemente as imagens das pessoas diante da comunidade, sem que tenha sido comprovada a prática de qualquer infração penal. Notável, portanto, que a criação e a regulamentação do Juizado de Instrução partiram da necessidade de aprimorarem-se as normas do Sistema Acusatório pátrio, separando as fases de investigação e de Instrução e julgamento. A ideia de implantação dessa Sistemática no Brasil, apesar de haver sido rejeitada, nunca foi completamente abandonada.

Tal Sistema se dirige a privilegiar a imparcialidade do julgador, impossibilitando a contaminação da cognição do magistrado, pelo contato respectivo com o conjunto probatório inicial. As etapas de Instrução e o julgamento ocorrerão, assim, diante de julgadores diversos. O Juiz das Garantias é uma evolução quanto a tal Sistemática.

Apesar das divergências doutrinárias naquilo que se relaciona ao Juiz de Garantias, o instituto existe no Direito Processual Penal nacional, em que pesem a suspensão de sua eficácia e a carência de sua regulamentação específica. Além disso, nota-se, há quase um século, a intenção de inseri-lo no ordenamento jurídico brasileiro.

A separação orgânica entre as atribuições de acusar e de julgar configura a base primordial para o Sistema Acusatório que se busca aprimorar no Brasil, notadamente após a promulgação da Constituição Federal de 1988, apesar de constituir-se, no limite, em uma Sistemática Processual Penal historicamente recente. O Juiz das Garantias dirige-se a aumentar a distância entre tais atribuições, determinando que a condução da investigação que eventualmente conduzirá à formação da culpa deva ser controlada por um magistrado diferente daquele que poderá condenar o acusado.

No procedimento investigatório, o Juiz atua como guardião dos Direitos Fundamentais do acusado. Após tal atuação, nesse sentido, não poderá ele, entretanto, julgar o mérito da acusação. Trata-se, pois, de um avanço no que concerne ao aprimoramento do Sistema Acusatório.

A separação entre as funções de acusar e de julgar é característica do Sistema Acusatório e compreende a impossibilidade de o órgão julgador determinar o início da apuração dos fatos. Em sentido diverso, o Brasil já consagrou disposições opostas a esse paradigma. Nesse sentido, o procedimento *judicialiforme* equivale à possibilidade de a ação penal, em contravenções penais, poder ser iniciada por meio de ato administrativo, a exemplo de portaria baixada por delegado de polícia ou, então, de atuação, de ofício, do Juiz. Tal sistema, contudo, não é compatível com a Constituição Federal de 1988.

Em detrimento da oralidade, o processo judicialiforme segue o *princípio da oficialidade* que, por sua vez, não foi recepcionado pela

Constituição Federal de 1988, tendo em vista que a confusão entre julgador e acusador compromete a imparcialidade de ambos.

No Brasil não há separação legal entre as funções investigatória e acusatória do Ministério Público, de maneira que o representante do *parquet* que comande um inquérito pode, quanto ao mesmo caso, acusar, de conformidade com a própria jurisprudência nacional. A separação entre acusação e instrução para julgamento é, por sua vez, um aprimoramento do sistema acusatório, embora não seja salutar apenas absorver um instituto do Direito Comparado, sem a devida filtragem, a partir do ordenamento jurídico nacional.

Apesar da eficiência demonstrada por esse instituto no Direito estrangeiro, é necessário aferir se a instalação do Juizado de Instrução seria realmente compatível com o Processo Penal brasileiro, especialmente no que se relaciona às garantias constitucionais.

Aqui, nem sempre a investigação criminal tem-se encontrado separada da função jurisdicional, pois a polícia já teve atribuições mais amplas – de atribuições, inclusive, carentes de regulamentação legal específica, até mesmo no que tange à apuração de fatos. A tentativa de absorção do instituto do Juizado de Instrução pelo Direito Processual brasileiro tem sido aventada desde as primeiras décadas do século XX (1901-2000), especialmente em decorrência da possibilidade de, por seu intermédio, poder-se impedir a contaminação da cognição do Juiz da Instrução e do Julgamento.

Referida perspectiva aproxima-se, entretanto, do Sistema do *Juizado de Instrução*, que já se encontrava presente nos Projetos Legislativos iniciais do Código de Processo Penal de 1941 e presente, ainda, em alguns ordenamentos jurídicos estrangeiros, bem como em algumas Sistemáticas Processuais Penais no Direito Comparado.

O modelo processual penal brasileiro, apesar de ao longo das décadas ter sofrido diversas modificações pontuais e de ter passado por substanciais reformas legislativas, não se encontra em situação de compatibilidade com a complexidade da criminalidade praticada na atualidade, no sentido de oferecer-lhe o tratamento adequado, ao menos, no procedimento penal. Nas últimas duas décadas, diversas tentativas de inserção do Juizado de Instrução ocorreram, tanto por meio de projetos de lei quanto por intermédio de Propostas de Emenda à Constituição, de iniciativa da Câmara dos Deputados e do Senado Federal.

Em que pese o Juizado de Instrução não ter adentrado o texto constitucional de 1988, algumas Propostas de Emenda à Constituição fizeram com que o tema voltasse à discussão, buscando a inserção do instituto, porém, de forma dirigida a certas infrações penais. Ocorre que a inserção atual do instituto do Juizado de Instrução no ordenamento jurídico pátrio dirige-se a romper com um padrão de atividade jurisdicional penal que impera, no Brasil, há pouco menos de cem anos, a partir da utilização de sistemáticas similares, observáveis a partir de ordenamentos jurídicos do Direito Comparado.

O Projeto de Código de Processo Penal elaborado pela Comissão de *Experts* presidida pelo Ministro Hamilton Carvalhido (1941-2021) e relatado pelo Doutor Eugênio Pacelli de Oliveira prevê o instituto do Juiz das Garantias, que deverá atuar no decorrer da investigação, notadamente com vistas a resguardar os direitos do acusado de um fato criminoso. A inspiração para a criação do referido Sistema adveio da aplicação de institutos jurídicos similares, encontráveis no Direito Comparado, ainda que tais institutos dispusessem, como é natural, de características específicas dos ordenamentos jurídicos de cada país, corroborando, assim, o denominado Sistema Acusatório.

Existem, entretanto, opiniões no sentido de que, no Brasil, exista um Sistema Misto, enquanto outros autores encontram características inquisitórias em todas as etapas do Processo Penal brasileiro. De qualquer forma, a Constituição da República Federativa do Brasil de 1988 demanda sua transformação completa em contraditório.

Nesse mesmo âmbito, a existência de instituições responsáveis pelo processamento de infrações é tão antiga quanto o próprio *jus puniendi* estatal, remontando aos primórdios da civilização humana, de maneira que é possível identificar traços históricos do Ministério Público, desde as primeiras civilizações humanas. Além da função acusatória, também se identifica, desde o início, sua atribuição de *custos legis*. O Ministério Público evoluiu, juntamente com o próprio Direito, tanto no que concerne às suas atribuições acusatórias quanto à sua função de fiscal da lei.

As funções do Ministério Público no Brasil, desde suas origens, misturam-se, sendo que o representante ministerial acumula os papéis de acusador e de fiscal do Direito. Ocorre que o Processo Penal brasileiro atual padece de uma contradição fundamental. O Diploma Adjetivo principal ainda conserva significativa tisna autoritária, fazendo-se imperioso adaptá-lo às demandas constitucionais surgidas a partir de 5 de outubro de 1988. Até agora, porém, as Reformas Processuais efetuadas apenas amenizaram essa característica, inclusive quanto às atribuições investigativas do *parquet*.

Por isso, faz-se igualmente imperiosa a regulamentação específica das atribuições do Ministério Público, especialmente quanto à investigação, para que esta não contamine o processo acusatório, em que pese encontrar-se consolidada na jurisprudência pátria. Existem, entretanto, diversos projetos de lei e várias Propostas de Emenda à Constituição voltados tanto à sua regulamentação quanto à sua proibição, apesar de a evolução histórica das atribuições do Ministério Público no Brasil ser capaz de demonstrar a compatibilidade entre sua competência investigativa e o ordenamento jurídico.

Mais do que isso, naquilo que concerne à relevância conferida aos aspectos jurisdicionais do Processo Penal, assim como às questões criminais materiais, observa-se ligação direta entre os âmbitos político, jurídico e sociológico, tornando a Política Criminal algo indispensável que, por sua vez, depende da crítica criminológica. A Criminologia avalia o Direito Penal no contexto da realidade, fornecendo elementos para formular e reformular a Política Criminal que, por sua vez, deve criar, para problemas identificados pela Criminologia, soluções operacionalizadas pelo Direito e pelo Processo Penal, estabelecendo-se relação circular entre as Ciências Criminais.

Nesse contexto, a tarefa primordial da Política Criminal consiste em concretizar os Direitos Humanos e Fundamentais, compatibilizando as garantias individuais dos acusados, a proteção de bens jurídicos penais e a segurança coletiva, função que pode ser dificultada, caso não sejam considerados os fatores trazidos pela análise criminológica. A Política Criminal, nesse mesmo contexto, não pode restringir-se à retórica ideológico-partidária, pois deve concretizar-se e submeter-se aos mandamentos constitucionais, não podendo, dessarte, voltar-se à confirmação dos álibis legislativos voltados a justificar a ineficiência do próprio Direito em diminuir os índices de criminalidade.

Por isso, a Política Criminal não pode restringir-se ao âmbito material, devendo aprimorar os institutos de Direito Processual Penal em direção à concretização dos Direitos Fundamentais Processuais, buscando, assim, concretizar o *princípio da máxima efetividade*. Nesse mesmo sentido, o Juiz das Garantias pressupõe a separação da atividade judicial antecedente à denúncia, criando, de tal modo, uma nova etapa procedimental, inclusive naquilo que se relaciona à duração razoável do processo que, por sua vez, deve compatibilizar os direitos do réu com a proteção dos bens jurídicos penais.

A necessidade de separar as funções de investigar, acusar e julgar passou a ser ainda mais imperiosa a partir da adoção, no Direito brasileiro, da figura do Juiz das Garantias, finalmente introduzida no ordenamento jurídico pátrio pela Lei nº 13.964/2019. É necessário, contudo, determinar se há compatibilidade possível entre a celeridade na solução do litígio, os direitos do acusado e a proteção de bens jurídicos penais.

Reflete-se, ainda, em outras searas, tendo em vista que a separação entre o Juiz das Garantias e o Juiz do processo judicial demanda uma significativa revisão na atividade do *parquet*, sobretudo no que tange à necessidade de se garantir a imparcialidade do julgador. Nesses termos, aquele que gerencia a produção das provas não pode imiscuir-se nas funções probatórias das partes, tanto na de acusação quanto de defesa, tendo em vista que não pode contaminar seu entendimento antes de esse conteúdo alcançar, de maneira efetiva, o processo penal. Faz-se necessário, de tal modo, promover a separação hermética de seu conhecimento probatório em determinadas etapas.

A investigação é uma etapa essencial da formação da *opinio delicti* do órgão acusador, seja ao Ministério Público ou à vítima. Dessa forma, não se pode afirmar que não seria necessária tal separação para preservar os Direitos Fundamentais do acusado, pois a atribuição de cada etapa a um Juiz diferente não imunizaria o julgador quanto à imparcialidade. Até porque parte da doutrina identifica que haja um risco quanto à possibilidade de contaminação "geral" de seu entendimento. Em que pese a unilateralidade do procedimento investigatório e suas características próximas às do Sistema Inquisitório, não se pode dispensar a imparcialidade do Juiz, nem mesmo nessa etapa.

É impossível que o Juiz que entra em contato prematuro com o conteúdo probatório, especialmente aquele magistrado que o faz por intermédio da Polícia Judiciária ou do Ministério Público, possa simplesmente apagar de sua mente os argumentos até aí apresentados, sem antes terem estes sido submetidos ao crivo do contraditório. De maneira a evitar a contaminação de seu conhecimento, o Juiz que tenha acompanhado a produção preliminar das provas e julgado pedidos cautelares, especialmente aqueles concernentes a restrições à liberdade do acusado, não deverá ser o mesmo julgador a proceder ao juízo da formação da culpa que, por sua vez, pode resultar na condenação criminal. Por isso mesmo é que o Sistema do Juiz das Garantias dirige-se à preservação da imparcialidade do Juiz do processo, cuja cognição, de cariz exauriente, deve-se fundar no conteúdo probatório produzido na etapa judicial, exceto nas hipóteses excepcionais trazidas pela lei, como no caso das provas irrepetíveis.

A mais relevante característica do Juiz das Garantias é a possibilidade de isolar a cognição do Juiz que presidirá o processo jurisdicional, colaborando, de tal modo, para a consolidação do Sistema Acusatório no Processo Penal Brasileiro. Foram propostas, quanto à Lei nº 13.964/2019, Ações Diretas de Inconstitucionalidade. Em sede cautelar, essas ações pediam a eliminação de dispositivos legais que alterassem a legislação penal e processual penal brasileira e que criassem, no ordenamento jurídico pátrio, o instituto do Juiz das Garantias, sob a alegação de inconstitucionalidade formal da "Lei Anticrime", em decorrência de alegados vícios no processo legislativo, e justificando inconstitucionalidade material, por violação a dispositivos constitucionais.

O Ministro Dias Toffoli, atuando como plantonista, julgou, em sede liminar, o referido pedido, dando-lhe uma solução que foi modificada pelo Ministro Luiz Fux. Apesar de o mérito ainda não haver sido julgado, a decisão liminar considerou a existência de fragilidades estruturais no Poder Judiciário, notadamente quanto ao seu orçamento. Mais do que isso, o Ministro Dias Toffoli, atuando como Presidente do Conselho Nacional de Justiça, determinou a instituição de Grupo de Trabalho para estudar os efeitos e os impactos da Lei nº 13.964/2019 sobre o Poder Judiciário, o que resultou na elaboração de uma Minuta de Resolução acerca do Juiz de Garantias. Essa normativa embasou-se no já consolidado entendimento do Superior Tribunal de Justiça, do Supremo Tribunal Federal e do Conselho Nacional do Ministério Público, naquilo que se relaciona à possibilidade de investigação autônoma pelo *parquet*.

Tal compreensão foi consolidada, inicialmente, por força do disposto na Súmula nº 234 do Superior Tribunal de Justiça, seguida pela produção, da parte do Excelso Pretório, do Tema nº 184 de Repercussão Geral e, sucessivamente, pela regulamentação da atribuição investigativa do Ministério Público, nos termos da Resolução nº 181 do Conselho Nacional do Ministério Público. Tal normativa, no entanto, demonstra-se incompatível com o Sistema do Juiz das Garantias, devendo, em decorrência disso, ser reinterpretada à luz de referido instituto, de maneira a tornar-se compatível com aquilo que dispõe a Constituição Federal de 1988.

Até mesmo em decorrência do fato de o Excelso Pretório ter suspendido a eficácia dos dispositivos consagradores do instituto jurídico-processual ora tratado, a superveniência do Juiz de Garantias parece não ter alterado seu entendimento acerca das atribuições investigativas do *parquet*. A adaptação da atuação do Ministério Público ao Sistema do Juiz das Garantias é, de tal forma, mais do que meramente necessária; é, efetivamente, imprescindível para que se possa alcançar seu dimensionamento pleno no âmbito do Processo Penal Constitucional, o qual demanda a percepção de que não somente deva ser alcançada a dimensão formal dos Direitos Fundamentais Processuais.

No âmbito processual penal, o Juiz é o principal responsável pela concretização do contraditório e, via de consequência, pela efetivação do devido processo legal, devendo atentar à necessária interpretação ampliativa dos Direitos Fundamentais Processuais, no sentido de uma Política Criminal concretizadora, aplicada ao Processo Penal. Ocorre que a imparcialidade judicial seria inócua, sem que o Juiz atentasse à garantia fundamental da presunção de inocência, assegurando que o acusado não seja considerado e nem seja tratado como culpado, até o trânsito em julgado da sentença penal condenatória.

Um processo devido pressupõe que as partes, na maior medida possível, atuem em grau de paridade, influenciando a decisão, de forma similar. A neutralidade, entretanto, é impossível ao magistrado. Assim, o contato com as provas produzidas na investigação é capaz de lhe formar convicção, precocemente. Nesse sentido, o Sistema do Juiz das Garantias pode concretizar a ideia do equilíbrio processual, ao separar as funções de cada um dos magistrados, entre aquela da investigação e a da etapa acusatória. Apesar disso, na sistemática nacional a inauguração da referida etapa judicial é determinada pelo magistrado que atuou na fase investigativa.

*A fa*se investigatória tem características similares àquelas do Sistema Inquisitivo, notadamente quanto à unilateralidade da produção de provas, por meio de severas restrições à participação do acusado e quanto ao caráter sigiloso de sua ocorrência. O Sistema do Juiz das Garantias propõe a separação entre o magistrado que atuará na etapa investigatória e aquele que presidirá a instrução e procederá ao julgamento. Trata-se, apesar das inconsistências, de verdadeira revolução no ordenamento jurídico brasileiro.

Para o sucesso da adoção do instituto do Juiz de Garantias no Direito nacional, faz-se essencial a participação do Ministério Público, sobretudo quanto às possibilidades de sua adaptação à Constituição da República Federativa do Brasil de 1988, não se restringindo, no Sistema do Juiz de Garantias, à atuação do *parquet*. Antes, porém, deve a atuação do Ministério Público adaptar-se à referida Sistemática, apesar da evidente resistência de parte da doutrina em admitir a necessidade da imparcialidade do *parquet* no contexto processual penal. A concretização da Constituição atualmente em vigor demanda o permanente aprimoramento do devido processo legal.

Trata-se a imparcialidade de um pressuposto objetivo da conduta de todos os atores da Política Criminal, inclusive no que tange ao representante do Ministério Público. A condução do processo penal, no Sistema do Juiz das Garantias, dá-se por, no mínimo, dois magistrados, cada um deles atuando em uma fase procedimental. O representante do *parquet* pode ser o mesmo. A imparcialidade que caracteriza as funções de julgar e de acusar é que faz surgir a necessidade de separá-las hermeticamente. Pela mesma razão, é indispensável, também, separar as funções de investigar e de acusar.

No Estado Democrático de Direito, o *parquet* atua, precipuamente, como fiscal do Direito, devendo, dessa maneira, perseguir a condenação do culpado, entretanto, de forma imparcial, de modo que não se pode deixá-lo contaminar pelas provas produzidas, de maneira provisória, ainda na etapa investigatória. De tal forma, para que possa se adaptar à superveniência do instituto do Juiz das Garantias à Constituição Federal de 1988, partindo-se do pressuposto de que o princípio da imparcialidade se aplica à atuação do Ministério Público, demanda-se, também no âmbito do *parquet*, a separação de suas funções de investigar e de acusar.

Desse modo, faz-se indispensável a adaptação da Súmula nº 234 do Superior Tribunal de Justiça, do Tema nº 184 de Repercussão Geral do Supremo Tribunal Federal e do art. 2º, inciso I, da Resolução nº 181, de 2017, do Conselho Nacional do Ministério Público (BRASIL, 2022b). Ainda nesse sentido, as prerrogativas ministeriais quanto à investigação criminal não podem ser reduzidas, em que pese a necessidade de revisão do entendimento jurisprudencial quanto à intervenção investigativa do Ministério Público, a partir do Sistema do Juiz das Garantias.

Neste mesmo viés, o *parquet* deve poder investigar, considerando o fato de que o mesmo representante ministerial não pode atuar nas duas fases mais importantes, investigatória e acusatória. O primeiro deve deixar o processo tão logo se verifique o recebimento da denúncia pelo Juiz das Garantias, sob pena de, em não o fazendo, comprometer-se a própria efetividade do Sistema do Juiz das Garantias. Isso demonstrará, a um só tempo, a lisura da investigação e das medidas cautelares ali adotadas, bem como de que os princípios constitucionais processuais, previstos no artigo 5º da CF, serão também efetivados perante a tramitação da ação penal perante o Poder Judiciário, por órgão acusador independente e com total lisura.

Mais do que isso, a separação da atuação do *parquet*, no âmbito do Processo Penal, a determinar que o membro do Ministério Público que investigue não possa, após o recebimento da denúncia, continuar no processo, confirma o princípio acusatório ao mesmo tempo em que se concretiza o próprio devido processo legal, de maneira compatível com o disposto na Constituição da República Federativa do Brasil de 1988.

Não é excessivo relembrar que o Ministério Público, especialmente após a Constituição Federal de 1988, não se subordina, de maneira alguma, ao Poder Judiciário, detendo atribuições próprias, assim como uma estrutura orçamentária e orgânica compatível com a missão de dar concretude à sistemática do Juiz das Garantias no âmbito nacional. Em decorrência desses fatores é que, independentemente daquilo que ocorrer em relação às ações de inconstitucionalidade que incidem sobre o denominado "Pacote Anticrime", especificamente no que se relaciona ao Juiz das Garantias, faz-se indispensável a efetiva instalação do referido sistema no Processo Penal brasileiro.

Consequentemente, entretanto, em decorrência da necessidade de sua compatibilização com o ordenamento jurídico, especialmente com os direitos fundamentais, faz-se indispensável a separação das funções dos membros do *parquet* que investigam e acusam, fazendo surgir, em substituição ao anacrônico acusador público, um verdadeiro Promotor/Procurador das Garantias.

Deveras, independentemente do pacote anticrime, com as condições atuais de estrutura do *parquet*, sua definição constitucional, bem como a independência dos membros da instituição, o Ministério Público de garantias deve ser uma realidade no âmbito ministerial, dada sua representação de eticidade, lisura e transparência na fase investigatória e processual penal.

Ao adotar imediatamente tal sistemática interna de trabalho e organização, o Ministério Público dará um salto de qualidade, terá grande amplitude de legitimidade em todas as investigações e ações penais, concretizando os anseios da sociedade, zelando pela persecução penal isenta, ao mesmo passo que assegurará a todas as pessoas um processo penal justo, livre de vícios, com os direitos fundamentais garantidos indistintamente a todos os brasileiros.

No dia 14 de junho de 2023, o Plenário do Supremo Tribunal Federal começou a julgar as ADIs 6298, 6299, 6300 e 6305 acerca da constitucionalidade do instituto do Juiz de garantias, contudo, até o fechamento da edição deste livro, ainda não havia sido finalizado tal julgamento. Ocorre que, independentemente da solução dada para tais ações, não há necessidade de aguardar a implantação ou o julgamento constitucional do Juiz de garantias para tal mister, já que o Ministério Público brasileiro tem autonomia administrativa e, mais importante, independência funcional dos membros, sendo formatado pelo constituinte para a plena defesa da sociedade, um hialino Ministério Público de garantias para todos, indistintamente.

REFERÊNCIAS

ADEODATO, João Maurício. Tolerância e conceito de dignidade da pessoa humana no positivismo ético. *Revista Mestrado em Direito*, v. 8, n. 2, p. 213-226, 2004.

ALBUQUERQUE, Paulo Pinto de. *A Reforma da Justiça Criminal em Portugal e na Europa*. 1.ed. Coimbra, Portugal: Almedina, 2003.

ALEXY, Robert. *Teoria dos direitos fundamentais*. 2. ed. São Paulo: Malheiros, 2015.

ALMEIDA, Fernanda Leão. *A garantia institucional do Ministério Público em função da proteção dos Direitos Humanos*. 2010. 324f. Tese (Doutorado em Direito) – Universidade de São Paulo, São Paulo, 2010.

ANDRADE, Mauro Fonseca. O Sistema Acusatório proposto no Projeto do Novo *Codex Penal Adjetivo*. *Revista de Informação Legislativa*. Brasília (DF): Senado Federal, a. 46, n. 183, pp. 167-199, jul./set. 2009.

ANDRADE, Mauro Fonseca. *Ministério Público e sua investigação criminal*. 2. ed. Curitiba: Juruá, 2010.

AQUINO, José Carlos Gonçalves Xavier de; NALINI, José Renato. *Manual de Processo Penal*. 5.ed. São Paulo (SP): IASP, 2015.

ARAUJO, Luiz Alberto David. *A proteção constitucional a própria imagem*. 2. ed. São Paulo: Verbatim, 2013.

ÀVILA, Thiago André Pierobom de. *Investigação criminal*: o controle externo de direção mediata pelo ministério público. Curitiba: Juruá, 2016.

BADARÓ, Gustavo Henrique Righi Ivahy. Direito ao julgamento por Juiz imparcial: como assegurar a imparcialidade objetiva do Juiz nos sistemas em que não há a função do Juiz de Garantias. In: *Processo Penal, Constituição e Crítica*: estudos em homenagem ao Prof. Dr. Jacinto Nelson de Miranda Coutinho. Gilson Bonato (org.). Rio de Janeiro (RJ): Lumen Juris, 2011, p. 343- 364.

BARATTA, Alessandro (1933-2002). Política Criminal: entre la Política de Seguridad y la Política Social. In: *Criminología y Sistema Penal*: compilación in memoriam. Carlos Alberto Elbert (org.). Buenos Aires, Argentina: Editorial B de F, 2004, p. 152-167. (Colección "Memoria Criminológica", n. 1).

BARBOSA, Licínio Leal. Considerações a propósito das tentativas de elaboração de um Código de Execuções Penais. *Revista de Informação Legislativa*. Brasília (DF): Senado Federal, a. 19, n. 76, p. 299-310, out./dez. 1982.

BARCELLOS, Ana Paula. *A eficácia jurídica dos princípios constitucionais*: o princípio da dignidade da pessoa humana. Rio de Janeiro: Renovar, 2002.

BARROSO, Luis Roberto. *A dignidade da pessoa humana no direito constitucional contemporâneo*: a construção de um conceito jurídico à luz da jurisprudência mundial. 3ª reimpressão. Belo Horizonte, Fórum, 2014.

BASTOS, Marcelo Lessa. *A investigação nos crimes de ação penal de iniciativa pública*: papel do Ministério Público – uma abordagem à luz do Sistema Acusatório e do Garantismo. 1.ed. Rio de Janeiro: Lumen Juris, 2004.

BATISTA, Nilo. Introdução crítica ao direito penal brasileiro. 11. ed. Rio de Janeiro: Revan, 2007.

BAUMAN, Zygmunt. *Cegueira moral*: a perda da sensibilidade na modernidade líquida. 1. ed. Rio de Janeiro: Zahar, 2014.

BITENCOURT, Roberto Cézar. A inconstitucionalidade dos poderes investigatórios do Ministério Público. *Revista Criminal*: ensaios sobre a atividade policial. São Paulo (SP): SINDPFSP/Fiúza, a. 5, v. 15, p. 15-49, set./dez. 2011.

BITTAR, Carlos Alberto. *Os direitos de personalidade*. 8. ed. São Paulo: Saraiva, 2015.

BOBBIO, Norberto. *A era dos direitos*. Rio de Janeiro: Elsevier, 2004.

BRASIL. Presidência da República. Secretaria-Geral. Subchefia para Assuntos Jurídicos. *Lei de 16 de dezembro de 1830*. Manda executar o Código Criminal do Império do Brasil. Disponível em: encurtador.com.br/ruAKT. Acesso em: 13 set. 2022.

BRASIL. Presidência da República. Secretaria-Geral. Subchefia para Assuntos Jurídicos. *Lei de 29 de novembro de 1832*. Promulga o Código de Processo Criminal de primeira instância, com disposição provisória acerca da administração da Justiça Civil. Disponível em: encurtador.com.br/btMTY. Acesso em: 13 set. 2022.

BRASIL. Presidência da República. Secretaria-Geral. Subchefia para Assuntos Jurídicos. *Lei nº 2.033, de 20 de setembro de 1871*. Altera diferentes disposições da Legislação Judiciária. Disponível em: encurtador.com.br/uwQ69. Acesso em: 13 set. 2022.

BRASIL. Presidência da República. Secretaria-Geral. Subchefia para Assuntos Jurídicos. *Decreto-Lei nº 4.824, de 22 de novembro de 1871*. Regula a execução da Lei nº 2.033, de 24 de setembro de 1871, que alterou diferentes disposições da Legislação Judiciária. Disponível em: encurtador.com.br/aeoD6. Acesso em: 13 set. 2022.

BRASIL. Presidência da República. Secretaria-Geral. Subchefia para Assuntos Jurídicos. *Constituição dos Estados Unidos do Brasil, de 10 de novembro de 1937*. Disponível em: encurtador.com.br/esvGN. Acesso em: 13 set. 2022.

BRASIL. Presidência da República. Secretaria-Geral. Subchefia para Assuntos Jurídicos. *Decreto-Lei nº 3.688, de 3 de outubro de 1941*. Lei das Contravenções Penais. 1941a. Disponível em: encurtador.com.br/djrw4. Acesso em: 13 set. 2022.

BRASIL. Presidência da República. Secretaria-Geral. Subchefia para Assuntos Jurídicos. *Decreto-Lei nº 3.689, de 3 de outubro de 1941*. Código de Processo Penal. 1941b. Disponível em: encurtador.com.br/jouz8. Acesso em: 13 set. 2022.

BRASIL. Presidência da República. Secretaria-Geral. Subchefia para Assuntos Jurídicos. *Lei nº 4.611, de 2 de abril de 1965*. Modifica as normas processuais dos crimes previstos nos artigos 121, §3º, e 129, §6º, do Código Penal. Disponível em: encurtador.com.br/sBGQZ. Acesso em: 13 set. 2022.

BRASIL. *Lei Complementar 40 de 14 de dezembro de 1981*. Disponível em: encurtador.com.br/luvK8. Estabelece normas gerais a serem adotadas na organização do Ministério Público estadual. Acesso em: 13 set. 2022.

BRASIL. Presidência da República. Secretaria-Geral. Subchefia para Assuntos Jurídicos. Exposição de Motivos. *Lei nº 7.210, de 11 de julho de 1984*. Institui a Lei de Execução Penal. Disponível em: encurtador.com.br/dEOP9. Acesso em: 13 set. 2022.

BRASIL. *Lei 7.853 de 24 de outubro de 1984*. Dispõe sobre o apoio às pessoas portadoras de deficiência, sua integração social, sobre a Coordenadoria Nacional para Integração da Pessoa Portadora de Deficiência – Corde, institui a tutela jurisdicional de interesses coletivos ou difusos dessas pessoas, disciplina a atuação do Ministério Público, define crimes, e dá outras providências. Disponível em: encurtador.com.br/ltIZ7. Acesso em: 13 set. 2022.

BRASIL. *Lei 7.347 de 24 de julho de 1985*. Disciplina a ação civil pública de responsabilidade por danos causados ao meio-ambiente, ao consumidor, a bens e direitos de valor artístico, estético, histórico, turístico e paisagístico (VETADO) e dá outras providências. Disponível em: encurtador.com.br/alZ34. Acesso em: 13 set. 2022.

BRASIL. Presidência da República. Secretaria-Geral. Subchefia para Assuntos Jurídicos. *Constituição da República Federativa do Brasil de 1988*. Disponível em: encurtador.com.br/behrE. Acesso em: 13 set. 2022.

BRASIL. *Lei 7.913 de 7 de dezembro de 1989*. Dispõe sobre a ação civil pública de responsabilidade por danos causados aos investidores no mercado de valores mobiliários. Disponível em: encurtador.com.br/krszA. Acesso em: 13 set. 2022.

BRASIL. Presidência da República. Secretaria-Geral. Subchefia para Assuntos Jurídicos. *Lei nº 8.038, de 28 de maio de 1990*. Institui normas procedimentais para os processos que especifica, perante o Superior Tribunal de Justiça e o Supremo Tribunal Federal. Disponível em: encurtador.com.br/inpq2. Acesso em: 13 set. 2022.

BRASIL. Presidência da República. Secretaria-Geral. Subchefia para Assuntos Jurídicos. *Lei nº 8.625, de 12 de fevereiro de 1993*. Institui a Lei Orgânica Nacional do Ministério Público, dispõe sobre normas gerais para a organização do Ministério Público dos Estados e dá outras providências. 1993a. Disponível em: encurtador.com.br/clrDG. Acesso em: 13 set. 2022.

BRASIL. Presidência da República. Secretaria-Geral. Subchefia para Assuntos Jurídicos. *Lei Complementar nº 75, de 20 de maio de 1993*. Dispõe sobre a organização, as atribuições e o Estatuto do Ministério Público da União. 1993b. Disponível em: encurtador.com.br/giyzL. Acesso em: 13 set. 2022.

BRASIL. Presidência da República. Secretaria-Geral. Subchefia para Assuntos Jurídicos. *Lei nº 8.906, de 4 de julho de 1994*. Dispõe sobre o Estatuto da Advocacia e a Ordem dos Advogados do Brasil. Disponível em: encurtador.com.br/gyCJT. Acesso em: 13 set. 2022.

BRASIL. Presidência da República. Secretaria-Geral. Subchefia para Assuntos Jurídicos. *Lei nº 9.099, de 26 de setembro de 1996*. Dispõe sobre os Juizados Especiais Cíveis e Criminais e dá outras providências. Disponível em: encurtador.com.br/EKM06. Acesso em: 13 set. 2022.

BRASIL. Câmara dos Deputados. *Projeto de Lei nº 4.207, de 12 de março de 2001*. Altera dispositivos do Decreto-Lei nº 3.689, de 3 de outubro de 1941 (Código de Processo Penal), relativos à suspensão do processo, à *emendatio libelli*, à *mutatio libelli* e aos procedimentos. Disponível em: encurtador.com.br/ioxO3. Acesso em: 13 set. 2022.

BRASIL. *Lei 10.771 de 21 de novembro de 2003*. Dispõe sobre a criação de cargos de Membro, criação de Cargos Efetivos, criação e transformação de Funções Comissionadas no âmbito do Ministério Público da União, e a criação e transformação de Procuradorias da República em Municípios no âmbito do Ministério Público Federal, e criação de Ofícios no âmbito do Ministério Público do Trabalho, e dá outras providências. Disponível em: encurtador.com.br/btAQ9. Acesso em: 13 set. 2022.

BRASIL. Senado Federal. *Proposta de Emenda à Constituição nº 27, de 2004*. Acrescenta parágrafo ao artigo 98 da Constituição, prevendo os Juizados de Instrução Criminal. Autor: Senador Sérgio Cabral. Disponível em: encurtador.com.br/fkBY7. Acesso em: 13 set. 2022.

BRASIL. Conselho Nacional do Ministério Público. *Resolução nº 13, de 2 de outubro de 2006*. Regulamenta o artigo 8º da Lei Complementar nº 75, de 20 de maio de 1993 e o artigo 26 da Lei nº 8.625, de 12 de fevereiro de 1993, disciplinando, no âmbito do Ministério Público, a instauração e tramitação do procedimento investigatório criminal, e dá outras providências. Disponível em: encurtador.com.br/nwBKX. Acesso em: 13 set. 2022.

BRASIL. Câmara dos Deputados. *Proposta de Emenda à Constituição nº 7, de 14 de fevereiro de 2007*. Altera os arts. 98 e 144 da Constituição Federal. 2007a. Disponível em: encurtador.com.br/guV04. Acesso em: 13 set. 2022.

BRASIL. Câmara dos Deputados. *Projeto de Lei nº 1.914, de 30 de agosto de 2007*. Institui o Juízo de Instrução Criminal Preliminar, alterando a Lei nº 3.689, de 3 de outubro de 1941 (Código de Processo Penal), e dá outras providências. 2007b. Disponível em: encurtador.com.br/owzW4. Acesso em: 13 set. 2022.

BRASIL. Supremo Tribunal Federal. *Pet. nº 3825-QO*. Rel. Min. Sepúlveda Pertence. Rel. para o acórdão: Min. Gilmar Mendes, 10 out. 2007c. Disponível em: encurtador.com.br/erKLO. Acesso em: 13 set. 2022.

BRASIL. Senado Federal. Comissão de Juristas responsável pela elaboração de Anteprojeto de Reforma do Código de Processo Penal. *Anteprojeto*. 2009a. Disponível em: encurtador.com.br/yCE35. Acesso em: 13 set. 2022.

REFERÊNCIAS

BRASIL. Senado Federal. *Projeto de Lei do Senado nº 156, de 2009.* Dispõe sobre a Reforma do Código de Processo Penal. Autor: Senador José Sarney, a partir dos trabalhos da Comissão Mista de Juristas criada pelo Requerimento nº 227, de 2009b. Disponível em: encurtador.com.br/fMNX8. Acesso em: 13 set. 2022.

BRASIL. Supremo Tribunal Federal. *Súmula Vinculante 14.* 2009c. Disponível em: encurtador.com.br/fgrzV. Acesso em: 13 set. 2022.

BRASIL. Câmara dos Deputados. *Projeto de Lei nº 8.045, de 22 de dezembro de 2010.* Código de Processo Penal. Disponível em: encurtador.com.br/cvJSY. Acesso em: 13 set. 2022.

BRASIL. Câmara dos Deputados. *Atividade Legislativa.* Votação da proposição PEC nº 37/2011 em Plenário: primeiro turno e votação nominal eletrônica. In: Sessão Extraordinária nº 182: Plenário. 2011a. Disponível em: encurtador.com.br/ltyW7. Acesso em: 13 set. 2022.

BRASIL. Câmara dos Deputados. *Proposta de Emenda à Constituição nº 37, de 8 de junho 2011.* Acrescenta o §10 ao artigo 144 da Constituição Federal para definir a competência para a investigação criminal pelas Polícias Federal e Civis dos Estados e do Distrito Federal. 2011b. Disponível em: encurtador.com.br/gmv28. Acesso em: 13 set. 2022.

BRASIL. Câmara dos Deputados. *Projeto de Lei nº 19, de 3 de dezembro de 2011.* Orienta a criação, o funcionamento e a regulamentação de Juizados de Instrução Criminal, e dá outras providências. 2011c. Disponível em: encurtador.com.br/LNRV0. Acesso em: 13 set. 2022.

BRASIL. Câmara dos Deputados. *Projeto de Lei nº 5.776, de 18 de junho de 2013.* Dispõe sobre a investigação criminal e dá outras providências. Autora: Deputada Federal Marina Santanna. 2012. Disponível em: encurtador.com.br/vAST6. Acesso em: 13 set. 2022.

BRASIL. Superior Tribunal de Justiça. REsp *nº 4.387/SP.* Rel. Min. Reynaldo Soares da Fonseca. 2013. Disponível em: encurtador.com.br/uY069. Acesso em: 13 set. 2022.

BRASIL. Presidência da República. Secretaria-Geral. Subchefia para Assuntos Jurídicos. *Emenda Constitucional nº 82, 16 de julho de 2014.* Inclui o §10 ao artigo 144 da Constituição Federal, para disciplinar a segurança viária no âmbito dos Estados, do Distrito Federal e dos Municípios. Disponível em: encurtador.com.br/mzCX5. Acesso em: 13 set. 2022.

BRASIL. Supremo Tribunal Federal. *RE 593.727.* Relator: Ministro Cezar Peluso. 2015a. Disponível em: encurtador.com.br/avzO2. Acesso em: 13 set. 2022.

BRASIL. Supremo Tribunal Federal. RE *nº* 593.727/MG. Rel. Min. Cézar Peluso. Rel. para o acórdão: Min. Gilmar Mendes, 14 maio 2015b. Disponível em: encurtador.com.br/drvzF. Acesso em: 13 set. 2022.

BRASIL. Superior Tribunal de Justiça. Quinta Turma. REsp nº 1.563.962/RN (2015/0264076-9). Rel. Min. Reynaldo Soares da Fonseca; 8 nov. 2016. Disponível em: encurtador.com.br/pwIU. Acesso em: 13 set. 2022.

BRASIL. Conselho Nacional do Ministério Público. *Resolução nº 181, de 7 de agosto de 2017.* Dispõe sobre a instauração e a tramitação do procedimento investigatório criminal a cargo do Ministério Público. Disponível em: encurtador.com.br/gmDQ7. Acesso em: 13 set. 2022.

BRASIL. Supremo Tribunal Federal. Tribunal Pleno. ADI *nº* 4.618/SC. Rel. Min. Cármen Lúcia; 1º ago. 2018a. Disponível em: encurtador.com.br/cjrC4. Acesso em: 13 set. 2022.

BRASIL. Supremo Tribunal Federal. *Tema 184 de Repercussão Geral.* 2018b. *In:* Portal de Jurisprudência – Temas com Repercussão Geral. Disponível em: encurtador.com.br/KNPZ9. Acesso em: 13 set. 2022.

BRASIL. Supremo Tribunal Federal. *Certidão de Distribuição Comum. In:* ADI nº 6.298/DF. Rel. Min. Luiz Fux. 2019a. Disponível em: encurtador.com.br/yMRW5. Acesso em: 13 set. 2022.

BRASIL. Supremo Tribunal Federal. *Petição inicial. In:* ADI nº 6.298/DF. Rel. Min. Luiz Fux. 2019b. Disponível em: encurtador.com.br/muxV. Acesso em: 13 set. 2022.

BRASIL. Supremo Tribunal Federal. *Certidão de Distribuição por Prevenção. In:* ADI nº 6.299/DF. Rel. Min. Luiz Fux. 2019c. Disponível em: encurtador.com.br/ekQ09. Acesso em: 13 set. 2022.

BRASIL. Supremo Tribunal Federal. *Petição inicial. In:* ADI nº 6.299/DF. Rel. Min. Luiz Fux. 2019d. Disponível em: encurtador.com.br/cFY46. Acesso em: 13 set. 2022.

BRASIL. Supremo Tribunal Federal. *Petição inicial. In:* ADI nº 6.300/DF. Rel. Min. Luiz Fux. 2019e. Disponível em: encurtador.com.br/lpyQ6. Acesso em: 13 set. 2022.

BRASIL. Supremo Tribunal Federal. *RE 1.055.941.* Relator: Ministro Dias Toffoli. 2019f. Disponível em: encurtador.com.br/grNR0. Acesso em: 13 set. 2022.

BRASIL. Presidência da República. Secretaria-Geral. Subchefia para Assuntos Jurídicos. *Lei nº 13.964, de 24 de dezembro de 2019.* Aperfeiçoa a legislação penal e processual penal brasileira. 2019g. Disponível em: encurtador.com.br/dADHX. Acesso em: 13 set. 2022.

BRASIL. Conselho Nacional de Justiça. *Portaria nº 214, de 26 de dezembro de 2019.* Institui Grupo de Trabalho para a elaboração de estudo relativo aos efeitos da aplicação da Lei nº 13.964/2019 nos órgãos do Poder Judiciário brasileiro. 2019h. Disponível em: encurtador.com.br/rxVX1. Acesso em: 13 set. 2022.

BRASIL. Ministério da Justiça e Segurança Pública. Lei Anticrime entra em vigor nesta quinta-feira. *In: Notícias da Justiça e Segurança Pública*: ano 2020 – mês 1. 2020a. Disponível em: encurtador.com.br/xDJLM. Acesso em: 13 set. 2022.

BRASIL. Ministério da Saúde. Gabinete do Ministro. *Portaria nº 188, de 3 de fevereiro de 2020.* Brasília (DF): DOU, a. CLVIII, n. 24-A, Seção I – Extra, 4 fev. 2020b. Disponível em: encurtador.com.br/npNOU. Acesso em: 13 set.2022.

BRASIL. Superior Tribunal de Justiça. Sexta Turma. AgRg no Recurso em MS *nº* 61.748/SP (2019/0260536-1). Rel. Min. Nefi Cordeiro; 18 fev. 2020c. Disponível em: encurtador.com.br/eiktC. Acesso em: 13 set. 2022.

BRASIL. Supremo Tribunal Federal. *Ação Direta de Inconstitucionalidade 2838-MT.* Relator: Ministro Alexandre de Moraes. 2020d. Disponível em: encurtador.com.br/ruwFK. Acesso em: 13 set. 2022.

BRASIL. Supremo Tribunal Federal. *Ação Direta de Inconstitucionalidade 4624-TO*. Relator: Ministro Alexandre de Moraes. 2020e. Disponível em: encurtador.com.br/ciMOP. Acesso em: 13 set. 2022.

BRASIL. Supremo Tribunal Federal. Decisão monocrática. *In: ADI nº 6.298 MC/DF*. Rel. Min. Luiz Fux. 2020f. Disponível em: encurtador.com.br/agmqy. Acesso em: 13 set. 2022.

BRASIL. Supremo Tribunal Federal. Decisão monocrática. *In: ADI nº 6.299 MC/DF*. Rel. Min. Luiz Fux. 2020g. Disponível em: encurtador.com.br/mMNR4. Acesso em: 13 set. 2022.

BRASIL. Supremo Tribunal Federal. Decisão monocrática. *In: ADI nº 6.300 MC/DF*. Rel. Min. Luiz Fux. 2020h. Disponível em: encurtador.com.br/bqu27. Acesso em: 13 set. 2022.

BRASIL. Supremo Tribunal Federal. Certidão de Distribuição por Prevenção. *In: ADI nº 6.300/DF*. Rel. Min. Luiz Fux. 2020i. Disponível em: encurtador.com.br/kBLW7. Acesso em: 13 set. 2022.

BRASIL. Supremo Tribunal Federal. Certidão de Distribuição por Prevenção. *In: ADI nº 6.305/DF*. Rel. Min. Luiz Fux. 2020j. Disponível em: encurtador.com.br/owCG7. Acesso em: 13 set. 2022

BRASIL. Supremo Tribunal Federal. Decisão monocrática. *In: ADI nº 6.305 MC/DF*. Rel. Min. Luiz Fux. 2020k. Disponível em: encurtador.com.br/bkorV. Acesso em: 13 set. 2022.

BRASIL. Supremo Tribunal Federal. Petição inicial. *In: ADI nº 6.305/DF*. Rel. Min. Luiz Fux. 2020l. Disponível em: encurtador.com.br/fuJSU. Acesso em: 13 set. 2022.

BRASIL. Conselho Nacional de Justiça. *A implantação do Juiz das Garantias no Poder Judiciário brasileiro*. 2020m. Disponível em: encurtador.com.br/hkqxB. Acesso em: 13 set. 2022.

BRASIL. Supremo Tribunal Federal. MC na ADPF nº 635/RJ. Rel. Min. Edson Fachin, 18 ago. 2020n. Disponível em: encurtador.com.br/pqUWZ. Acesso em: 13 set. 2022.

BRASIL. Supremo Tribunal Federal. AgRg no RE com Ag nº 1.305.501/DF. Rel. Min. Roberto Barroso, 17 maio 2021. Disponível em: encurtador.com.br/ixDZ0. Acesso em: 13 set. 2022.

BRASIL. Superior Tribunal de Justiça. Súmula 234. *In: Súmulas Anotadas do Superior Tribunal de Justiça*. 2022a. Disponível em: encurtador.com.br/ijT78. Acesso em: 13 set. 2022.

BRASIL. Portal do Governo Brasileiro. Ex-Ministros. *In: Lista de antigos ocupantes do Ministério da Justiça e Segurança Pública*. 2022b. Disponível em: encurtador.com.br/ciOW7. Acesso em: 13 set. 2022.

BRASIL. Supremo Tribunal Federal. Acompanhamento processual. *In: ADI nº 6.298/DF*. Rel. Min. Luiz Fux. 2022c. Disponível em: encurtador.com.br/yAEP4. Acesso em: 13 set. 2022.

BRASIL. Supremo Tribunal Federal. Acompanhamento processual. *In: ADI nº 6.299/DF*. Rel. Min. Luiz Fux. 2022d. Disponível em: encurtador.com.br/oNOY. Acesso em: 13 set. 2022.

BRASIL. Supremo Tribunal Federal. Acompanhamento processual. *In: ADI nº 6.300/DF*. Rel. Min. 2022e. Disponível em: encurtador.com.br/msu15. Acesso em: 13 set. 2022.

BRASIL. Supremo Tribunal Federal. Acompanhamento processual. *In: ADI nº 6.305/DF*. Rel. Min. Luiz Fux. 2022f. Disponível em: encurtador.com.br/cfyzH. Acesso em: 13 set. 2022.

BRITO, Alexis Couto de; FABRETTI, Humberto Barrionuevo; LIMA, Marco Antônio Ferreira. *Processo Penal brasileiro*. 4. ed., rev., atual. e ampl. São Paulo: Atlas, 2019.

BUSATO, Paulo César. *Fundamentos para um direito penal democrático*. 5. ed. São Paulo: Atlas, 2015.

CABRERA, Raúl Peña. *Tratado de Derecho Penal*. Lima: Ediciones Jurídicas, 1994. v. IIII.

CALIL, Mário Lúcio Garcez; SANTOS, José Eduardo Lourenço dos. A formulação da agenda político-criminal com base no modelo de ciência conjunta do Direito Penal. *Revista Brasileira de Políticas Públicas*. Brasília (DF): UNICEUB, v. 8, n. 1, p. 37-53, abr. 2018.

CAMBI, Eduardo Augusto Salomão; BOLZANI, Henrique. O poder investigatório do Ministério Público como cláusula pétrea. *Revista Jurídica do Ministério Público do Estado do Paraná*. Curitiba (PR): MPPR, a. 1, n. 1, p. 21-51, dez. 2014.

CANOTILHO, José Joaquim Gomes. *Direito Constitucional e Teoria da Constituição*. 6. ed. Coimbra, Portugal: Almedina, 2002.

CANTERJI, Rafael Braude. *Política criminal e direitos humanos*. Porto Alegre: Livraria do Advogado, 2008.

CARNELUTTI, Francesco. *As misérias do processo penal*. São Paulo: Pillares, 2009.

CARNELUTTI, Francesco. *Como se faz um processo*. São Paulo: Pillares, 2015.

CARNELUTTI, Francesco. *Como nasce o direito*. São Paulo: Pillares, 2015.

CAPANEMA, R.O. *Lei Anticorrupção Empresarial*: Aspectos críticos à Lei nº 12.846/2013. 1ed. Belo Horizonte: Fórum, 2014.

CAPPELLETTI, Mauro; GARTH, Bryant G. *Acesso à justiça*. Porto Alegre: Sergio Antônio Fabris Editor, 1988.

CASTRO, L.A.C. *Criminologia da reação social*. Trad. Ester kosovski. Rio de Janeiro: Forense, 1983

CAVALCANTI, Danielle Souza de Andrade e Silva. O Juiz das Garantias na investigação preliminar criminal. *Revista Jurídica da Seção Judiciária de Pernambuco*. Recife (PE): JFPE, n. 9, p. 15-40, 2016.

CHOMSKY, Noam. *Natureza humana*: justiça vs. Poder: o debate entre Chomsky e Foucault. São Paulo: WMF Martins Fontes, 2014.

CHOUKR, Fauzi Hassan. *Código de Processo Penal*: comentários consolidados e crítica jurisprudencial. 3. ed., rev., atual. e coment. Rio de Janeiro (RJ): Lumen Juris, 2009.

CHOUKR, Fauzi Hassan. *Garantias constitucionais na investigação criminal*. 3. ed., rev., ampl. e atual. Rio de Janeiro: Lumen Juris, 2006.

CLÈVE, Clèmerson Merlin. Investigação Criminal e Ministério Público. *B. Cient. ESMPU*. Brasília: ESMPU, a. 4, n. 16, p. 157-189, jul./set. 2005.

CORDERO, Franco. *Procedimiento penal*. tomo 1. Bogotá: Temis, 2000.

CORRÊA, Thiago Pinheiro; CORDEIRO, Nefi. Desde que começa a ação da Justiça, cessa a ação da Polícia: as Reformas da Justiça Criminal no Brasil do século XIX. *Revista Direito GV*. São Paulo: FGV Direito SP, v. 16, n. 3, p. 1-22, 2020.

COSTA, Eduardo José da Fonseca. O fundamento do Ministério Público. *Revista de Direito Processual Civil*. Jundiaí: UNIANCHIETA, v. 2, n. 1, p. 51-76, jan./jun. 2020.

COUTINHO, Jacinto Nelson de Miranda. O núcleo do problema no sistema processual penal brasileiro. *Boletim do Instituto Brasileiro de Ciências Criminais*, v. 15, n. 175, p. 11-13, jun. 2007.

CRETELLA JÚNIOR, José. *Comentários à Constituição de 1988*. Rio de Janeiro: Forense Universitária, 1988. v. 1.

CUNHA, Rogério Sanches et al. *Processo Penal prático*. 3. ed. Salvador: JusPodivm, 2008.

DAMACENA, Claudio; MROSS, Julie Brun; ANTONI, Verner Luis. Atitudes, comportamentos e dissonância cognitiva. *Revista espacios*, v. 38, n. 7, 2017.

DAMASCENO, Adriano Antunes. Acesso à justiça penal? Não, obrigado. *Revista da Faculdade de Direito do Sul de Minas*, v. 29, n. 1, p. 9-38, jan./jun. 2013.

DERVIEUX, Valérie. O sistema francês. In: *Processos Penais da Europa*. Rudolphe Juy-Birmann, Mireille Delmas-Marty (org.). Fauzi Hassan Choukr; Ana Cláudia Ferigato Choukr (Trad.), p. 149-242. Rio de Janeiro: Lumen Juris, 2005.

DIVAN, Gabriel Antinolfi. *Processo Penal e Política Criminal*: uma reconfiguração da justa causa para a ação penal. 1. ed. Porto Alegre: Elegantia Juris, 2015.

DWORKIN, Ronald. *A raposa e o porco-espinho*: justiça e valor. São Paulo: WMF Martins Fontes, 2014.

DOUCET, Jean-Paul (1935-2020). *Code d'instruction criminelle de 1808*. La législation criminelle. 2022. Disponível em: https://ledroitcriminel.fr/la_legislation_criminelle/anciens_textes/code_instruction_criminelle_1808/code_instruction_criminelle_1.htm. Acesso em: 13 set.2022.

DUCLERC, Elmir. Introdução aos fundamentos do Direito Processual Penal. 1. ed. São Paulo: Empório do Direito/Tirant Lo Blanch Brasil, 2016.

EUA. FEDERAL BUREAU OF INVESTIGATION – FBI. Disponível em https://www.fbi.gov/investigate/white-collar-crime, acesso em 02 dez. 2020.

FACHIN, Luiz Edson. *Estatuto jurídico do patrimônio mínimo*. 2. ed. Rio de Janeiro: Renovar, 2006.

FERREIRA FILHO, Manoel Gonçalves. *Direitos humanos fundamentais*. São Paulo: Saraiva, 1998.

FAUSTO, Boris. *Getúlio Vargas*. Elio Gaspari; Lilia Moritz Schwarcz (coord.). 1. ed. São Paulo: Companhia das Letras, 2006.

FAZZALARI, Elio (1925-2010). *Istituzioni di Diritto Processuale*. 8. ed. Padova: CEDAM, 1996.

FELDENS, Luciano. *A Constituição Penal*: a dupla face da proporcionalidade no controle das normas penais. Porto Alegre: Livraria do Advogado, 2005.

FERRAJOLI, Luigi. *Direito e razão*: teoria do garantismo penal. 4. ed. São Paulo: RT, 2013.

FERRI, Enrico. *Discursos penais de defesa*. Leme/SP: CL EDIJUR, 2020.

FESTINGER, Leon. *Teoria da dissonância cognitiva*. Rio de Janeiro: Zahar Editores, 1975.

FONSECA, José Arnaldo da (1935-2017). Juizado de Instrução Criminal: adoção para crimes de grande poder ofensivo, pelo menos. *Informativo Jurídico da Biblioteca Ministro Oscar Saraiva*. Brasília (DF): STJ, v. 12, n. 2, pp. 213-220, jul./dez. 2000.

FONTES, Paulo Gustavo Guedes. Investigação criminal pelo Ministério Público: discussão dos principais argumentos em contrário. *B. Cient. ESMPU*. Brasília: ESMPU, a. 4, n. 16, p. 143-155, jul./set. 2005.

FOUCAULT, Michel. *Vigiar e punir*: nascimento da prisão. Petrópolis: Vozes, 1991.

FRAGOSO, Heleno Cláudio. *Lições de direito penal*: parte geral. Rio de Janeiro: Forense, 2004.

FRANÇA. Acte royal 1670-08-00: Saint-Germain-en-Laye. *In: Gallica*. Paris, France: Bibliothèque Nationale, 2022, 232p. Disponível em: https://gallica.bnf.fr/ark:/12148/bpt6k9602565z. Acesso em: 13 set.2022.

FRANÇA. Légifrance. Droit national en vigueur. Codes. *In: Code de procédure pénale, du 8 avril de 1958*. Paris, France: 2022. Disponível em: https://www.legifrance.gouv.fr/codes/texte_lc/LEGITEXT000006071154?etatTexte=VIGUEUR&etatTexte=VIGUEUR_DIFF. Acesso em: 13 set.2022.

GALLARDO-FRÍAS, Eduardo. La reforma al Proceso Penal Chileno y el Juez de Garantía. *Boletim IBCCRIM*. São Paulo: IBCCRIM, a. 20, n. 330, p. 7-10, maio 2020.

GARLAND, David W. *A cultura do controle*: crime e ordem social na sociedade contemporânea. André Nascimento (Trad.). Rio de Janeiro (RJ): ICC/Revan, 2008.

GRAU, Eros Roberto. *Por que tenho medo de juízes*. 10. ed. São Paulo: Malheiros, 2021.

GRECO, Leonardo. Garantias fundamentais do processo: o processo justo. *Novos estudos jurídicos*, a. VII, n. 14, abr. 2002.

GRINOVER, Ada Pellegrini; FERNANDES, Antônio Scarance; GOMES FILHO, Antônio Magalhães. *As nulidades no processo penal*. 12. ed. São Paulo: RT, 2011.

HESSE, Konrad. A força normativa da constituição. Porto Alegre: Sergio Antonio Fabris Editor, 1991.

HOLMES, Stephen; SUSTEIN, Cass R. *O custo dos direitos*: porque a liberdade depende dos impostos. São Paulo: WMF Martins Fontes, 2019.

IHERING, Rudolf von. *A luta pelo direito*. 2. ed. São Paulo: Edipro, 2019.

ITALIA. *Codice di Procedura Penale, del 19 ottobre de 1930*. Coordinato ed aggiornato dal Decreto del Presidente della Repubblica nummero 448, del 22 settembre del 1988 ed aggiornato con le modifiche apportate da ultimo dal Decreto Legislativo nummero 188, del 8 novembre 2021. Roma, Italia: 14 febbraio del 2022, s/p. [texto eletrônico online compilado]. Disponível em: https://www.altalex.com/documents/codici-altalex/2014/10/30/codice-di-procedura-penale. Acesso em: 13 set.2022.

JATAHY, Carlos Roberto de Castro. *Curso de princípios institucionais do Ministério Público*. 4. ed. Rio de Janeiro: Lumen Juris, 2009.

JUNQUEIRA, Gustavo; VANZOLINI, Patrícia; FULLER, Paulo Henrique Aranda; PADRAL, Rodrigo. *Lei Anticrime comentada artigo por artigo*: inclui a decisão liminar proferida nas ADIs 6.258, 6.259, 6.300 e 6.305. 1. ed. São Paulo: SaraivaJur, 2020.

JUY-BIRMANN, Rudolphe. O sistema alemão. *In: Processos penais da Europa*. Rudolphe Juy-Birmann, Mireille Delmas-Marty (org.). Fauzi Hassan Choukr; Ana Cláudia Ferigato Choukr (Trad.). Rio de Janeiro: Lumen Juris, 2005.

KAC, Marcos. *O Ministério Público na investigação penal preliminar*. 2. ed. Rio de Janeiro: Lumen Juris, 2011.

KELLER, Vilma Coelho de Sousa. Vicente Paulo Francisco Rao [1892-1978] (Verbete Biográfico). *In: Dicionário Histórico-Biográfico Brasileiro*. 2022. Disponível em: http://www.fgv.br/cpdoc/acervo/dicionarios/verbete-biografico/vicente-paulo-francisco-rao. Acesso em: 13 set.2022.

KERCHE, Fábio. Independência, Poder Judiciário e Ministério Público. *Caderno CRH*, v. 31, n. 84, p. 567-580, set./dez. 2018.

KIRSTE, Stephan. A dignidade da pessoa humana e o conceito de pessoa de direito. *In:* SARLET, Ingo Wolfgang (org.). *Dimensões da dignidade*: ensaios de filosofia do direito e direito constitucional. 2. ed. Porto Alegre: Livraria do Advogado, 2009.

KHALED JÚNIOR, Salah Hassan. O sistema processual penal brasileiro: acusatório, misto ou inquisitório? *Revista Civitas de Ciências Sociais*. Porto Alegre (RS): PUCRS, v. 10, n. 2, p. 293-308, mai./ago. 2010.

LAVILLE, Christian; DOINNE, Jean. *A construção do saber*: manual de metodologia da pesquisa em ciências humanas. Porto Alegre: Artmed, 1999.

LAZZARINI, Álvaro (1936-2014). *Estudos de Direito Administrativo*. Rui Stocco (Sist.). 2. ed. São Paulo: Revista dos Tribunais, 1999.

LEAL, Rogério Gesta; JOAÇABA, Yuri Schneider. O direito fundamental à intimidade e a persecução criminal no TJ-RS: análise de caso. *Espaço Jurídico Journal of Law*, v. 18, n. 3, p. 777-790, set./dez. 2017.

LIMA, Fernando Antônio Tavernard. Breve comparativo entre o Juiz da Investigação (Alemanha) e o Juiz 'das Garantias' (Brasil). *Revista de Doutrina Jurídica*. Brasília (DF): TJDF, a. 55, v. 111, n. 2, pp. 226-249, jan./jun. 2020.

LIMA, Rafael Catani. A ordem pública como fundamento da prisão preventiva e o estado inquisitivo de Direito. *Revista de Direitos Sociais e Políticas Públicas*. Bebedouro (SP): UNIFAFIBE, v. 5, n. 1, p. 456-488, jan./abr. 2017.

LIMA, Renato Brasileiro de. Manual de processo penal: volume único – 8 ed. rev., ampl. e atual. Salvador: Juspodivm, 2020

LOPES JÚNIOR, Aury Celso Lima. *Sistemas de Investigação Preliminar no Processo Penal*. 2.ed. Rio de Janeiro: Lumen Juris, 2001.

LOPES JÚNIOR, Aury. *Direito Processual Penal*. 18. ed. São Paulo: Saraiva, 2021.

LOPES JÚNIOR, Aury Celso Lima; GLOECKNER, Ricardo Jacobsen. *Investigação preliminar no Processo Penal*. 6. ed. São Paulo (SP): Saraiva, 2014.

LOPES JÚNIOR, Aury Celso Lima; RITTER, Ruiz. A imprescindibilidade do Juiz das Garantias para uma jurisdição penal imparcial: reflexões a partir da Teoria da Dissonância Cognitiva. *In:* MORATO, Gil César de Carvalho Lemos (org.). *Pelos corredores da Faculdade de Direito*: por mais ciência e menos doutrina. 1. ed., v. 2, p. 419-447. Belo Horizonte: D' Plácido, 2016.

LYRA, Roberto Tavares de (1902-1982). *Criminologia*. 1. ed. Rio de Janeiro: Forense, 1964.

MACEDO JÚNIOR, Ronaldo Porto. A evolução institucional do ministério público brasileiro. *In:* SADEK, Maria Thereza. (org.). *Uma introdução ao estudo da justiça*. Rio de Janeiro: Centro Edelstein de Pesquisas Sociais, 2010.

MAIA, Carlos Rodolfo Fonseca Tigre. *Tutela penal da ordem econômica*: o crime de formação de cartel. 1. ed. São Paulo): Malheiros, 2008.

MAIA NETO, Cândido Furtado. *Promotor de justiça e os direitos humanos*: acusação com racionalidade e legalidade. 3. ed. Curitiba: Juruá, 2012.

MALIN, Mauro. Antônio Bento de Faria [1875-1959] (Verbete Biográfico). *In: Dicionário Histórico-Biográfico Brasileiro*. 2022. Disponível em: http://www.fgv.br/cpdoc/acervo/ dicionarios/verbete-biografico/antonio-bento-de-faria. Acesso em: 26 fev. 2022.

MALIN, Mauro. Francisco Luís da Silva Campos [1891-1968] (Verbete Biográfico). *In: Dicionário Histórico-Biográfico Brasileiro*. 2022. Disponível em: http://www.fgv.br/cpdoc/ acervo/dicionarios/verbete-biografico/francisco-luis-da-silva-campos. Acesso em: 26 fev. 2022.

MANCUSO, Rodolfo de Camargo. *Acesso à Justiça*. 3. ed. Salvador: JusPODIVM, 2019.

MASSON, Cleber. *Direito penal*: parte geral. 14. ed. Rio de Janeiro: Forense, 2021.

MASSON, Cleber. MARÇAL, Vinicius. *Crime organizado*. 5.ed. Rio de Janeiro: Forense, 2020.

MATA-MOUROS, Maria de Fátima. *Juiz das liberdades*: desconstrução de um mito do Processo Penal. 1. ed. Coimbra, Portugal: Almedina, 2011, 472p. (Coleção "Teses").

MATO GROSSO. *Lei Complementar 27 de 19 de novembro de 1993*. Institui a Lei Orgânica e o Estatuto do Ministério Público do Estado do Mato Grosso e dá outras providências. Cuiabá/MT, 19 de novembro de 1993.

MATO GROSSO. *Lei Complementar 119 de 20 de dezembro de 2002*. Cria o Gripo de Atuação contra o Crime Organizado no Estado de Mato Grosso e dá outras providências. Disponível em: encurtador.com.br/wxEN4. Acesso em: 26 fev. 2022.

MACHADO, B.A. Controle penal dos crimes de colarinho branco no Brasil: de Sutherland a Baratta: reflexões sobre uma política criminal possível. *Revista da Fundação Escola Superior do Ministério Público do Distrito Federal e Territórios*. Brasília, v. 10, n. 18, p. 42-72, jul./dez. 2001

MARCONI, Marina de Andrade; LAKATOS, Eva Maria. *Fundamentos de metodologia científica*. 8. ed. São Paulo: Atlas, 2017

MARQUES, Cláudia Lima. Solidariedade na doença e na morte: sobre a necessidade de ações afirmativas em contratos de planos de saúde e de planos funerários frente ao consumidor idoso. *In:* SARLET, Ingo Wolfgang (org.). *Constituição, direitos fundamentais e direito privado*. Porto Alegre: Livraria do Advogado, 2003.

MARTINS, Robson. *O direito à moradia das pessoas idosas e o superendividamento*. Rio de Janeiro: Lumen Juris, 2022.

MARUM, Jorge Alberto de Oliveira. *Ministério Público e direitos humanos*. Campinas: Bookseller, 2006.

MAURER, Beatrice. Notas sobre o respeito da dignidade da pessoa humana... ou pequena fuga incompleta em torno de um tema central. *In:* SARLET, Ingo Wolfgang (org.). *Dimensões da dignidade*: ensaios de filosofia do direito e direito constitucional. 2. ed. Porto Alegre: Livraria do Advogado, 2009.

MAYER, Jorge Miguel. Luís Barbosa da Gama Cerqueira [1865-1936] (Verbete Biográfico). *In: Dicionário Histórico-Biográfico Brasileiro*. 2022. Disponível em: http://www.fgv.br/cpdoc/acervo/dicionarios/verbete-biografico/luis-barbosa-da-gama-cerqueira. Acesso em: 26 fev. 2022.

MAZZILLI, Hugo Nigro. A natureza das funções do ministério público e sua posição no processo penal. *Revista dos Tribunais*, v. 464, n. 805, nov. 2002.

MAZZILLI, Hugo Nigro. Funções institucionais do Ministério Público. *Revista Forense*, Rio de Janeiro, v. 86, n. 310, p. 5-18, abr./jun. 1990.

MAZZILLI, Hugo Nigro. *Manual do promotor de justiça*. 2. ed. São Paulo: Saraiva, 1991.

MAZZILLI, Hugo Nigro. O Ministério Público é Parte Imparcial? *Justitita*, v. 77, n. 202, p. 241-249, jun. 2016.

MAZZILLI, Hugo Nigro. Princípios institucionais do Ministério Público brasileiro. *Revista do Ministério Público do Rio Grande do Sul*, n. 73, p. 9-33, jan./abr. 2013.

MEDEIROS, Josué. Breve história das jornadas de junho: uma análise sobre os novos movimentos sociais e a nova classe trabalhadora no Brasil. *Revista História e Perspectivas*. Uberlândia: Universidade Federal de Uberlândia (UFU), n. 51, p. 87-117, jun./dez. 2014.

MENDES, Gilmar Ferreira; GONET, Paulo Gustavo. *Curso de direito constitucional*. 9. ed. ver. e atual. São Paulo: Saraiva, 2014.

MÉXICO. *Código Nacional de Procedimientos Penales, del 5 de marzo de 2014*. Nuevo Código con la última reforma de 19 de febrero de 2021. Ciudad de Mexico, Mexico: Diário Oficial de la Federación, 2021, 153p. Disponível em: https://www.diputados.gob.mx/LeyesBiblio/pdf/CNPP_190221.pdf. Acesso em: 13 set.2022.

MIRABETE, Júlio Fabbrini. *Processo Penal*. 18. ed. São Paulo: Atlas, 2008.

MORAES, Maria Celina Bodin de. *Na medida da pessoa humana*: estudos de direito civil-constitucional. Rio de Janeiro: Renovar, 2010.

MORAES, Maria Celina Bodin de; TEIXEIRA, Ana Carolina Brochado. Art. 230. *In:* CANOTILHO, José Joaquim Gomes; SARLET, Ingo Wolfgang; STRECK, Lenio Luiz; MENDES, Gilmar Ferreira; LEONCY, Léo Ferreira (coord.). *Comentários à constituição do Brasil*. São Paulo: Saraiva, 2013.

MORAES, Maurício Zanoide de. Política Criminal, Constituição e Processo Penal: razões da caminhada brasileira para a institucionalização do caos. *Revista da Faculdade de Direito da Universidade de São Paulo*. São Paulo: FADUSP, v. 101, p. 403-430, jan./dez. 2006.

MOREIRA, Rômulo de Andrade. Oitenta anos do Código de Processo Penal: rumo ao futuro ou firmes no passado? ConJur. 2022. Disponível em: encurtador.com.br/mnsZ7. Acesso em: 27 fev. 2022.

NICOLITT, André Luiz; NEVES, Fernando Henrique Cardoso. Política criminal e direitos fundamentais: legalidade ou letalidade? O necessário relaxamento das prisões ilegais. *Revista de Direito da Faculdade Guanambi*, v. 4, n. 2, p. 44-64, jul./dez. 2017.

NOGUEIRA, André Magalhães. Centrão (Verbete Temático). *In: Dicionário Histórico-Biográfico Brasileiro*. 2022. Disponível em: encurtador.com.br/rI169. Acesso em: 13 set. 2022.

NORONHA, Edgard Magalhães. *Curso de Direito Processual Penal*. 9. ed. São Paulo: Saraiva, 1976.

NADER, Paulo. *Filosofia do direito*. 27. ed. Rio de Janeiro: Forense, 2020.

NUCCI, Guilherme de Souza. *Código de Processo Penal Comentado*. 20. ed. Rio de Janeiro: GEN/Forense, 2021.

NUCCI, Guilherme de Souza. *Curso de Direito Processo Penal*. 17. ed. Rio de Janeiro: GEN/Forense, 2020.

NUNES JÚNIOR, Vidal Serrano. Direitos Sociais: origem histórica. *In: Enciclopédia Jurídica da PUCSP*: Direito Administrativo e Direito Constitucional. 2017. Disponível em: encurtador.com.br/lrAG0. Acesso em: 13 set.2022.

OLIVEIRA, Carlos Alberto Alvaro de. O processo civil na perspectiva dos direitos fundamentais. *Revista de Processo*, v. 113, p. 1-10, jan. 2004.

OLIVEIRA, Maria Célia Néri de. *Por dentro do MPF*. 7. ed. Brasília: MPF, 2021.

ONU – Organização das Nações Unidas. *Declaração Universal dos Direitos Humanos*. 1948.

PACELLI, Eugênio. *Curso de Processo Penal*. 25.ed. São Paulo: Atlas, 2021.

PADILLA, Mar. Pandemia altera percepção do tempo. *El País*: Ciência. 2021. Disponível em: encurtador.com.br/uAD29. Acesso em: 13 set.2022.

PAES, José Eduardo Sabo. *O Ministério Público na construção do Estado Democrático de Direito*. Brasília: Brasília Jurídica, 2003.

PANTOJA, Sílvia. *Plínio de Castro Casado [1870-1964]*. In: Dicionário Histórico-Biográfico Brasileiro – Verbete Biográfico. 2022. Disponível em: encurtador.com.br/fpIJ9. Acesso em: 26 fev. 2022.

PAROSKI, Mauro Vasni. *Direitos fundamentais e acesso à Justiça na Constituição*. São Paulo: LTr, 2008.

PEDROSO, Fernando de Almeida. Da extinção do processo judicialiforme, sumário ou ex officio. *Revista Justitia*,São Paulo: MPSP, v. 48, n. 136, p. 9-16, out./dez. 1986.

PEREIRA, Tânia da Silva. Art. 230. In: ALMEIDA, Guilherme Assis de et al. *Constituição federal comentada*. Rio de Janeiro: Forense, 2018.

POMBO, Bárbara. Judiciário e empresas abandonam o 'juridiquês': decisões e contratos são traduzidos para facilitar compreensão. *Valor Econômico*. 2022. Disponível em: encurtador.com.br/inwFL. Acesso em: 26 fev. 2022.

PONTE, Antônio Carlos da; DEMERCIAN, Pedro Henrique. Algumas considerações sobre o Ministério Público no Direito Estrangeiro. *Revista Jurídica da Escola Superior do Ministério Público do Estado de São Paulo*, v. 10, p. 15-40, 2016.

PORTUGAL. *Decreto-Lei nº 78, de 17 de fevereiro de 1987*. Código de Processo Penal. Lisboa, Portugal: Diário da República nº 40/1987, Série I, 17 fev. 1987. Disponível em: encurtador.com.br/cnyL. Acesso em: 13 set.2022.

PORTUGAL. *Fac-simile das Ordenações Afonsinas*. Ivone Susana Cortesão Heitor et al (org.). Coimbra, Portugal: Instituto de História e Teoria das Ideias da Faculdade de Letras de Coimbra, 2022. Disponível em: encurtador.com.br/glxA7. Acesso em: 13 set.2022.

PORTUGAL. *Fac-simile das Ordenações Filipinas*. Ângela dos Anjos Aguiar Salgueiro et al (org.). Coimbra, Portugal: Instituto de História e Teoria das Ideias da Faculdade de Letras de Coimbra, 2022. Disponível em: encurtador.com.br/ewS46. Acesso em: 26 fev. 2022.

PORTUGAL. *Fac-simile das Ordenações Manuelinas*. Armênio Alves Fernandes Coimbra et al (org.). Coimbra, Portugal: Instituto de História e Teoria das Ideias da Faculdade de Letras de Coimbra, 2022. Disponível em: encurtador.com.br/xHQU. Acesso em: 13 set.2022.

PORTUGAL. *Ordenações Filipinas*: Ordenações e Leis do Reino de Portugal recopiladas por mandato d'El Rei Filipe (1527-1598), o Primeiro [de Portugal] (1581-1598). (Organização) Silvia Hunold Lara. São Paulo: Companhia das Letras, 1999.

PORTUGAL. Princípio da oralidade (Processo Penal). *In: Lexionário*. Lisboa, Portugal: Diário da República Eletrônico, 2022. Disponível em: encurtador.com.br/bcDP0. Acesso em: 26 fev. 2022.

POSNER, Richard A. *Para além do direito*. São Paulo: WMF Martins Fontes, 2009.

POSTIGO, Leonel González. *Pensar na reforma judicial no Brasil*: conhecimentos teóricos e práticas transformadoras. Tradução de Fauzi Hassan Choukr 1. ed. São Paulo: Empório do Direito/Tirant Lo Blanch Brasil, 2018.

PRADO, Geraldo. *Sistema acusatório*: a conformidade constitucional das leis processuais penais. 3. ed. Rio de Janeiro: Lumen Juris, 2005.

PRADO, Luiz Regis. *Curso de Direito Penal brasileiro*. 17 ed. Rio de Janeiro: Forense, 2019

RAMOS, João Gualberto Garcez. *Curso de processo penal norte-americano*. São Paulo: Revista dos Tribunais, 2006.

RANGEL, Paulo. *Direito Processual Penal*. 27. ed. São Paulo: Atlas, 2019.

RANGEL, Paulo. *Investigação criminal direta pelo Ministério Público*: visão crítica. 5. ed. São Paulo: Atlas, 2016.

RAO, Vicente Paulo Francisco; FARIA, Antônio Bento de; CASADO, Plínio de Castro. Projeto do Código de Processo Penal da República dos Estados Unidos do Brasil. *Revista de Direito da Faculdade de Direito da Universidade de São Paulo*. São Paulo: USP, v. 34, n. 3, p. 137-292, 1938.

REALE JÚNIOR, Miguel. O juiz das garantias. *Revista do Advogado*. São Paulo: Centro de Estudos da AASP, v. 31, n. 113, p. 101-111, set. 2011.

RIBEIRO, Débora. Decreto-Lei (Verbete). *In: Dicio – Dicionário em linha de Português*. Porto, Portugal: 7 Graus, 2022.

RIBEIRO, Luiz Gustavo Gonçalves. Acesso à justiça penal pelo Ministério Público: a efetividade dos direitos fundamentais processuais. *In*: D'ORNELLAS, Maria Cristina Gomes da Silva; SILVA, Rogerio Luiz Nery da (org.). *Cidadania e desenvolvimento sustentável*: o papel dos atores sociais no Estado Democrático de Direito. Acesso à Justiça I. Florianópolis: CONPEDI, 2017.

RIPOLLÉS, José Luis Diéz. *A política criminal na encruzilhada*. Porto Alegre: Livraria do Advogado, 2015.

ROGUET, Patrícia; CHOHFI, Roberto Dib. Políticas públicas e moradia: rumo à concretização do direito à cidade. *In*: SMANIO, Gianpaolo Poggio; BERTOLIN, Patrícia Tuma Martins (org.). *O direito e as políticas públicas no Brasil*. São Paulo: Atlas, 2013. p. 302-322.

ROSA, Alexandre Morais da. A *ratio* da Exposição de Motivos 'Francisco Campos' do Novo CPP. *In: Dicas # AMR*. 2017. Disponível em: encurtador.com.br/asN78. Acesso em: 13 set.2022.

ROSA, Alexandre Morais da. *Guia do processo penal estratégico*: de acordo com a Teoria dos Jogos e a MCDa-C. 1. ed. Florianópolis: RoadMap Crime/Emais, 2021.

ROUSSEAU, Jean-Jacques. *A origem da desigualdade entre os homens*. 1. ed. São Paulo: Penguin Classics Companhia das Letras, 2017.

ROXIN, Claus. *Derecho Procesal Penal*. Buenos Aires: Del Puerto, 2003.

SANT'ANA-LANFREDI, Luís Geraldo. *Juez de garantías y Sistema Penal*: (re)planteamientos socio-criminológicos críticos para la (re)significación de los roles del poder judicial en Brasil. 1. ed. São Paulo: Empório do Direito/Tirant Lo Blanch Brasil, 2017.

SANTIN, Valter Foleto. A legitimidade do Ministério Público no processo penal. *Justitia*, v. 62, n. 189-192, p. 13-26, jan./dez. 2000.

SANTORO, Antonio Eduardo Ramires; CYRILLO, Carolina. As Forças-Tarefas do Ministério Público Federal: o discurso político punitivo anticorrupção na instituição de garantias. *Revista Brasileira de Direito Processual Penal*, v. 6, n. 3, p. 1271-1300, set./dez. 2020.

SANTOS, Juarez Cirino dos. *A criminologia radical*. 2. ed. Rio de Janeiro: Lumen Juris, 2006.

SANTOS, Juarez Cirino dos. *Direito penal*: parte geral. 8 ed. Florianópolis: Tirant lo Blanch, 2018.

SÃO PAULO. Ministério Público do Estado de São Paulo. *Ato nº 076/95-PGJ, de 21 de dezembro de 1995*. Institui, no âmbito das Promotorias de Justiça Criminal do Foro Central da Capital, Grupo de Atuação Especial para repressão ao crime organizado. Disponível em: encurtador.com.br/blxI5. Acesso em: 13 set.2022.

SARLET, Ingo Wolfgang. O direito fundamental à moradia a Constituição: algumas anotações a respeito do seu contexto, conteúdo e possível eficácia. *Arquivos de Direitos Humanos*, v. 4, p. 137-192, 2002.

SARLET, Ingo Wolfgang. O Direito a moradia na constituição: algumas anotações a respeito de seu contexto, conteúdo e possível eficácia. *In*: SAMPAIO, José Adércio Leite (org.). *Crise e desafios da constituição*. Belo Horizonte: Del Rey, 2003.

SARLET, Ingo Wolfgang. *Dignidade da pessoa humana e direitos fundamentais na Constituição Federal de 1988*. 2. ed. Porto Alegre: Livraria do Advogado, 2002, p. 61. *Apud*: BARLETTA, Fabiana Rodrigues. *O direito à saúde da pessoa idosa*. São Paulo: Saraiva, 2010, p. 145.

SARLET, Ingo Wolfgang. *Dignidade da pessoa humana e direitos fundamentais na Constituição Federal de 1988*. 10. ed. Porto Alegre: Livraria do Advogado, 2015.

SARMENTO, Daniel. *Dignidade da pessoa humana*: conteúdo, trajetórias e metodologia. Belo Horizonte: Fórum, 2016.

SARNEY, José. A dança dos equívocos. *Folha de S. Paulo*: [Coluna] Opinião. 2001. Disponível em: encurtador.com.br/rvAP5. Acesso em: 13 set.2022.

SCHMIDT, Andrei Zenkner. *O princípio da legalidade penal no Estado Democrático de Direito*. Porto Alegre: Livraria do Advogado, 2001.

SCHÜNEMANN, Bernd. O Juiz como um terceiro manipulado no Processo Penal? Uma confirmação empírica dos efeitos da perseverança e da correspondência comportamental. *Revista Liberdades*. São Paulo: IBCCRIM, n. 11, p. 30-50, set./dez. 2012.

SESTER, Peter; OLIVEIRA, Andreia Cristina de. O Ministério Público brasileiro e o Advogado Geral do Tribunal de Justiça da União Europeia: uma breve comparação. *Revista Estudos Institucionais*, v. 2, p. 602-647, 2016.

SILVA, Ângelo Roberto Ilha da. *Curso de direito penal*: parte geral. 2. ed. Belo Horizonte: D'Plácido, 2021.

SILVA SÁNCHES, Jesús-María. *A eficiência do direito penal*: aspectos da política criminal nas sociedades pós-industriais. São Paulo: Revista dos Tribunais, 2002.

SILVA SÁNCHEZ, Jesús-María. *Eficiência e direito penal*. Barueri, SP: Manole, 2004.

SILVEIRA, Fabiano Augusto Martins. O código, as cautelares e o juiz das garantias. *Revista de Informação Legislativa*. Brasília: Senado Federal, v. 46, n. 183, p. 77-93, jul./set. 2009.

SILVEIRA, Fabiano Augusto Martins. O Juiz das Garantias entre os caminhos da Reforma do Código de Processo Penal. *In*: BONATO, Gilson (org.). *Processo Penal, Constituição e Crítica*: estudos em homenagem ao Prof. Dr. Jacinto Nelson de Miranda Coutinho, p. 247-265. 1. ed. Rio de Janeiro: Lumen Juris, 2011.

SOBOTTKA, Emil Albert. Dignidade da pessoa humana e o décimo segundo camelo: sobre os limites da fundamentação de direitos. *Veritas*, v. 53, n. 2. p. 107-119, abr./jun. 2008.

SOUZA, Alexander Araujo de. Ainda e sempre a Imparcialidade do Ministério Público no Processo Penal: uma tese decididamente garantista. *Revista do Ministério Público do Rio de Janeiro*, n. 63, p. 49-54, jan./mar. 2017.

SOUZA, Artur de Brito Gueiros. *Direito penal empresarial*: critérios de atribuição de responsabilidade e o papel do compliance. São Paulo: LiberArs, 2021.

SOUZA, Luiza Catarina Sobreira de; SANTOS, Maria Albanyse Carvalho. Autonomia gerencial da polícia judiciária: uma questão de justiça e de efetivação do estado democrático de direito. *Interfaces Científicas*, v. 8, n. 2, p. 451-461, 2020.

SOUZA, R.Ó.; CUNHA et al. *Acordo de não persecução penal*. São Paulo: JusPODVM, 2020

STRECK, Lenio Luiz; FELDENS, Luciano. *Crime e Constituição*: a legitimidade da função investigatória do Ministério Público. 3. ed. Rio de Janeiro: Forense, 2006.

SUTHERLAND, Edwin H. *White-Collar Criminality. In: American Sociological Review*, 1940. Disponível em: https://www.jstor.org/stable/2083937. Acesso em: 13 set.2022.

SUXBERGER, Antonio Henrique Graciano. O Juiz das Garantias como caso de erro legístico. *Revista de Informação Legislativa*, Brasília, Senado Federal, a. 57, n. 228, p. 93-114, out./dez. 2020.

SUXBERGER, Antonio Henrique Graciano; LIMA, José Wilson Ferreira. O Processo Penal e a engenharia de controle da Política Criminal. *Rev. Bras. de Polít. Públicas (on-line)*. Brasília (DF): UNICEUB, v. 7, n. 1, p. 286-303, abr. 2017.

TALON, Evinis. *A (im)possibilidade de força-tarefa do Ministério Público*. 2019. Disponível em: encurtador.com.br/crARW. Acesso em: 13 set.2022.

TAQUARY, Eneida Orbage de Britto. Polícia: origem secular. *Revista Jurídica Consulex*. Brasília, a. V, v. 1, n. 106, p. 38-39, jun. 2001.

TAVARES, Juarez. *Prova e verdade* [livro eletrônico]. 1. ed. São Paulo: Tirant lo blanch, 2020.

TOCANTINS. *Lei Complementar 72 de 01 de julho de 2011*. Dispõe sobre a criação do Grupo de Atuação Especial de Combate ao Crime Organizado (GAECO) no âmbito do Ministério Público do Estado do Tocantins e dá outras providências. Disponível em: encurtador.com.br/ci037. Acesso em: 13 set.2022.

TOLEDO, Francisco de Assis. *Princípios básicos de direito penal*. 5. ed. São Paulo: Saraiva, 1994.

TORRES, Ricardo Lobo. A cidadania multidimensional na Era dos Direitos. *In:* TORRES, Ricardo Lobo (org.). *Teoria dos direitos fundamentais*. 2. ed. Rio de Janeiro: Renovar, 2001.

TORRES, Ricardo Lobo. A jusfundamentalidade dos direitos sociais. *Revista de Direito da Associação dos Procuradores do Novo Estado do Rio de Janeiro*, v. XII, p. 349-374, 2003, p. 370. Apud: BARLETTA, Fabiana Rodrigues. *O direito à saúde da pessoa idosa*. São Paulo: Saraiva, 2010, p. 135.

TORRES, Ricardo Lobo. A metamorfose dos direitos sociais em mínimo existencial. *In:* SARLET, Ingo Wolfgang. *Direitos fundamentais sociais*: estudos de direito constitucional, internacional e comparado. Rio de Janeiro: Renovar, 2003.

TORRES, Ricardo Lobo. O mínimo existencial e os direitos fundamentais. *Revista de Direito administrativo*, v. 177, p. 29-49, jul./set. 1989.

TOURINHO FILHO, Fernando da Costa. *Processo Penal*. 33. ed. São Paulo: Saraiva, 2011.

TOVO, Antonio; MALACARNE, Emília Klein. A marcha triunfal dos institutos transplantados no Processo Penal brasileiro: passado, presente e futuro. *In:* CAVALCANTI, Fabiane da Rosa; FELDENS, Luciano; RUTTKE, Alberto (org.). *Garantias penais*: estudo alusivo aos 20 anos de docência do Prof. Alexandre Wunderlich. Porto Alegre: Boutique Jurídica, 2019.

TRIBOLI, Pierre. Câmara rejeita PEC nº 37: texto será arquivado. *In: Agência de Notícias da Câmara*: 2013. Disponível em: encurtador.com.br/fzHT. Acesso em: 13 set.2022.

TUCCI, Rogerio Lauria. *Direitos e garantias individuais no processo penal brasileiro*. 4. ed. São Paulo: Revista dos Tribunais, 2011.

TUCCI, Rogério Lauria. *Ministério Público e investigação criminal*. São Paulo: RT, 2004.

VASCONCELLOS, Vinicius Gomes de; MOELLER, Uriel. Acordos no processo penal alemão: descrição do avanço da barganha da informalidade à regulamentação normativa. *Boletín Mexicano de Derecho Comparado*, a. XLIX, n. 147, p. 13-33, set./ dez. 2016.

VIGLILAR, José Menezes; MACEDO JUNIOR, Ronaldo Porto. *Ministério Público*: democracia. São Paulo: Atlas, 1999.

ZAFFARONI, Eugênio Raúl. *Manual de Derecho Penal*. Buenos Aires: Ediar, 1991.

ZAFFARONI, Eugenio Raúl. *O inimigo no Direito Penal*. Sérgio Lamarão (Trad.). 2. ed. Rio de Janeiro (RJ): Revan, 2007, 222p.

ZAFFARONI, Eugênio Raúl. *Estrutura básica del derecho penal*. 1. ed. Buenos Aires: Ediar, 2009.

ZAFFARONI, Eugenio Raul. *Doutrina penal nazista*: a dogmática penal alemã entre 1943 a 1945. 1. ed. Florianópolis: Tirant lo Blanch, 2019.

Esta obra foi composta em fonte Palatino Linotype, corpo 10 e impressa em papel Pólen Bold 70g (miolo) e Supremo 250g (capa) pela Artes Gráficas Formato.